U0835397

古典与现代

CLASSICAL
AND MODERN

（第七卷） 主办 海南大学 主编 杨国良

漓江出版社
桂林

图书在版编目(CIP)数据

古典与现代. 第七卷/杨国良 主编. —桂林:漓江出版社, 2015.12
ISBN 978-7-5407-7708-1

Ⅰ. ①古… Ⅱ. ①杨… Ⅲ. ①人文科学-丛刊 Ⅳ. ①C55

中国版本图书馆 CIP 数据核字(2015)第 307330 号

责任编辑:周向荣
封面制作:李诗彤

漓江出版社有限公司出版发行
广西桂林市南环路 22 号　邮政编码:541002
网址:http://www.lijiangbook.com
全国新华书店经销
销售热线:021-55087201-833

山东临沂新华印刷物流集团印刷
(山东临沂高新技术产业开发区新华路　邮政编码:276017)
开本:960mm×690mm　1/16
印张:20　字数:220 千字
2015 年 12 月第 1 版　2015 年 12 月第 1 次印刷
定价:46.00 元

如发现印装质量问题,影响阅读,请与承印单位联系调换。
(电话:0539-2925888)

卷首语

毕业三十年,在恩师面前怎敢言老?! 但在自己的弟子面前实在是“老”了,若不延迟退休,再过八九年,就将告别三尺讲坛。

毕业三十年,前十五年,心浮气躁,因体质不佳,读研时“不务正业”狂练书法;教书还不满三年就下海;下海三年多,偏离轨道越来越远,实在对不起诸位恩师当年殷切的期盼;1993 年虽回大学,五六年里,除赴新加坡南洋理工留学一年灵魂稍安外,心始终未能静定。

聊以自慰的是,这些年结了婚得了子。又所幸,命运之神眷顾,1999 年 5 月 4 日凌晨,脑子里突然冒出“胡适”二字,从此,胡适、钱锺书、杨绛、宋耀如、亚伯拉罕、摩西等一个又一个个案改变了我的人生,与这些人作深度交流,也由此圆了复旦梦,通过他们,也渐渐回归到了元典。

回归后,我只能算是粗粗接触埃及《亡灵书》、苏美尔《吉尔伽美什》、希伯来《圣经》、印度《吠陀》以及华夏诸经。其中,过去、现在、将来最要下力的当属《圣经》之基石——《摩西五经》。我逐渐明白并坚定认可佛祖所言:诸布施,法布施最。为此,我竭力主持“东方经典系列”讲座;用心主编《古典与现代》(已出六卷);于元典,身体力行,反复讲授。

给诸位恩师、老同学汇报这些,只想说:三十年前诸位恩师谆谆教导不敢忘,老同学当年的勉励不敢怠慢,薪火相传的志业不敢不敬虔持守。

恩师早已为我们做了表率,后学理当秉承师法,好让精神之火,代代相传。

主编　毕业三十周年的书面发言

2015 年 10 月 25 日

目　录

海南基督教史①

(美)孟言嘉 著

辛世彪 译注

耶稣会②

引子

海南的传教事工可以追溯到16世纪,当时那些坚忍不拔的先驱,忠诚的传教士——耶稣会士们,竟然深入到偏远的海南岛。如今,除了海口和府城

---

① 本文选自美国传教士孟言嘉的《椰岛海南》(*The Isle of Palms: Sketches of Hainan*, 1919)第8—17章。孟言嘉(Mary Margaret Moninger, 1891—1950),生于美国艾奥瓦州马歇尔敦(Marshalltown)的一个基督教家庭。1913年毕业于该州的格林内尔学院(Grinnell College),精于数学、历史和拉丁语,也学过德语和法语。1915年受美国北长老会(Presbyterian Church in the United States of America, PCUSA)差派,作为教师来到中国海南岛,曾任嘉积女校校长、教会会计及海南差会秘书,编辑差会文献《海南通信》(*Hainan Newsletter*),是长老会"中国大会"六名女性成员之一。1942年,她与其他传教士被日军遣返回国。除去回国休假的四年,孟言嘉在海南服侍二十三年。她喜欢植物学,于1922年获得格林内尔学院硕士学位。她是"皇家亚洲学会"(Royal Asiatic Society China)会员,在《岭南科学杂志》(*Lingnan Science Journal*)杂志上发表过研究海南苗人,海南岛制盐、造纸等方面的论文。她精通海南话,编写过2卷本《海南话词典》。她热爱海南岛,回国后写了回忆录《海南是我家》(*Hainan Was My Home*)。1950年3月21日,孟言嘉在马歇尔敦家中去世,终年59岁。

② 在海南岛传教的天主教宗派有耶稣会、巴黎外方传教会及法国双圣心会。本章主要叙述早期的天主教差会,因此以耶稣会为名。

之间那块罗马天主教旧公墓①,几乎找不到他们事工的痕迹。数以百计的坟头墓碑上,质朴地刻着十字架,还有那些中国皈依者的名字、具体年龄以及居住地和身份。几个中国人坟上的碑文以及墓碑的大小形状,显示出他们曾在教会中身居高位。马特罗列(CL. Madrolle)在他那本关于海南的书中,有一章专门写到耶稣会。② 书中的许多材料涉及广州和澳门的事工,其中一些与海南相关的内容也非常有趣。马特罗列说,加戈神父(Father Gogo)在1560年偶然来到海南③,并且尽管进入中国有危险,但还是有三位耶稣会士于1563年

---

① 海口和府城之间的罗马天主教旧公墓(the old Romanist cemetery):最早见于1872年史温侯的记述,参看:Robert Swinhoe, *Narrative of an exploring visit to Hainan*, *Journal of the North China Branch of the Royal Asiatic Society* (1871—1872), p.51。《海南省志·宗教志》载:"明崇祯十六年在琼山县府城至海口的府海路中段的原五里亭附近东段(现海口飞机场东侧)购置土地,作为圣教坟地(信徒死亡埋葬场地)。到清顺治八年(1651年),全岛天主教徒发展到2253人。"(南海出版公司1994年版,476—478页)五里亭是从老海口南门(今博爱南)算起通往府城五华里处的歇脚亭,其地位于今海府路与蓝天路(旧机场路)交界处的大英山高地。这一带旧时有大片坟地,天主教及后来的基督教墓地都在此处。

② 这几节内容引自法国旅行家马特罗列的《雷琼道谈》(C. Madrolle, *Hai-nan et la Côte Continentale Voisine*, Paris, Librairie Chatlamel, 17 Rue Jacob 17, 1900)第3章(*Chapitre troisième*: *Catholicisme*, Les Jésuites)。孟言嘉所读的是长老会海南差会牧师石鼎业夫人(Mrs. J. F. Steiner)的英译文,见本书参考文献。马特罗列此书资料丰富,但正如伯希和所批评的,此书很多地方不注明材料出处。参看伯希和的评论:P. Pelliot, *C. Madrolle*: *Hai-nan et le côte continentale voisine*, *Bulletin de l' Ecole française d' Extrême-Orien* (*BEFEO*) *t*, Année 1901, Volume 1 Numéro 1, pp. 146-147。另见伯希和长篇书评:P. Pelliot, *L' origine des relations de la France avec la Chine. Le premier voyage de l' Amphitrite en Chine*, *BEFEO*, 1928, pp. 433-451; 1929, pp. 110-125, 252-267, 289-298。马特罗列在另一本书(*Les premiers voyages français à la Chine*: *La compagnie de la Chine 1698-1719*, Paris, 1901)中,材料引用就规范得多。

③ 1560年11月21日,葡萄牙人加戈神父(Padre Baltasar Gago, 1520—1583,或译罗历山)从日本传教返回印度果阿(Goa)途中,被大风吹到海南三亚,待了5个月,然后去了澳门。此事加戈神父在1562年12月10日从果阿给同伴的信中有详细的描述。参看:Isabel A. Tavares Mourão (2001), *L' île de Hainan à travers quelques récits portugais des XVIe et XVI sicles*, Hainan: *de la Chine à l' Asie du Sud-Est*, *édité par Claudine Salmon*, *Roderich Ptak*, *Harrassowitz*, *pp.* 153-178。另参看:*Madrolle*, *C.* (1897): *L' île d' Hai-Nan*, *Bulletin de la Societe de Geographie Commerciale de Paris*, vol. 19 (1897): 347-367; Madrolle, C. (1898) L' île d' Hai-Nan, *Bulletin de la Societe de Geographie Commerciale de Paris*, *vol.* 20: 361-370。

进入这块禁地①。

方济各会士

1584年，在菲律宾圣格里高利（St. Gregory）省的西班牙方济各会士（Franciscans），被委派去交趾支那（Cochin China）建立新差会，台风把他们吹到琼州府（Kheng-tsiu-fu）的海岸。这些欧洲人的船在昌化县②失事，他们被当作流浪者押解到海南岛首府关押并定罪③。其中一人写道："在海南（Ahynam）府城的监狱里，我看到一个大房间里关着一百多个囚犯，几乎所有人都赤身裸体，双脚锁在木枷里。我们夜里就关在那间屋里，一名狱卒敲打一面小鼓，与监狱大门口的守卫呼应。"圣方济各会士们只是经过海南岛，没有打算进行长期的传教事工。他们从海南去了广东，接着去了澳门和马尼拉。

---

① 马特罗列没有说明1563年进入中国的这三位耶稣会士的名字。据费赖之《在华耶稣会士列传及书目》（冯承钧译，中华书局1995年版）上册第3条，他们分别是培莱思神父（P. François Perez）、泰玛诺神父（P. Emmanuel Texeira）和平托修士（Fr. André Pinto），另一旧抄本说第三人是加戈神父。他们于1562年4月自印度果阿（Goa）出发，次年7月抵达澳门，欲进入广东，迁延两年未果。

② 昌化县（district of Sang-hoe）：孟言嘉用"昌化"的海南话发音；马特罗列原文作 sous-préfecture de Tch' ang-houa，用"昌化"的官话发音。"昌化"在奥罗白撒神父原信中写作 Chan-huan。

③ 这部分内容来自马特罗列《雷琼道谈》第5章《方济各差会奥罗佩萨神父的叙述》（*Relation de la Mission franciscaine du P. d' Oropesa*）。根据记述，1583年5月4日，奥罗佩萨神父（P. Diego d' Oropesa）带队，共4位神父、4位修士以及4位随行人员，从菲律宾赴安南（今越南中部）传教，不料遭安南当地人虐待。6月17日他们动身返回，途中帆船因风浪在海南岛西部昌化县（今昌江县）海边搁浅，他们被投入监狱并且示众。7月6日被押解到府城下监，得福建商人保释，11日出监，参观府城街道及海口天妃庙的妈祖崇拜。7月27日离开海南岛，8月21日到达广州，见到耶稣会士罗明坚和利玛窦，9月16日回到澳门。另参看：Gregory James, ed., *Through Spanish Eyes, Five Accounts of a Missionary Experience in Sixteenth-Century China*, Hongkong: Language Center, Hongkong University of Science and Technology, 2003。

王保罗（王保禄）

第一个获得中国居留权的传教士是罗明坚神父[①]，时间是1581年。此后不久，一位重要官员，去北京的特使王忠铭[②]，结识了另一位神父利玛窦[③]。这官员（Mandarin）有个儿子接受了基督教，受洗名为王保罗（Paul Wong）。王保罗回到海南，利玛窦交给他一封给班安德神父[④]的推荐信，班神父时任在澳门的中国及日本差会视察员（Inspector）。王保罗在海南的最初几年并非无所作为，他不久就去了澳门，乞求派神父到海南，给他的妻子和儿女施洗[⑤]。1632年，马多禄神父[⑥]被派往海南岛。同年3月27日，王保罗的妻子、三个儿子还有一个仆人、四个孙子孙女受洗。因为马多禄神父学习当地语言有困

---

① 罗明坚（Michel Fuggiere, 1543—1607）：意大利籍耶稣会士，法学博士，1579年抵澳门，努力学中文，1580年获准居陆，有《圣教实录》等中文著作。

② 王忠铭（原文误作Wong-Tchong-ning）：即王弘诲（1541—1617），字绍传，号忠铭，琼州府定安县人。1565年中进士，1589年授南京礼部尚书，官二品，1591年回籍，1598年复起。与利玛窦相识于1591年回籍途中经过韶州（今广东韶关）时，1598年将利玛窦引入南京，同年以南京官员身份，入北京为神宗皇帝祝寿，利玛窦等随行。

③ 利玛窦（Mathieu Ricci, 1552—1610）：意大利籍耶稣会士，1578年抵印度果阿传教，1582年被调至澳门，学习汉语，次年随罗明坚神父抵肇庆传教。1589年转往韶州，1595年到南昌，再后被王弘诲引入南京和北京。1601年入居北京，直至去世。

④ 班安德（Andre Palmeiro, 1569—1635）：葡萄牙籍耶稣会士，1618—1626年任印度马拉巴尔（Malabar）传教省视察员，1626—1635年任中国及日本传教省视察员。1631年到交趾支那（今越南南部），临行前曾安排到海南岛的传教事宜。卒于澳门。临行前曾被安排负责海南岛的传教事宜。

⑤ 根据嘉尔定神父（le Père François Cardim, 1596—1659）的《日本传教省报告》（*Relation de la province du Japon*, 1645），1631年王保罗（即王汝龙）到澳门，请求视察员派传教士到海南，班安德以澳门的传教团中无人会说汉语而婉拒，但答应他差派传教士去海南。保罗固请，班安德遂派马多禄、丘良禀于1632年前往。

⑥ 马多禄神父（Pierre Marquez, ？—1670）：葡萄牙籍耶稣会士，生于日本，母亲是日本人。在日本及越南北圻（东京）传教，皆被逐。1630年避居澳门，1632年至海南定安，1635年返澳门，1637年至交趾支那。1670年被盗匪推入海南岛附近的海中溺死。

难，因此被召回澳门。[1] 以后林本笃神父[2]从福建来到海南，他很快就学会说当地的方言。他想要个住处，设法买了一座据说闹鬼的房子。头一年有300多人受洗。到了1636年，海南基督教徒分为四个传教区——琼州府城（Kiungchow）、定安（Deng-ang）、崩沟[3]和龙门[4]。每个传教区都有设备良好、装修精美的教堂。1637年，信奉基督教的热情达到高潮，一次有300多人受洗。"但这激怒了撒旦，他得知要被迫离开自己的地盘，于是迫害开始了"，那优雅的古文献如此写道。[5]

---

① 马多禄不谙中文，班安德派丘良禀修士为翻译，一同来海南。丘良禀（Dominique Mendez, 1581—1631），中国人，生于澳门，1621—1626在越南南圻（交趾支那）传教，1632年抵海南岛，此后事迹无考。

② 林本笃（Benoit de Mattos, 1600—1652）：或译"麦脱司"，葡萄牙籍耶稣会士，早前在印度，1630年来华，在福建传教，有语言天赋，通晓闽语，会写汉字。1635年接替马多禄到海南岛，很快能讲本地方言，传教事业大兴。1640年避居澳门，1641年，随越南"国语"字母设计者罗德神父（Alexandre de Rhodes, 1591—1660）往越南南圻，三年后重返澳门，再赴海南岛。1652年清军攻海南时，被郑成功部将溺死海中。

③ 崩沟（Bang-kao）：即今定安仙沟。根据海南地方史志，旧时在定安县仙沟市附近的琼山县一侧有"崩沟市"（Bang-kao），后废弃，在邻近的定安一侧建了"新沟市"（tin-kao），但周边百姓仍称其为"崩沟"。又因"新""仙"在海南话中同音，民间可能觉得"仙"比"新"好，故后来写成"仙沟"。《康熙琼山县志》中有"崩沟市"，以后则无。从《道光琼州府志》开始有"新沟市"，《光绪定安县志》《宣统定安县志》"新沟市"下注云："旧碑载，土名呼仙沟。"因此，"仙沟"白读音可推至清初康乾（崩沟），文读音可推至道光（新沟），仙沟的写法始于清末民初。

④ 龙门（Long-moun）：嘉尔定（1645, 1646）原文写作Lummo，马特罗列（1900）写作Long-moun，孟言嘉书中写作Long-moun（Lia-mui）。也就是说，孟言嘉认为文献中的龙门就是如今琼中的岭门（Lia-mui），当年属于定安县。但是，嘉尔定原书（法译本，1645年版133页，1646年版131页）中说，龙门村距离仙沟村有一天的路程，因此不可能是岭门，应该就是定安县的龙门镇。岭门教会是1850年法国"巴黎外方传教会"的马逸飞神父（Père Jacques-Auguste Mailfait, 1817—1851）建立的。

⑤ 这段话见马特罗列（1900）第59页引，来自嘉尔定《日本传教省报告》（1645年法文版）第137页，原文说"魔鬼通过和尚对基督徒开始大逼迫"（Il commença donc à émouvoir une persécution contre les chrestiens, par le moyen des Bonzes）。参看：François Cardim, *Relation de la province du Japon*（Traduitte par le Père François Lahier），À Tournay, France, 1645. p. 137。又见其修订本《1644年日本传教省报告》（1646）：*Relation de ce qui s' est passe depuis quelques annee, jusqu' a l' an 1644*（Premiere Partie），édition de l' année 1646, p. 135。

逼迫

有人称林本笃神父住处藏有武器弹药。试图平息暴民无果后，神父乘船去了澳门，把他的羊群留给来自福建的教理助手——好人马尔塞照看。马尔塞尔中了当地人的毒，于1640年8月去世①。1644年，林本笃神父得以重返海南岛。1647年，清朝李将军②攻占广东后入侵海南，林本笃和三个神父——一个意大利人，一个波兰人还有一个葡萄牙人③——在他手下饱受折磨。1651到1652年间，鞑靼人再次掌权并控制整个海南岛④。林本笃是当时

---

① 根据嘉尔定《日本传教省报告》(1645年法文版)150—155页，好人马尔塞尔(Bon Marcel)，福建省福州府人，23岁受洗，随林本笃来海南，协助林本笃讲授教义。1640年林本笃避居澳门，同年8月20日马尔塞尔被和尚毒杀。又见此书1646年修订本148—153页。

② 李将军，即明末清初广东提督李成栋。此人为李自成叛逃部将高杰的下属，先随高杰依附南明弘光帝(福王朱由崧)，高杰死后降清，在闽粤杀人无数，官授广东提督，再后降南明永历帝(朱由榔)，永历三年(1649)兵败坠河死。1646年11月，两个南明王朝在广州(绍武帝)和肇庆(永历帝)相继建立，继而自相残杀，一直追杀到海南岛。1646年底至1647年初，李氏清军连陷广州及肇庆，绍武帝自缢，永历帝奔桂林。4月，李成栋击溃南明残部鲁监国(朱以海)的部队，占领海南岛(当年1月占领海口)。渡琼作战的并非李成栋，而是其副将阎可义，马特罗列只是笼统言之。1648年，李成栋率部反清，海南岛又在南明永历政权控制下。

③ 1647年一同来海南岛协助随林本笃的三位神父分别是努若翰、卜弥格和陆安德，林本笃为监督。努若翰(Jean Nunes)：葡萄牙籍耶稣会士，本在日本教区，1647年来海南岛。卜弥格(Michal Boym, 1612—1659)：波兰籍耶稣会士，1645年抵越南北圻，1647年赴海南岛，因清军入侵，年底复返北圻，1650年回澳门，此后到广西，为南明小朝廷服务，卒于北圻与广西边界。陆安德(Andre-Jean Lubelli, 1610—1683)：意大利籍耶稣会士，1640年至印度，三年后赴澳门。1646年2月22日，与另两位神父(Antoine Constantin和Valentin Nogueira)赴海南岛，船上另有四名赴交趾的神父，2月26日在海南岛附近遇风暴触礁，仅陆安德一人获救。次年再赴海南，亦因清军入侵，被林本笃派往交趾，1649年返回澳门。1650年第三次赴海南岛，亦多次往交趾传教。1673年被推为中国、日本视察员。卒于澳门。1656年，陆安德再赴海南岛，因障碍丛生未果，耶稣会命葡萄牙人利玛弟(Mathias de Maya,1616—1670)、意大利人王若翰(Jean-Baptiste Brando, 1610—1682)及波兰人穆尼阁(Jean-Nicolas Smogolenski, 1611—1659)三神父往海南，召聚岛上四散教民，得三千人，分属琼州、临高、定安三传教所。

④ 鞑靼人(Tartars)：这里指进入海南岛的清朝军队，实际上都是汉人。西方人把历史上属于阿尔泰语民族的蒙古族人、满族人及其后裔，都称作鞑靼人。1650年11月，清军攻陷广州，南明(永历帝)两广总督杜永和(李成栋部将)退守海南岛，又遭郑成功部将进攻。1652年8月，杜永和降清，海南岛落入清军之手。

海南岛唯一的欧洲人,他认识那个来自福建的海盗头子,想要保护海南岛免遭侵害,但是被扔到海里,就这样淹死了。[①] 1656 年,法国人傅沧溟神父[②]掌管海南的教会,但他来这儿之前已是高龄,于 1660 年去世。他去世以后,瞿笃德神父[③]接替他的事工。尽管瞿笃德亲眼看到康熙帝统治之下的和平重建,并重返海南岛,但接下来的一段时期,政府颁布严酷法令反对外国人,他于 1681 年死在这里。金玉敬[④]只在海南岛工作了一年,于 1686 年去世,去世时还很年轻。在古老墓地的坟茔上,三位神父的碑文依然能够释读,内容如下:[⑤]

Germanus

(1) P. IO. Achim Galmeo Societaties Iesu obiit Hic in Duo 2 Missionis Anno Die 9 Octoberio, 1686—34 S. O. S. 8.

(2) Stanislaus Torrens Itavis Societaties U Professus 20 Missionis Anno Obiit Anno 1681 Die io M. D. Societies So Aetatis 67.

(3) P. IO. Forgetallus Sociesus Professus 4 Miss Anno Obiit Anno 1660 Die 29 Octob Soc 36 Aet— Si.

---

① 当时海南儋州有郑成功部将的海盗部队,林本笃在福建时认识此人,为免生灵涂炭,杜永和派林本笃前往议和,被禁锢三个月,1652 年 4 月被投海而亡。杜永和收其尸,葬于琼州城外。

② 傅沧溟(Jean Forget, 1605—1660):法国耶稣会士,被罗德神父回国演讲感动者之一,1656 年与另外 15 名法国神父同船抵澳门,又与同伴聂仲迁(Adrien Greslon, 1614—1695)被派往海南岛,时年五十一,任监督,1660 年 10 月 29 日卒,葬于琼州城外。是年,聂仲迁赴广东南雄,再赴江西赣州,卒于赣州。1658 年 6 月底,一批耶稣会士被越南东京地区禁止传教,乘船前往澳门,在海南岛的海岸边,船被风浪打坏沉海,神父们落水,被傅沧溟救起,住了一个多月,于 9 月底抵达澳门。其中有意大利人石嘉乐(Charles della Rocca, 1612—1669)和葡萄牙人范方济(François de Vega, 1631—1703),后者于 1673 年来海南,传教 24 年,后任日本传教省会长。

③ 瞿笃德(Stanislaus Torrente, 1616—1681):意大利籍耶稣会士,1640 年赴印度,后赴马六甲等地,1659—1664 年在海南岛。1660 年,傅沧溟死,聂仲迁离开,瞿笃德是海南岛唯一的传教士。以后往赣州,再到广州,1673 年重返海南岛,1681 年 3 月 30 日卒,葬于琼州城外。

④ 金玉敬(Joachim Calmes, 1652—1686):德国籍耶稣会士,1684 年抵澳门,在广东地区传教,次年到海南岛,1686 年 10 月 9 日卒,葬于琼州城外教会墓地,时年 34 岁。

⑤ 从三位传教士的碑文来看,第一位是金玉敬(Galmeo 当是 Calmeo 之误,系孟言嘉认错),第二位是瞿笃德,第三位是傅沧溟。

天主教现状

1849年,海南岛天主教的现代差会建立,它也许是从前事工的重启。第一个来这里的神父被毒打致死。[①] 有一段时期,这里的工作由澳门主教掌管下的葡萄牙人负责。[②] 目前被法国人控制,但并不特别兴旺。大多数信徒住在琼州府城和海口附近。海口附近开设有一所孤儿院,由几位修女照管,另有几位欧洲神父在海南岛驻点传教。

---

① 1848年,罗马教廷将两广(含海南岛)的传教权交给法国"巴黎外方传教会"(Missions étrangères de Paris, M. E. P)。1849年9月,新任外方传教会广东主教李播(Bishop François Napoléon Libois, 1805—1872)决定重建海南教区,派遣同年1月抵粤的年轻神父马逸飞(Jacues-Auguste Maifait, 1817—1851)往海南岛传教。马逸飞于1850年初到达海南,在定安岭门(今琼中县湾岭镇岭门村)新建了教会。1851年3月31日(农历2月29日),在文昌县昌造村(今属抱罗镇)被当地人毒打致死。同年5月,艾神父(Jean Baptiste Aimé-François Franclet, 1822—1907)来接替马逸飞,次年5月比神父(Joseph Xavier Biset)到海南,7月艾神父离开。1852年7月吴神父(Michel Chagot, 1824—1896)到昌造,与比神父同工。1859年,比神父离开海南到广州述职,因病死亡。1862年1月,两广教区主教明稽埒(Bishop Philippe François Zéphirin Guilemin, 1814—1886)又派柏神父(Etienne Alibert, 1835—1868)到海南,协助吴神父。柏神父因不适应海南的气候而生病,1866年离开海南,1868年死于新加坡。1867年底又派来赖神父(Jean M. Delavay, 1834—1895),一年后去了贵州。1868年6月,Jean Gervaix Bonssac 前来顶赖神父的缺,直到1874年8月离开。

② 1876年,海南教区又归澳门的葡萄牙人管理,当年8月,吴神父离开海南岛。1908年,罗马教廷将海南岛再次交给法国传教士,"巴黎外方传教会"和"巴黎双圣心会"派送传教士进入海南。

新教差会的开端

传教先驱

美国长老会海南差会(American Presbyterian Mission in Hainan)的奠基者是冶基善先生(Mr. C. C. Jeremiassen)。他是丹麦人,19 世纪 70 年代初期来到中国,从事过不同的职业后,决心成为传教士。① 他觉得需要医学知识,就在广州博济医院②跟从嘉约翰医生③学习了两年。经过医学培训后,他于 1881 年秋天来到海南岛,作为独立自助的传道人,开始这里的传教事工④。"英国

---

① 见附录一:冶基善先生讣告及注释。——原注

② 博济医院(Canton Hospital):1835 年美国传教士伯驾医生(Dr. Peter Parker,1804—1888)在广州创办"眼科医局"(The Ophtalmic Hospital),是为中国第一家近代医院。1856 年因战争停办。1859 年嘉约翰医生重开医院,取名为"博济医院",1930 年并入岭南大学。

③ 嘉约翰医生(Dr. J. G. Kerr,1824—1901):长老会广州差会的先驱之一。生于俄亥俄州,毕业于费城的杰佛逊医学院(Jefferson Medical College in Philadelphia)。1854 年到香港,1859 年创立广州博济医院(Canton Hospital),1866 年创立博济医学堂,自任校长,这是中国第一所西医学校,孙中山曾于 1886 年秋入该校学习。嘉约翰在广州 44 年,治疗过 78 万名病人,做过 4.8 万例手术,教出 150 名中国医学生。他不仅自己著书立说,还把 34 卷本医学书籍译为中文。参看:C. C. Seldon, *Life of John G. Kerr*, *Chinese Medical Journal* (April 1935); William Warder Cadbury and Mary Hoxie Jones, *At the Point of a Lancet: One Hundred Years of the Canton Hospital*, 1835—1935 (1935), pp. 101-143。有资料说,冶基善是在嘉约翰家里悔改信主的,信主后立即委身,利用自己的积蓄做独立传道人,于 1881 年只身来到海南岛。参看:Charles Edwin Bradt, William Robert King, Herbert Ware Reherd, *Around the world: studies and stories of Presbyterian foreign missions*, The Missionary Press Co. 1912, Kansas, pp. 260-261。根据《海南差会年报》1893 年(第 1 卷),冶基善于 1881 年 11 月来到海南岛,先是住在老海口西部(今盐灶路),1885 年 11 月与新来的康兴利医生一道,移居府城。

④ 据纪路文牧师 1890 年《海南及其传教事工》一文,冶基善先到台湾传教,掌握闽南语后,又到博济医院学医,期间他觉得海南岛比台湾岛更需要人,就在两年医学培训结束后,于 1881 年 11 月来到海南岛。参看:Frank P. Gilman, *Hainan and its Missionary Work*, (转下页)

圣经公会"[2]给他配备了一名中国籍的基督教卖书人[3],名叫葛诚信[4],还提供了一部分《圣经》[5]。

冶基善先生立即开始学习海南话,还开办了一家诊所,治愈了前来就诊的很多病人。来海南岛不到一年时,冶基善作了一次完整的环岛游[6],每到一处都医治病人,散发基督教书籍。第二年在海口设立传教总部,然后去各乡村作巡回传教之旅。其中一次,他带着福音册子和药品,从海口乘船逆江而上,旅行好几个星期,走访两岸的不同市镇。在此期间,冶基善先生一直与广州的美国长老会有联系。1883 年,广州的香便文牧师来到海南岛,他们一起进入海南腹地,作了一次探索之旅,甚至深入到那大(Nodoa)和岭门(Lia-mui)

(接上页)*The Chinese Recorder*, Vol. 21 (1890), pp. 271-280。又参看:《海南差会年报》1893年第1卷(*First Annual Report of the American Presbyterian Mission in the island of Hainan, China, for the year 1893*. Nodoa, Printed on the Hainan Mission Press, 1894. p.2.)。

② "英国圣经公会"(British and Foreign Bible Society, B. F. B. S):中文名也叫"大英圣经会",成立于 1804 年,总部在伦敦皇后街 146 号,是超宗派的基督教组织,主要工作是印售无注本白文《圣经》。1836 年进入中国,总部设在上海,分部设在广州、香港、九江、汉口、烟台、天津、张家口、云南府、成都和满洲里。到 1905 年已经在中国卖出官话及方言译本《圣经》超过 1300 万本,其中包括冶基善翻译的海南话《新约》部分书卷。参看:《新教在华一百年》(*A Century of Protestant Missions in China* [*1807—1907*], ed. by D. MacGillivray, Shanghai, 1907)第 553—566 页。英国圣经公会曾经资助海南差会 150 块银元,用于印刷海南话《约翰福音》。参看:《海南差会年报》第 1 卷(1893 年),第 31 页。

③ 卖书人(colporteur):特指"英国圣经公会"的卖书人,专售圣经公会出版的各类白文《圣经》、教理问答以及其他福音类小册子。这些人具有双重身份,既属于当地教会,也受圣经公会委派。1882 年 10 月,冶基善、香便文穿越黎区,带领卖书人葛诚信同行(他止于南丰)。1892 年,冶基善花了 5 个月时间穿越黎区,到达南部的乐罗,也带了一位卖书人同行。参看:《外宣会年报》第 56 卷(1893 年),第 41 页。

④ 葛诚信(Kot Sing-shon):音译,香便文《海南纪行》第 3 章说此人是广东客家人。另外,那夏礼此行从广州带来一位中国籍传道人。

⑤ "英国圣经公会"提供的《圣经》应该包括"浅文理和合本新约""官话和合本新约"以及冶基善翻译的罗马字本海南话《圣经》。参看:《新教在华一百年》第 565 页及本书"附录一"之"冶基善"节注释。

⑥ 根据《海南差会年报》1893 年(第 1 卷),冶基善于 1882 年上半年作了环岛游,下半年陪同香便文进入黎区考察。香便文《岭南》第 17 章(中译本《海南纪行》)说冶基善环岛游在 1882 年 4—5 月份。

之间的黎区。[1] 香便文博士[2]在他的《岭南纪行》(*Ling-nam*)和《基督教与中国》(*The Cross and the Dragon*)两本书里描述了这次旅行。

在客家人中开启事工

在进入海南腹地途中,冶基善和香便文发现那大附近有一片很大的客家人居住地[3],就把卖书人葛诚信留在那儿一段时间去传教。葛诚信是一位非常热心于传教的老人,于是有很多人前来问询福音的事。在以后的几年里,冶基善先生非常关心这个地方。他在镇上租借了一家店铺,在那里为慕道者开办夜间班,在发市的日子里讲道,还开了一间诊所。这种情况一直持续到1885年5月,那时广州的那夏礼牧师[4],在几次通信之后来到海南岛,与冶基善一起进入那大。冶基善当时还不是按立的牧师。他们从60个报名受洗的

---

① 孟言嘉所说的时间有误。香便文与冶基善的海南探索之旅是在1882年10月中旬到12月初,而不是1883年,这个错误最初出现于纪路文1890年《海南及其传教事工》一文中。香便文的海南岛考察记录在1883年上半年就开始分单篇在《教务杂志》和《中国评论》上发表了。另外,《教务杂志》第13卷12期"传教士消息"一栏,明确说香便文于1882年12月7日返回广州。参看:*The Chinese Recorder*, Shanghai, Vol. 13 (1882), p. 469. 又参看:*The Presbyterian Monthly Record*, Vol. 34, No. 3 (March, 1883). pp. 83-84。另见:《海南差会年报》1893年(第1卷),1—2页。

② 香便文博士(Dr. Henry):与许多知名传教士一样,香便文被称为博士,那是"荣誉神学博士"(Doctor of Divinity, D. D.),一般由教会主办的大学授予,强调在传教方面的知识成就(如圣经翻译、写作、牧养等),不同于纯研究性质的"神学博士"(Doctor of Theology, Th. D.)。1889年纽约大学授予香便文此学位。

③ 那大附近的客家人居住地:这里指儋州南丰。详情参看:香便文《海南纪行》(辛世彪译注本,漓江出版社,2012年)第3章(原书第19章)"进入海南腹地山区"。

④ 那夏礼牧师(Rev. H. V. Noyes, 1834—1914):美国长老会传教士,1868年来华传教,1879年创建广州培英中学(原名安和堂),1896—1899年接替香便文,任广州格致书院(Canton Christian College,岭南大学前身)监督。与他的妹妹、创办真光书院的那夏理(Harriet Newell Noyes, 1844—1924)同为广州知名教育家。根据《教务杂志》1885年7月号中的"通告",那夏礼于1885年6月17日自海南返回广州。

人中选择了大约30人进行考察，给其中9个人施洗[①]，并举行了圣餐礼——这是海南岛第一次举行圣餐礼。这件事让人难过的部分是，那位卖书老人过度热情，出现一些不明智的行为，结果被从圣餐仪式上赶了出去，很不体面地回了广州。

增加人手

在那夏礼先生访问海南岛以前，香便文已经在设法给冶基善增加人手，此时他正在美国作首次轮休(furlough)。他在当时外宣会的机关刊物《海外宣教士》上发表了一篇文章。[②] 由于这篇文章以及香便文所做的其他努力，长

---

① 纪路文1890年《海南及其传教事工》一文中说：1885年5月，那夏礼牧师经过仔细考察，给20个报名者中的9个人施了洗。《海南差会年报》第1卷说，给22个报名者中的9人施洗，另有70多位慕道友。另据那夏礼说，此次施洗及圣餐礼的地方距离那大12英里(19.2公里)，应该在南丰境内。参看：Rev. H. Noyes, *First fruits on the island of Hainan*, *The Foreign Missionary*, Vol. 44, Sept. (1885), pp. 168-169。

② 长老会的机关刊物几经变化。首先是1832编辑、次年出刊的《外宣编年》(*Foreign Missionary Chronicle*)，后来分出《内宣编年》(*Home Missionary Chronicle*)；到1850年又合并为《内外宣教记录》(*Home and Foreign Record*)。1842年出现了《海外宣教士》(*The Foreign Missionary*)，1850年分为给成人的杂志版和给儿童看的报纸版，直到1886年。1886年《内外宣教记录》停刊，出现了新杂志《海内外教会》(*Church at Home and Abroad*)。长老会妇女会也出版了几本杂志。1871年在费城出现了《妇女事工》(*Woman's Work for Woman*)，同年在纽约出现了《我们的传教工场》(*Our Mission Field*)，1886年两本杂志合并为《妇女事工及我们的传教工场》(*Woman's Work for Woman and Our Mission Field*)。参看：*A Historical Sketch of the Board of Foreign Missions of the Presbyterian Church (1837-1888)*. New York, 1888, pp. 24-25。香便文的文章发表在《海外宣教士》第43卷1884年8月号，题为"海南岛差会事工的开辟"，该文简介了海南岛的地理环境、人口、民族等，然后指出海南岛福音前景广阔，超过华南任何一个地区，冶基善工作繁重、独力难支，希望长老会加派人手。参看：Rev. B. C. Henry, *Opening for Mission Work in the Island of Hainan*, *The Foreign Missionary; Containing Particular Accounts of the Work of the Board of Foreign Missions of the Presbyterian Church, and Selected Articles and Facts*, Vol. 43 (1884—1885), August, 1884. pp. 120-122。另外，香便文在1887年一篇题为"海南"的文章中，也表达了同样的意思。参看：Rev. B. C. Henry, "Hainan", *The Church at Home and Abroad*, Vol. 1 (1887), June, 1887. pp. 568-570。

老会外宣会决定差派康兴利医生①和纪路文牧师②为海南岛传教士。1885年5月,康兴利医生动身前往工场。他到广州后,先在博济医院工作了数月,然后来海南岛,开始学习语言。1885年下半年,他随冶基善来到海南岛,把他们的住处,也就是传教事工的总部,从海口西部搬至琼州府城的曾氏宗祠③。不久后,冶基善在琼州府城的西南部为差会购置了一块地产,一般称作农场或者甘蔗园。④ 后来他去那大料理事务。⑤ 那里发生了暴乱,有消息传到海口说,暴乱分子扣押了冶基善,胁迫他给他们制造枪支。在英国领事⑥的帮助下,康兴利医生给他带去口信,得到的回复说他安然无事。之后康兴利医生去了广州,1886年纪路文夫妇到达广州时,他还在那里。

组织设施

1886年春节后不久,康兴利医生、纪路文先生及夫人,香便文博士及两名

---

① 康兴利医生:美国艾奥瓦州人,1885年从费城的杰佛逊医学院(Jefferson Medical College in Philadelphia)毕业后,向长老会外宣会申请加入医疗事工团队,被差派到广州,先在嘉约翰医生手下工作,不久被派到海南岛。1888年在广州与嘉约翰的女儿(Olivia Kerr)结婚(见《教务杂志》1888年9月号444页"传教士日志")。康兴利1885年11月来海南,先在府城租屋设立临时医院,1896年海口医院建成后,一直负责该医院,1925年退休回国,在海南岛服务40年。其中文名也作"康兴利"。

② 纪路文牧师:参看附录一"纪路文牧师"条。

③ 曾氏宗祠(the ancestral hall of the Tang family):《海南差会年报》第1卷记作Tango Siu Si Do。Tang是海南话"宋"姓或海口话"曾"姓的读音("曾"姓在海口以外的海南话北部方言中读为tan),府城宋氏无大姓,曾氏宗祠建于明末,估计清末时已经衰败空置,因此才会出租。海南本地很多文史材料都说:"美籍丹麦牧师冶基善在琼山县府城文庄路的吴氏宗祠内,设立临时传教场所",不知何据。本地文献说冶基善此前住在海口盐灶村,应该是对的,其地在今盐灶路的基督教海口堂一带,在旧时海口城外西侧。

④ 《海南差会年报》第1卷(1893年)记载,1885年12月,冶基善在府城城墙外购置了一块地皮,但直到1887年9月才拿到这块地(原因见下面第73节)。

⑤ 根据纪路文1890年《海南及其传教事工》一文,1885年5月,那夏礼与冶基善离开那大后,当地人向受洗的基督徒勒索钱财,幸赖海口的英国领事干涉,迫害才停止,但勒索的钱财没有归还。冶基善前往那大可能与这一系列事件有关。

⑥ 当时的英国驻琼州署理领事是任森(Octavius Johnson),直到1891年被庄延龄(E. H. Parker, 1849—1926)接替。1896年2月4日,英国外交部再次任命任森为驻琼州领事。参看:*The London Gazette*, March 13, 1896. p. 1680。又参看:*The Edinburgh Gazette*, March 17, 1896. p. 259。

本地传教士(其中一位是曾温督[①],一年之后就回天家得奖赏去了)离开广州,乘坐灰狗号(Greyhound)轮船前往海南岛。[②] 到达后所有人都去了琼州府城的曾家,有一个传教士这样描述那里,他们有“医院、牧师住处、讲道处及排印间”。在传教士们在一起的几天里,他们召开了“广州差会海南站”第一次例会[③]。不久后,冶基善先生和香便文先生前往那大。在海南腹地期间,他们在南丰开了一间教堂,在儋州开了另一间。[④]

设法获得地产

1886年,传教士们设法在“农场”地契上加盖官印,这似乎引起了士绅们的不满。把地产卖给外国人的中间人在街上被人打了,中国的知府私下里警告英国领事说,传教士们必须离开此地,尤其是纪路文先生。纪路文夫人在英国领事馆停留了几天,然后去了澳门,后来纪路文先生也去了澳门。1886

---

① 曾温督(Tang Un-dok):音译,生平不详,《海南差会年报》第1卷显示,他是早期琼州府城站的两名传教助手之一(另一人是吴保罗,Ngou Po Lo)。府城的“曾氏宗祠”或许就是他家。后来的文献显示,教会里还有另一位曾姓同工,比较活跃。

② 纪路文1890年《海南及其传教事工》一文以及《海南差会年报》1893年(第1卷)记载,香便文于1886年2月第二次来到海南岛,与冶基善作了为期十周的腹地之旅。此行的主要工作是在那大周边地区建立教会。

③ “广州差会海南站”第一次例会(first regular meeting of the Hainan station of the Canton Mission):根据《海南差会年报》第1卷(1893年),这次会议于1886年2月15日在“曾氏祠堂”(Tang Siu Si Do)召开,参加者有香便文、冶基善、康兴利医生、纪路文牧师及夫人。两位中国籍传道人以及冶基善的卖书人葛诚信也应当在内。

④ 驻香港的英国军官施瑞奇(John de Luze Simonds, 1884—1917)在1910年的海南岛旅行日记中提到,南丰教堂的主人原本是当地首富,因做黎货生意而致富,后因患病及地方纠纷家道衰落,把房子低价租给教会。参看:John de Luze Simonds, *Diary of a Journey among the Lois of Hainan*, Mar 20, 1910 (unpublished, Courtesy of SOAS)。事实上,南丰教堂是冶基善在海南岛建立的第一个教堂,信徒都是客家人。参看:Carl C. Jeremiassen, “The Island of Hainan”, *The Church at Home and Abroad*, Vol. 4 (1888), August. pp. 164-165。儋州教堂在和庆镇上,当地居民讲临高语。由于没有物色到合适的讲本地话的传教助手,该教堂于1888年关闭,20世纪初重新开设。参看:《海南差会年报》第1卷(1893年)第4页。

年12月，冶基善先生和康兴利医生获准将一座宗祠用作医院①，此后的一年里他们的工作卓有成效。早些年，很多考生来到府城参加“三年一次的考试”②。1887年他们总体上还很尊重传教士，但后来的表现就不是这样子了。③

1887年，传教士们从美国驻广州领事④那里拿到“农场”的地契，将它呈送到海南知府⑤那里加盖官印。几天后，传教士们悄悄地拥有了那块“农场”。⑥ 但这宁静没有持续多久，因为中间人进了监狱，写地契的塾师也遭人

---

① 一座宗祠(ancestral hall)用作医院：根据《海南差会年报》第1卷(1893年)，临时医院先设在“曾氏祠堂”，1897年又租下了“李氏祠堂”，用作医院。当年是三年一度的科考之年，有一名士兵在府城大街上被贼人开枪射中腹部，士兵被送往教会医院，在数百人围观下，医院将其救活，从此声名大振。两相对照，医院可能在1886年12月底就已经搬入李氏祠堂。

② “三年一次的考试”：在《海南差会年报》第1卷(1893年)中亦作“三年一次的府院考试”(Triennial Prefectural Examinations)，指在琼州府城为选拔乡试人选而举办的“科试”(又名决科)，为提学或学政主持的院试之一种(另一为岁试，院试合格者为生员，俗称秀才)，也是乡试的选拔赛，在乡试的前一年举办，因此也是三年一考(乡试在省城举行，三年一考，考中者为举人)。明代前期琼州考生在雷州参加科试，定安县进士王弘诲(1541—1617)任职翰林院时，于万历四年(1576年)上《拟改海南兵备道为提学道疏》，指出琼州学子“每岁集督学就试者，不下数千计”，往雷州应试，路途遥远，渡海有风浪之险，请求以海南兵备道兼任提学道，将院试设在琼州。翌年奏疏获准，在琼州府城设试院，凡(琼山)县试、(琼州)府试、院试(岁试、科试)，均在试院举行，此事俗称“奏考回琼”。参看：谢越华《海南教育史》(海南出版社2008年版)第82页，《海南省志·教育志》(海南出版社2010年版)第57页。

③ 《海南差会年报》第1卷记载，1890年科考期间，传教士向考生讲道、分发药品；1893年科考期间(10月下旬至12月中旬)，考生人数倍增，教堂里挤满了人，纪路文牧师和王约翰牧师在本地助手协助下，开设讲道专场，学子们不仅专心听道，结束后还向讲员提问，表现出浓厚的兴趣，发酵作用开始穿透傲慢自义的知识阶层。

④ 美国驻广州领事：即喜默(Charles Seymour，1821—1903)，生于美国威斯康里州Vermont镇，做过报纸编辑与发行人、邮政局长，美国印刷协会主席，1882—1897(一说1884—1897)年间派驻广州领事。喜默在传教士府城买地一事上非常用心，但未获成功。

⑤ 海南知府：即琼州府知府。根据《民国琼山县志》卷21“职官志”，当时琼州府知府为谦贵，满州人，光绪十三年(1887年)任；前任为朱丙寿，江苏进士，光绪七年任。谦贵只做了两年，继任者为隆斌，满族人，光绪十五年任。

⑥ 根据纪路文1890年《海南及其传教事工》一文的描述，由于惧怕官府，原来的土地所有人把地契转让给了一位不负责任的人，此人又把地契转让给差会，自己成为中间人。传教士把地契送交琼州府知府盖印，同时暗中完成了地皮移交。由于旧地契上写的“卖地”字眼被抄进新地契，这下犯了大忌，中间人被抓坐监。根据《海南差会年报》第1卷(1893年)，抄写地契的先生(teacher)是冶基善的中文老师，他也遭到了恐吓。

恐吓，必须有传教士一直留在当地以保住这块地产。有人在纪路文先生的大门上贴了一张通告，说如果他不劝说冶基善先生放弃这块地产，就会杀死他的妻子和孩子。纪路文夫人带着婴儿去澳门待了一段时间，受到威胁的先生们也去了澳门。中间人坐了大约八个月的牢，交了50块墨西哥银元的赎金，才被放出来。经过几年的折腾之后，这块地产还是被放弃了。① 1894年，差会从一家德国公司购买到海口的一处地产。

传教士们想方设法在琼州府城租用地产。1888年康兴利医生和他的新娘从美国返回时，发现已经租了一个地方作诊所，他们可以使用好几年。1890年，正值“三年一次的考试”期间，府城突发传染病霍乱②。几个传教士身体状况不好，所以夏天只有冶基善先生留在海南岛。大约在10月1日，纪路文先生和广州的白威灵牧师③由陆路从广州到海南岛。④ 在旅途中他们了解到，在雷州半岛的南部也同样使用海南话⑤。不用多说，从那时起直到去世，纪路文先生一直期望看到雷州与我们海南差会连成一体，并积

---

① 他们最后还是得到了琼州府城的地皮，时间是在20世纪初，其地在今红城湖路“中共海南省委党校”大院内，但1990年代，原有教会建筑悉数被毁。参看第10章第78节“府城教会大院”及注释。

② 霍乱是1820年传入我国珠三角及潮汕一带，并扩散至岭南地区的。海南地方史志记载，道光元年（1821）琼山、万州、乐会大疫，1823年万州复疫；1850年琼山与定安、澄迈大疫，海口肆虐严重；1881年、1882年琼山流行霍乱，1889—1890年琼山又爆发疫情。参看：李永宸、赖文《霍乱在岭南的流行及其与旱灾的关系（1820—1911年）》，载《中国中医基础医学杂志》，2000年第3期，53页。

③ 白威灵牧师（Rev. Wellington J. White, D. D.，？—1891），1881年到广州，熟练掌握粤语，在广东巡回讲道。1891年回国轮休期间，在纽约州与全家人及朋友乘带篷马车旅行，于7月27日因马车与火车相撞身亡。参看：*The Church at Home and Abroad*, Vol. 10 (1891), September, p. 205。

④ 此说时间有误，应该是1889年10月，纪路文先到了阳江站，然后与白威灵结伴，经雷州到海南，有当年10月26日纪路文信为证。参看：Frank P. Gilman, *A Letter from China* (*Kiungchow*, *Hainan*, *October* 26, 1889), *The Church at Home and Abroad*, Vol. 7 (1890), February. p. 123。又参看：*Report of the American Presbyterian Mission in Canton*, *China*, *for the year 1889*. Hongkong, 1890, pp. 43-44。

⑤ 雷州半岛的南部指雷州（旧称海康）、徐闻一带，居民除少数人讲粤、客方言外，绝大多数人讲闽语，与海南话同属闽南方言的分支，其中的徐闻话与海南话最为接近。

极在那里传福音。

新招人员

1890年，第一批招募来海南传教站的王约翰牧师及夫人①到达，住在曾氏宗祠。纪路文和康兴利两家人租住在湖南会馆②。在“英国圣经公会”代表肯穆尔③先生的协助下，海南站获得一台印刷机，安装在曾家④。

---

① 王约翰牧师（Rev. John Caldwell Melrose, 1859—1897），参看附录一。王约翰夫人（Mrs. M. R. Melrose），即“赖马太师母”（Margaret Sarah Rae, 1867—1951），艾奥瓦州人，1890年与同州的王约翰牧师结婚，同年来到海南岛传教。王约翰牧师夫妇起先在海口和府城服务，1894年以后转往那大教会服侍。1897年9月王约翰去世后，赖马把两个儿子Paul和Andrew送回美国亲戚家，然后返回那大，在女子学校教书。

② 清末民初海口有五大会馆：海南会馆（南行）、汕头会馆（潮行）、广东会馆（五邑会馆、广行）、福建会馆（福建行）、高州会馆（高州行），海口的商号分别属于这五家会馆。会馆为同乡商会聚会处，会长（行头）由所属商号主人轮流担任。参看：《海关十年报告1882—1991》（*Decennial Reports of Imperial Maritime Customs*, 1882-1891, p. 635. Shanghai, 1893）。又参看：杨家和“清末民初海口市的‘五行’及其‘会馆’”，《海口文史资料》第五辑（1889年），13—18页。湖南会馆在府城，因为闹鬼，出租给传教士做宿舍。参看：《海南差会年报》第1卷（1893年），第4页。

③ 肯穆尔（Kenmure）：即亚历山大·肯穆尔牧师（Rev. Alexander Kenmure, 1856—1910），英国圣经公会驻华南代表（1885—1895），后在汉城任驻朝鲜代表（1895—1905）。肯穆尔在华期间，正是海南基督教发展初期，他支持冶基善翻译海南话《圣经》（用罗马字记音），并于1890年协助海南站得到了一台小型印刷机，用来排印“海南话罗马字”版的《圣经》以及冶基善翻译的《教理问答》。

④ 印刷机先是安装在曾家，不久，在那大男子高中成立了“海南差会印书馆”，也叫“海南美华印书馆”（American Presbyterian Mission Press, Nodoa, Hainan），不仅印刷罗马字版《圣经》等读物，也印刷《海南差会年报》。关于印刷机与印书馆，长老会《外宣会年报》1891年（第54卷）说印刷机是一位慷慨的友人捐赠的，第56卷（1894年）说“差会印书馆”是美国的朋友们赠送的。参看：*The Fifty-fourth Annual Report*, 1891. p. 32; *The Fifty-fifth Annual Report*, 1892. p. 41; *The Fifty-sixth Annual Report*, 1893. p. 41; *The Fifty-seventh Annual Report*, 1894. p. 69。《海南差会年报》第1卷也说印刷机是美国的朋友们送的。另参看：*The mission press in China: being a jubilee retrospect of the American Presbyterian Mission Press*, Shanghai, 1895. p. 58。从1891年的《马太福音》开始，到1915年的《路加福音》，冶基善与其同工纪路文（参加了马太、约翰、路加三福音书的翻译）用海南话翻译的《圣经》书卷，大多由英国圣经公会出版。参看：Rev. John R. Hykes, D. D., *Translations of the Scriptures into the Languages of China and Her Dependencies*, American Bible Society, New York, 1916, p. 22。关于“海南美华印书馆”，参看：《中国传教年鉴》第1卷（*The China Christian Year Book*, Vol. I, 1910），第359页；长老会《外宣会年报》1902年（第65卷），第71页。另参看：“中国的差会印书馆”（The mission press in China, Shanghai, 1895），第58页。

1891 年秋天，民间谣传外国人在井里投毒。次日，差会周围布置了士兵，城门也关闭了，以防止不信的人在他们商定的那天闹事。在海关税务司[1]的要求下，知府采取了这些防范措施，结果几天后恢复了秩序和平安。

瑞士日内瓦的徐黛儿姑娘是第一位来海南岛的单身女传教士，她于 1891 年下半年到海南岛，1892 年与冶基善结婚[2]，然后与她的传教先驱丈夫一起，作了穿越黎区的长途旅行。列雅弗牧师（Rev. A. E. Street）、林保罗牧师（Rev. P. W. McClintock）及夫人也于 1892 年加入差会。

海南差会

1893 年 5 月，传教士们在琼州府城聚集，海南差会组织成立，从此独立于广州差会[3]。年末举行了差会的年度大会，冶基善先生与同工们的意见产生

---

① 海关税务司（Commissioner of Customs）：指当时的署理琼海关税务司、德国人聂务满（J. Neumann），1889 年 10 月 8 日至 1893 年 6 月 6 日在任。根据《海关十年报告》中聂务满提交的报告，此事发生在 1891 年 10 月 11 日，那天大批人上街游行，企图攻击传教士居所，琼州当局接报后，立即派出军队保护，得以平安无事。参看：*Decennial reports on the trade, navigation, industries, etc of the ports open to foreign commerce in China and Corea and on the condition and development of the treaty port provinces, 1882-1891*, Shanghai, 1893, p. 635。

② 根据《教务杂志》1892 年 11 月号上的“传教士日志”（Missionary Journal），冶基善与徐黛儿（Jean M. S. Suter）1892 年 10 月 8 日在广州结婚，证婚人是丹麦驻广州领事及长老会广州差会的那夏礼牧师（Rev. H. V. Noyes）。参看：*The Chinese Recorder*, Vol. 23 (nov. 1892), p. 546。

③ 差会：也叫“传教会”（下位概念），是结构完整、人员及功能齐全的传教团体，一般由若干传教站（station）组成，有医院、学校和教堂等设施，由不同的委员会来执行落实各项事务。根据《美国长老会外宣会手册》（*Manual of the Board of Foreign Missions of the Presbyterian Church in the U. S. A.*, New York, 1889），差会必须在每年 12 月 1 日到次年 2 月 1 日间召开年度大会，各传教站每半个月给差会提交一份总结，并给年会提交报告。海南本地文献，则把各传教站称为“区会”，把各布道场所称为“堂会”。根据长老会历史文献，海南差会 1893 年 5 月 1 日正式独立，传教区包括海南岛与雷州半岛南部，人口约 300 万，是该地区唯一的新教差会，成立之初有 9 名传教士和 5 名本地传教助手。参看：*The Church at Home and Abroad*, Vol. 15 (1894), January, p. 28。海南差会从广州差会中独立出来是必然的。广州差会主要在广东粤语区传教，传教士都说粤语，海南传教士说海南闽语，两地的方言文化不同。

严重分歧，最后他退出了差会，但继续在海南岛独立传教，直至去世。[①]

海南岛新教差会的传教事工在最初几年里并不轻松[②]。没有在热带气候舒适居住的合适房屋，没有课本也没有受过训练的教师帮助学习新的语言，当地人总是疑心重重，时常不友好。但是，这些先驱们给以后的传教事工打下了基础。王约翰先生（Mr. Melrose）和冶基善先生以身殉职。传教事工在嘉积的新站还没有完全建立，纪路文夫人就在美国去世。1918 年，纪路文先生去世，没有实现他在雷州（Lui-chow）建立传教站的心愿。小弗洛拉（Flora）和艾格尼丝[③]，以斯帖和伊文[④]承欢父母仅有短短的几年或几个月。但是，从这些先驱之家走出来两个儿子和一个女儿，在其父母曾经为之辛劳的人们中

---

① 海南差会成立之前，冶基善就强烈主张克服困难，在南部的黎区建立传教点，并获得同工们的支持。参看：Rev. Frank P. Gilman, "Among the Loi", *The Church at Home and Abroad*, Vol. 11 (1892) June. p. 525。1892 年 2—7 月，冶基善从那大出发，经南丰、中央谷河（今松涛水库区）向南，到达崖县乐罗（今乐东乐罗）。冶基善与徐黛儿结婚后，于 1893 年初用了四个月时间深入黎区传教和考察，从今琼中县红毛镇打寒村到番响村、合老村，再经五指山市番阳镇到保亭县保城镇，到达三亚藤桥。然后向西，在三亚的罗蓬、大茅、三亚、榆林之间巡回布道达两个月，打算在大茅建立教堂。此时接到快信，康兴利偕夫人回国治病，要冶基善回府城，并参加海南差会成立大会，冶基善南部建站计划搁浅。冶基善与海南差会的同工分手后，偕夫人徐黛儿到崖县乐罗（今乐东县乐罗镇）创立教会。他以乐罗为基地，深入黎区。但他并没有与长老会中断联系，而是经常往返于海口、乐罗之间，他也给长老会外宣会提交报告，并于 1898 年出席了长老会大会。1910 年那大教堂建成后，被命名为"冶基善纪念教堂"（The Jeremiassen Memorial Church），以纪念这位在海南岛传教的杰出先驱。1896 年，经差会同意，乐罗传教点升格为传教站。冶基善去世后，该传教站由嘉积站和那大站派人巡视和管理（一年去一次），终因距离太远（从嘉积到乐罗要走 10 天），在人员等方面无法维持，遂撤站。另据长老会《外宣会年报》1901 年（第 64 卷），冶基善生前最后几年的身份是"丹麦一个社团的传教士"，该卷又提到那大站从丹麦长老会差会手里买到一块地皮，也许冶基善后来加入的就是丹麦长老会，见该书第 65 页、70 页。

② 海南差会建立之后，最缺乏的就是人手，他们向长老会外宣会呼吁并立刻得到回应，第二年就增派了 5 名传教士。参看：*The Appeal*, *The Church at Home and Abroad*, Vol. 15 (1894), January, pp. 28-30。另参看本书附录二。

③ 弗洛拉（Flora）和艾格尼丝（Agnes）：纪路文牧师的长女和次女。弗洛拉 1893 年 8 月 5 日晚死于那大，当时六岁。弗洛拉聪明伶俐，会说那大的多种方言，她带领儿童唱诗，因此吸引了大量妇女来教会。她被差会全体传教士所钟爱，《海南差会年报》1893 年（第 1 卷）及《外宣会年报》1894 年（第 57 卷）中专门提到她。艾格尼丝 1889 年 9 月 8 日死于广州，年仅 1 岁 4 个月 24 天，她的墓现在澳门。

④ 以斯帖（Esther Melrose）和伊文（Ewing McClintock）：以斯帖是王约翰牧师的小女儿，1897 年 9 月 3 日去世，才七个月大。伊文是林保罗牧师的儿子，死亡时间不详。

积极服侍①。还有一个传教士的女儿,最近刚结束在海南岛为期三年的服侍,希望不久后与丈夫一起返回华中,那是他服侍的地方。②

① 两个儿子分别是王约翰之子王道琼牧师(Paul C. Melrose, 1891—1974)和康兴利之子康惠林医生(Dr. William Kerr McCandliss, 1889—1946),王道琼1916年到海南,康惠林1919年到海南。女儿指纪姑娘(Miss Janet Gilman,中文名不详),在美国接受教育后,于1917年回到海南岛。参看“附录一”注释。

② 这是指康姑娘(Miss M. R. McCandliss,中文名不详),在美国接受教育后,于1915年来海南岛(与孟言嘉同年到达),1918年离开。

琼州府城站

海口医院①

琼州府城站也包括海口，这里是港口，医疗事工在这里展开。开头的几年，医疗点在两地之间来回变动。租用的地方不能令人满意，满意的地方又不出售。传教士们住在琼州府城内，饱受酷热、疟疾、拥挤肮脏的街道以及各种气味之苦。但是，传教站在三个大院(compound)里逐渐固定下来。一个在海口城外，就在海岸上，涨潮时有美丽的海景，落潮时的泥沼又是一番模样。这里设有海口教堂和海口医院，两座建筑都有毗邻的住宅，分别是牧师楼和医师楼②。医院工作初期，医生几乎不敢做截肢手术，担心可能会引起暴民骚乱。目前的情况大不相同，来自海南岛和雷州半岛的病人，还有在最近动乱时期驻扎在港口的很多士兵，把已经扩大了的医院挤得人满为患。最让人们好奇、也给医院带来极大便利的，是那台正宗的美国风车，它以低廉的成本为植物供水，自从安装了风车，比以前节省了很多劳力。

海口教会和学校

海口的教会还未建立③，基督教会众④日益增多，他们是附近的村民和在医院求医的病人。数年来，康兴利医生和夫人一直救治麻风病人，因此麻风

---

① 海口医院(Hoihow Hospital)：中文文献中一般称作“海口福音医院”。

② 海口医院及医师楼1896年动工，由于本地人无知、拖拉及不诚实，到1897年9月才建成。参看：长老会《外宣会年报》1897年(第60卷)，57页。海口牧师楼建于1899年。

③ 教会还未组建：依照长老会规矩，一个已组建的教会(organized church)除了牧师，还要有长老(elders)、执事(deacons)、司库(treasurer)等人员。海口有教堂，但在海口服侍的主要是医务人员，隶属于府城站。

④ 基督教会众(constituency)：指赞成基督教的群体，包括基督徒和慕道友。

病村的一些人受洗成为教徒。为男童开办的主日学校(Sunday school)是海口传教事工的特色之一,常有100多男童参加。为海南男生和广东女生开办的走读学校①,办得非常好,有助于吸引海口的上流阶层(gentry)关注我们的工作。1918年秋,龙济光(Lung Chi-koang)的部队与粤军交战期间,子弹散落在大院周围,就在那次混乱当中,纪路文先生跌倒受伤,并最终去世。

府城教会大院

琼州府城的传教事工在两个大院里进行,隔路相对。东面是教会大院,包括教堂以及为教会同工开设的"帕克斯顿培训学校"②大楼,还有两处住宅,被称为"灰山墙"③和"米德楼"④。目前差会中学⑤在培训学校大楼里上课,但已购置了教会大院南面和东面相邻的地皮,我们希望在那里建一所现代学校,已经开始在新址上修建宿舍。

---

① 海南差会文献中称之为"海口男子走读学校"(Hoihow boy's Day School)和"海口女子走读学校"(Hoihow girl's Day School)。根据长老会外宣会文献,1891年2月康兴利夫人开办"琼州女校"(Kiung Chow Girls' School),同年4月王约翰牧师开办"琼州男校"(Boys' School)。参看:长老会《外宣会年报》1892年(第55卷),42页。

② "帕克斯顿培训学校":全称"帕克斯顿基督工人培训学校"(Paxton Training School for Christian Workers),由长老会核心成员、普林斯顿神学院的帕克斯顿牧师(Rev. William Miller Paxton, D. D., 1824—1904)的遗孀(Caroline Sophia Paxton, 1829—1920)以其丈夫名义捐建(第一次捐款2000美元,第二次捐款3000美元,都是金币),主要对海南本地的传教助手们进行培训。1904年10月建校之初,在一所废旧的中式建筑中教学,只有6名学生,第二年增加到40名。培训学校大楼1905年4月1日开工,1906年3月7日建成。参看:长老会《外宣会年报》1905年(第68卷),83页;1906年(第69卷),81页;1907年(第70卷),63页。又参看:《海南差会年报》(1904—1905),第2页,第6页。关于帕克斯顿,参看:*In memoriam: William Miller Paxton*, 1824-1904. New York, 1905。

③ "灰山墙"(Grey Gables):是教会大院南侧的一座平房,是"宣道妇"们学习的地方。参看附录X,图片Y。

④ "米德楼"(Meade House):1899年由美国堪萨斯州的米德先生(Mr. Philo S. Mead, 1843—1908)捐资1500美元修建,琼州站也一度以他女儿的名字命名为"格雷丝·米德纪念站"(Grace A. Mead Memorial Station)。参看:长老会《外宣会年报》1900年(第63卷),57页。

⑤ 差会中学(Mission Middle School):即府城的"海南华美中学"(Hainan Christian Middle School)。

府城匹瑾大院

匹瑾女子纪念学校①、妇女学校②以及为琼州站单身女子而建的匹瑾楼③,都在另一个大院里。匹瑾学校(Pitkin School)是海南岛唯一的女子中学(相当于美国的高中)。学校最初只有琼州府城的几名女孩和妇女,以前她们只要到校上课,每天就会得到十文钱。由于周罗以姑娘(Miss Henrietta Montgomery)多年来忠诚不倦的服侍,这所学校历经兴衰以及地点人员的变迁,终于发展成为目前拥有90名学生、年级齐全的学校。

传教工场

琼州府城是一个很大的工场,它包括下一章要谈到的崖州(Ngai-chow)和雷州(Lui-chow)。看一眼地图就知道,文昌(Vun-sio)有几个分站(outstations)和小教堂(chapels),这个县北部地区已经被证明是一个多结果子的传教工场。那地方有很多人从新加坡回来,对福音有一定程度的了解,这非常有助于在他们乡亲中传播教义。看到南渡江上游的崩溪基督教团体日益兴旺,在1917年建成教会,是府城教会极大的快乐。海口西部和南部的琼山黎工场几乎没有触及,④如何在那里开展新的事工,对传教站来说是一个挑战。

---

① 匹瑾女子纪念学校(Albert J. Pitkin Memorial School for Girls):1910年建成,中文名"匹瑾中西女学堂",后文简称"匹瑾学校"。周罗以姑娘和赵苹姑娘(Miss Mae Chapin, 1885—1962)先后担任该校校长。

② 妇女学校:全称是"妇女圣经学校"(Women's Bible School),与"宣道妇学校"(Bible women's School)不是一回事。参看第14章107节。

③ 匹瑾楼(Pitkin House):建于1907年。这三座建筑,由美国企业家兼教会长老匹瑾先生(Mr. Albert J. Pitkin, 1854—1905)的遗孀(Anna Collin Pitkin)以其丈夫名义捐款6000美元修建。地皮是由另一人(Mr. L. H. Severance of Cleveland, Ohio)捐款1200墨西哥银元购买的。参看:*Woman's Work for Woman*, Vol.22 (1907), p.49。

④ 琼山黎(Kheng-toe Loi)即海口周边长流、石山、永兴、十字路一带,当地话属于临高语东部方言。实际上,下图页图中列出的19个传教点中,安仁和十字路都属于琼山黎地区。孟言嘉这样说,可能是因当地信教的人太少。

府城站传教工场①

1. 府城(Kiungchow)
2. 海口(Hoihow)
3. 美兰(Mai-lam)
4. 岭脚(Lia-kha)
5. 十字路(Tap-tu-lou)
6. 安仁(Ang-zin)
7. 旧州(Ku-tsiu)
8. 定安(Ding-ang)
9. 崩溪(Bang-khoe)
10. 罗豆(Lo-dau)
11. 抱罗(Bo-lo)
12. 蛟塘(Ka-do)
13. 公坡(Kong-fo)
14. 行坎(Kia-kham)
15. 上市(Tsio-si)
16. 徐闻(Si-vun)
17. 小苏(Siau-sau)
18. 塔市(Hah-si)
19. 乐罗(Lok-lah)

---

① 这19个传教点中,海府地区有9个点(府城、海口、美兰、塔市、岭脚、旧州、十字路、安仁、定安);文昌县6个点(罗豆、抱罗、公坡、蛟塘、上市、行坎),定安县1个(定城),澄迈县1个(崩溪),乐东县1个(乐罗),雷州半岛2个(徐闻、小苏)。美兰,即今美兰区演丰镇美兰村。塔市,即今美兰区演丰镇塔市村。岭脚,即今琼山区云龙镇岭脚墟。十字路,龙华区龙泉镇(墟)旧称。安仁,即今秀英区石山镇安仁村。公坡,即今公坡镇(墟),一度并入抱罗镇,2007年恢复。蛟塘,即今东路镇蛟塘村。行坎,文教镇(墟)旧称。上市,昌洒镇(墟)旧称。崩溪,瑞溪镇(墟)旧称。小苏,即今徐闻县下洋镇小苏村。

现代巴别:那大站

获取地产

1887 年,一支中国军队被派往那大,惩治参与上一年暴乱的那些人。[1]军队突发传染性热病,冶基善先生医好了他们。方道台[2]给了冶基善先生一块地,那里现在已经建起了那大教会的大楼。[3] 那年下半年,冶基善设法向方道台索要这块地的地契,但是广东总督[4]排斥外国人,反对方道台赠地,方道

---

① 光绪十一年(1885)7 月,儋州、临高一带大旱,儋州客家人暴动。11 月,澄迈黎人加入,暴动并遍及全岛。两广总督张之洞命前广西提督冯子材督办全琼军务。次年,冯子材出兵抵琼镇压,平息暴乱。往那大派兵时间应该是 1886 年。

② 方道台(Governor Fang):即雷琼道道员方长华,1886 年率军驻守那大。参看:张之洞、吴大澂《会奏黎匪剿抚事宜疏》。孟言嘉在这里的英译名不准确,纪路文(1890 年)文中称方长华为"道台"(Tao-t'ai)是对的。参看:Gilman, F. P., *Hainan and Its Missionary Work*, *Chinese Recorder*, 21(1890): 271-280。

③ 1887 年,大批军队驻扎那大,一面平息当地的纷争,一面开辟通往南部黎区的道路。那年夏天,军队中热病爆发,很多人死亡。冶基善立即赶到,他所救治的士兵无一人死亡。为表答谢,军队主管(雷琼道台方长华)给了冶基善一块地和 300 块银元。冶基善建起了两座简易医院,其中一座是用差会的钱所建,成为永久性建筑,后来用作学校教室。传教助手们住的房子也建于 1887 年。参看:《海南差会年报》第 1 卷(1893 年),第 3 页;长老会《外宣会年报》第 51 卷(1888 年),第 135 页。不仅如此,冶基善制作的海南岛地图,也给冯子材将军进入黎区提供了极大的帮助。参看:*The Church at Home and Abroad*, Vol. 2 (1887), October, p. 380。

④ 广东总督(Viceroy at Canton):应该指两广总督张之洞。《教务杂志》1888 年 3 月号 148 页"远东大事记"(Diary of Events in the Far East)载:"1888 年 2 月 2 日,总督张之洞自海南回来,离开香港前往广州。"("February, 1888. 2rd. Viceroy Chang Chi-tung, from Hainan, left Hongkong for Canton.")可见 Viceroy 指张之洞,而不是广东巡抚吴大澂。吴大澂(1835—1902),金石学家和书法家,1886 年 12 月 5 日至 1888 年 8 月 17 日任广东巡抚。

几个官名在英文中的常见译法:总督(如两广总督)为 Governor-general,巡抚 Governor,道台 Ciruit Intendants(或音译 Tao-t'ai),知府 Prefect,知县 District Magistrate。参看:(美)贺凯(Charles O. Hucker)《中国古代官名词典》(*A Dictionary of Official Tittles in Imperial China*),北京大学出版社,2008 年版。孟言嘉时代中国官名的英译名并不统一。

台不敢把赠地写成文书，当时不敢，次年他来海南岛巡视时也没敢，实际上那时他企图煽动暴徒烧掉医院大楼。冶基善先生在此后的两年里，几乎一直留在那大，他建成了小教堂、讲道人房①以及海南岛第一座外国人房——牧师楼②。1890 年，房屋竣工，纪路文先生与家人动身搬家到那大，但他在船上感染了严重的热病，返回琼州府城。那年的剩余时间里，纪路文先生一直住在琼州府城，但是在冶基善先生不在那大期间，他经常去那大③。即使现在，从海口到那大，走陆路通常要用三天；走水路先要乘坐不知要行驶多久的慢船，再走两天的陆路④。先驱们经常在海南腹地旅行，真艰辛可想而知。

1891 年初，纪路文先生把家搬到那大，住进牧师楼。⑤ 1894 年，纪路文先生与家人回国休假，王约翰牧师（Rev. J. C Melrose）和夫人接手那大的工作。从此那大站一直有正规的传教事工，除了在少数动荡时期，外国人要避居海口以防不测之外，传教士们一直都住在那大。

各种语言

那大堪称现代“巴别”，在它半径 30 英里范围内，至少讲 8 种不同的语言

---

① 讲道人房（preacher's house）：指中国牧师万鼎新的住宅。万鼎新为东莞籍客家人，《海南省志·宗教志》说万鼎新是 1910 年从香港教会派来。又有资料说，万鼎新 1931 年任香港深水埗崇真堂主任牧师。

② 根据《海南差会年报》1893 年（第 1 卷），那大教会的地皮位于市场边上，早期建筑包括一栋两层小楼（外国传教士住），一座平房（两名中国助手住），一间教室，一间土墙茅草顶的医院房，另有厨房、仆人房等。那间教室也同时用作小教堂。另参看：《外宣会年报》1894 年（第 57 卷）第 65 页。

③ 1890 年那大的房屋竣工后，一些地痞意图唆使众人纵火烧毁，多数人事先应承，但在 7 月 15 日行动前拒绝参与，因此没有得逞。冶基善也早有准备，将挑事者名单交给驻军首领，让其阻止，终于妥善解决。参看：*The Church at Home and Abroad*, Vol. 9 (1891), June. p. 497。

④ 根据传教士记录，在 1890 年代，从琼州府城到那大，走陆路是“四天艰难的旅程”（four days of rough journey）。参看：*The Church at Home and Abroad*, Vol. 13 (1893), February, p. 102。

⑤ 1891 年初，冶基善亲自将纪路文一家搬到那大。他们先乘船沿南渡江而上，航行 5 天，然后（在澄迈金江）换乘牛车和轿子，冶基善步行，在风雨交加中行走一天，到达澄迈西峰，这里有 60—70 户人家。他们下榻“大中旅馆”（Grand Central Hotel），房屋漏顶，没有门，用席子顶上。次日住在临高和舍（Notia），众人围观纪路文夫人及孩子们。参看：Carl C. Jeremiassen, “A Journey to Nodoa”, *The Church at Home and Abroad*, Vol. 12 (1892) July. p. 45。

和方言，各语言人群的性格、习俗不同，衣着也常常有别①。当然，海南话大家听得懂，也会讲。那大附近有一个很大的客家人聚居地，我们起先就是在这些人中间传教的。集市上讲"官话"②。相传这种"官话"是流放的诗人官员苏东坡③及其随从，很多年前直接从北京带到海南来的。但是从北方来那大看望我们的朋友们说，这种官话已经与纯正的北京话相距甚远。从高州（Kau-tsiu）来的移民在那大北部建了一个聚集地，那里讲粤语。距那大不到30英里的地方住着生黎（wild Loi），他们内部讲好几种方言。那大站已经在两个熟黎部落——儋州黎和临高黎中有福音事工。

苗人也经常来教会大院做客。那大的语言如此复杂，在这里开设传教站似乎有些奇怪，但我们相信靠着天意，传教事工已经通过上文提到的卖书老人开展起来了。士绅及官员的态度十分令人鼓舞。有一次，数百名强盗围攻那大，官员们在教会大院驻兵，危险过后他们交回了房屋和里面的所有物品，连一个茶杯都没有丢，这个事实传达了很多好信息。"语言混杂"本身也给在那大读书的孩童带来了某种补偿。这就如同瑞士人，如果只会讲一种语言，肯定会显得笨。因此，即使上帝没有给予那大站的传教士们"方言恩赐"④，当地助手们也能轻松地明白各种方言，他们或许就是与当地人沟通的最有效途径。

义和团之年

在1898—1900年的动乱时期，三点会⑤和义和团起义，给身在中国的基

---

① 关于那大的语言纷繁，李惠霖牧师写过一篇《海南的语言巴别》，共举出在那大听到的8种语言和方言。参看：William J. Leverett，"A Bable of Tongues in Hainan"，*The Missionary Review of the World*，Volume 23，pp. 940-942。

② "官话"（Mandarin）：指儋州那大的军话。

③ 苏东坡（Siu Dan-po）：海口话读法，但文读与白读夹杂，"苏"的读法尤其特别。海南话"东"白读为[ɗaŋ]，海口话[an]一律读作[aŋ]。

④ "方言恩赐"（gift of tongues）：典出《新约》，指因圣灵充满而获得讲其他语言的能力。

⑤ 三点会（Triad）：又称三合会、洪门，清代在华南一带形成的民间反清组织，到19世纪末发展成为黑社会，并扩展到东南亚及北美。1850年以后，海南岛也有三点会，貌似反清，实则打家劫舍与土匪无异，辛亥革命后三点会继续作乱，新政府进行了镇压。长老会《外宣会年报》1901年（64卷）对儋州的三点会也有报道。

督徒,包括当地人和外国人,带来很多不测、搅扰、苦难和死亡,海南岛的日子让人提心吊胆。那大的几个传教士身处距离海口港75英里的内陆,海口港唯一的逃离方式是乘轮船去香港。那些天,各种信件和消息到达海口的英国领事、我们在海口的传教士、海口的主要官员以及美国的朋友们那里,大家读得心惊肉跳,限于篇幅详情不赘。我只说结果就行了,多次认真商议以后,那大站的传教士们最终去了海口,差会的妇女儿童都到香港避难,直到动乱结束。

如今的教会大院

那大站教会大院就在那大市场外面。所建之地从前是一片荒地,现在已被整治成漂亮的住宅区。"安娜·马克琳纪念教堂"①的塔楼矗立在市场旁边,与教会大院相邻,几英里之外都能看见。教堂旁边是本地牧师万先生(Mr. Vang)的家。然后是"岭岗男校"(Ling-kang Boys' School)、"玛丽·亨利医院"②、"吉安宁女校"(Kittanning Girls' School)的大楼以及四处住宅,被称为"牧师楼"(Manse)、"平房"(Bungalow)、"世纪楼"(Century House)和"四号住宅"(Residence Number Four)。教会大院有水泥人行道,也有电灯,因为几年前有人向那大站的一个成员赠送了照明设备。

美丽的山峦景色和气候,某种程度上弥补了传教站的孤寂。三个传教站中,这里的风景和气候最有益健康。它也是最稳定、成立时间最久的传教站,

---

① 安娜·马克琳纪念教堂(Anna McLean Memorial church):那大的教堂1910年建成,由林保罗牧师(Rev. P. W. McClintock)设计,初名"冶基善纪念教堂"(Jeremiassen Memorial Church)。此教堂的钟十多年前就已经由美国纽约的信徒捐献,1892运往那大。参看:长老会《外宣会年报》1893年(第56卷),41页。又参看:《海南差会年报》1893年(第1卷)。安娜·马克琳,情况不详。

② 玛丽·亨利医院(Mary Henry Hospital):1899年建成,中文文献一般称之为"那大福音医院"。它是由美国费城普林斯顿长老会(Princeton Presbyterian Church of Philadelphia)的妇女们捐建,以纪念已故的本堂师母——亨利博士夫人(Mrs. Dr. Addison Henry)。参看:长老会《外宣会年报》1900年(63卷),第60页。亨利博士(Rev. Dr. James Addison Henry, 1835—1906)是普林斯顿长老会首任牧师,普林斯顿大学董事。他的夫人叫玛丽(Mary Service Steen, 1837—1892),二人于1861年结婚。

已经有第二代甚至第三代基督徒了,由此可以看到传教站辛劳结出的果子。教会有个本地牧师万先生,他是客家人,曾在巴色会[①]受过培训,目前完全由本地教会的信徒们供养。

传教事工的发展

瞥一眼附图,可以看到那大站负担的传教区域的范围情况。传教助手们住在不同的分站,每月来那大三四天,接受负责传教事工的传教士的指导。这些分站的几所走读学校办得很兴旺。那大站有极大的理由为南丰建起了新教堂而感恩,今年夏天,温医生[②]的母亲为纪念女儿建了这座小教堂[③]。温姑娘是年轻有为的基督徒医生,她在香港去世,给海南的亲友以及

---

① 巴色会(Basle Mission):基督教新教差会,1815 年成立于瑞士北部巴塞尔(Basel),初称德国差会(German Missionary Society),最后改为巴色会。1847 年派传教士入华,主要在广东、香港一带的客家人地区传福音。

② 温医生(Dr. Jane Wen, 1888—1917):儋州南丰镇六瓦村人,海南岛第一个女医生。《基督教事工》1917 年 9 月号以及《世界传教士评论》1917 年 12 月号都说她最近才去世,应该是在 1917 年去世的,她去世时 29 岁,故应该是 1888 年生。她从长老会富马利医生(Dr. Mary Hannah Fulton, 1854—1927)创办的广州"夏葛女医学校"(Hackett Medical School)毕业后,在珠三角的一家诊所工作了 5 年,在教会和医院美德广传。她从医校毕业工作后,当地再没有人敢说女子读书无用。参看:*Record of Christian Work*, Vol. 36 (September 1917), p. 540。又,*Missionary Review of the World*, Vol. 30 (December 1917), p. 948。如今在南丰六瓦村,温医生家直系亲属已经不存,据温氏旁支后人已故温钦镜之妻李阿满老人(78 岁,基督徒)说,她过门后听说过温家曾有女子学医,未嫁人而死,但不记得其名字。

③ 南丰的教堂:即"温医生纪念教堂"(The Dr. Jane Wen Memorial Chapel),由温医生的母亲全额出资(1200 美元),那大教会负责修建,教堂位于南丰镇入口处,地皮也是温医生的母亲新买的。参看:*Minutes 1920 of the Twenty-eight Annual Meeting of the American Presbyterian Mission of Hainan*, Printed at the Presbyterian Mission Press, Shanghai. p. 29。又参看:*Annual Report of the Board of Foreign Missions of the Presbyterian*, Vol. 82 (1919), p. 112。温医生母亲及南丰教堂照片,参看附录 X,图片 Y。

她所属的珠三角教会和团体带来沉重的打击。一座新教堂也在加来①建起来了，那大站的成员们把那大老教堂——海南岛第一座新教教堂的房梁捐给了他们，这些房梁能在这样一座建筑上延用多年，传教士们非常喜乐。

万牧师及家人

① 加来：原文误作 Hau-lan（索引中无误），此为临高语地名（白读），意为“平地上的墟市”。香便文《海南纪行》（1886 年）中记作 Hou-lang，与临高语读法（hou^{213} $la\eta^{55}$）更接近。根据加来堂建堂纪念碑上的碑文记录，加来堂始建于 1909 年，先是租借民房，后来“自行筹建较粗之堂”。1929 年底李惠霖牧师在美国去世后，他的家人遵照遗嘱，将他的遗款捐赠给加来教会建造新堂，因此 1931 年新建的加来堂又被称作“惠霖堂”。

那大站传教工场①

1. 那大(Nodoa)
2. 南丰(Nam-fong)
3. 桥头(Kio-hau)
4. 和舍(No-tia)
5. 金江(Kim-kiang)
6. 加来(Hau-lang)
7. 临城(Lim-ko City)
8. 儋州城(Dam-chow City)
9. 王五(Ui-ngou)
10. 西峰(Tai-fong)

① 这10个传教点中,儋州有5个点(那大、南丰、桥头、儋州城、王五),澄迈县2个点(金江、西峰),临高县3个点(和舍、加来、临城)。儋州城,即今中和镇(墟),为当时县治。桥头,儋州和庆镇旧称。西峰,在今澄迈县中兴镇西2公里处的二步岭下,1929年后搬迁至今中兴老街,改名中兴,又称新峰,西峰老市已废。其余各点俱在各镇(墟)上。

嘉积站

嘉积下市[①]

嘉积站的开设与义和团运动有关，正是在1900年，纪路文牧师、悟熙国牧师（Rev. C. H. Newton）和当时新来的陈西美医生（Dr. S. L. Lasell），被指派去嘉积重启传教事工。由于清帝国局势不稳，新传教站的成员全都住在琼州府城，他们被“允许到工场，但必须撤销这个站”。[②] 1901年4月，在嘉积镇上被称作“下市”（Lower Market）的地方，买到了当地人的一座房子。这座房子成为目前北门大院（North Gate Compound）一切机构工作的第一个家园，街头教堂讲道、诊所、医疗事工、男校以及后来的女校，都是从这里开始的。1919年，我们用这座房子换了一小块紧邻我们北边大院的寺庙用地[③]，希望不久后能在那里建起“觉民学校”（McCormick School）的新楼群。

第一座楼

现在教会大院的第一块地购于1900年，1901—1902年间，建起了第一座楼——牧师楼。数以千计的人盯着建楼的过程，他们非常害怕，唯恐楼房的高度坏了当地风水。最后，县令送来一函，要求不要把楼建得太高，因为人们

---

① 下市（the Lower Market）：嘉积镇的俗称，与上市（石壁镇）相对，都在嘉积河（万泉河）边。

② 嘉积镇并非海南差会建站的唯一选择。根据1900年5月的长老会《外宣会年报》，当时差会有三个地点选择：岭门、嘉积和陵水。后来选定嘉积，是因为悟熙国牧师考察后认为，嘉积市民的上层很有知识，更容易影响到他人。

③ 根据《北华捷报》的报道，这座寺庙叫龙华寺（Longhoa monastery），只有几名和尚，当时教会就已借用该寺庙，并与和尚达成协议，新建校舍时给他们另分房子。参看：*North China Herald*, Feb. 1, 1907, p. 225。

害怕倒大霉。我们礼貌地回信,表示虽然我们知道并没有条文规定建筑的高度,但我们渴望赢得人们的好感,保证不会搭建高于30市尺的烟囱。一个帮忙的当地人看过这封回信,他说他不知道烟囱是什么,地方官想必也不知道,但是这封信会让那官员满意。事实果然如此。

街头教堂讲道

街头教堂事工在这里一直发挥着重要作用。“下市房”正面的房间被当作教堂,这里来自远近各处的人,不再把我们当成“番鬼”①,而是“说书人”(the talking-book people)。我们用短号和儿童风琴把人群吸引过来,然后才开始宣讲基督教并回答问题。一位先驱这样描写当时的情形:一连几个小时,流动的人群“听着音乐进来,谈着福音出去”(tooted in and talked out)。我们最初还想方设法让男人们摘下头上的帽子,因为嘉积附近的男人都戴那种不能弯曲的大竹笠(bamboo hats),直径超过两英尺。后来人们自己解决了这个难题,因为大家都想看见。纪路文先生对街头教堂事工特别执着。1914年,我们在更靠近镇中心的位置购买了另一座小教堂,在集日定期开放。

每当出现恶意的谣言,比如那些说我们有吃人肉习惯的谣言,传教站的应对方式一向是让成员们出去,大力地巡回传教。没有什么比熟悉人更能解除人心的疑惑,这里的人对我们友好到让外地来的访客常常谈论不已。在海南岛整个东部和南部地区,纪路文先生被亲切地称为“好伯爹”②。

---

① “番鬼”(foreign devils)本是鸦片战争前后广东人对外国人的称呼,嘉积镇有广东商人开的“南顺会馆”(南海与顺德)和“东新会馆”(东莞与顺德),控制了这里的大多数生意,“广东人的傲慢无礼在这里依然风头不减”,把“番鬼”、“鬼佬”等称呼带到嘉积。参看:香便文《海南纪行》(中译本)第10章对嘉积广东商人的描述。

② “好伯爹”(Uncle Good):“伯爹”([Bε^{55} đε^{33}]或[ʔbε^{55} ʔdε^{33}])是海南话中对年长男子的尊称。根据传教士文献记载,纪路文被全岛各地的海南人亲切称为“好伯爹”(Uncle Good或Dear Old Uncle Good)。参看:附录一“纪路文牧师”节。

北门大院

北门大院是一个建在高地上的漂亮公园，在一条上通集市的小溪旁边，正面是通向集市的主道。有人说这个大院在全中国独一无二，因为它四围没有围墙。部分地方围着绿色的树篱，最近又拉起了一些铁丝围栏，以防止四处走动的牛群破坏，但民众总是随意进来，在大院里闲逛。1904 年开办的"觉民学校"位于低处，然后是"牧师楼"（1902 年）和"觉民楼"（1909 年）①，还有吉尔伯恩医院②，山顶是建于 1913 的女校。我们正在购买现在医院路对面的更多土地，希望有一天把医疗事工完全搬到那里，把现在的医院房子用于女子事工。我们急需的新教堂用地，已经直接从女校对面购买了。总之，我们目前拥有的土地已达十五英亩左右。

乡村事工

乡村事工的开展，在教堂和学校两方面都很鼓舞人心。我们的工场很大，北起琼山（Kheng-toa）的部分地区，南到陵水（Leng-tui），还包括黎区和苗区。目前已经有 15 座教堂，还不算苗区的那些教堂，传教助手们（evangelistic assistants）按照滚动计划去苗区教堂主持主日崇拜，那里有两三个传教中心，每年举行两次圣餐礼。传教站负责管理 6 所走读学校，所有学校都按规定的课程上课，雇用经过传教站批准的教师。其中有一所学堂设在黎区的保亭（Bau-deng）。已开设两所女子夜校。加上"觉民学校"110 名学生和女校的 40 名学生，我们总共管理近 400 名学生，实施确定的基督教教育。

---

① "觉民学校"和"觉民楼"：均由美国宾夕法尼亚州的富商麦觉民（Henry B. McCormick，1869—1941）捐建，连室内家具也一并捐献，使当时嘉积教会学校的条件为全岛最佳。参看：长老会《外宣会年报》1908 年（第 71 卷），70 页。

② 吉尔伯恩医院（Kilbourne Hospital）：中文文献一般称之为"嘉积基督医院"，由美国人新泽西州的吉尔伯恩（A. W. Kilbourne of Orange, N. J.，一作 A. W. Kilborne）捐建，1905 年买到地皮，1907 年医院建成。参看：长老会《外宣会年报》1906 年（第 69 卷），88 页；1908 年（第 71 卷），69 页。

黎区工场

陵水黎区的传教事工在1916才开始有起色，当时王姓两兄弟①是黎头，急切想要为自己的同胞开办学校。有几名黎族姑娘和妇女来到女校上学，一些黎族青年男子进入觉民学校读书，还有一些病人到医院治病，一位教师兼宣教士②被派到保亭(Bau-deng)。后来，两兄弟中的一人在叛乱中被他的同胞杀害，我们派去的教师被迫逃走，那里的事工不幸中断了一段时间。不过，传教事工在嘉积的学生中继续展开。如今，3名妇女和8个男青年形成了黎人教会的核心。恢复平静之后，我们的那位教师重新去工作了。"司徒布道

---

① 王姓兄弟：保亭黎族头人王义及其宗族兄弟。1922年《地学杂志》第11期彭程万、殷汝骊的《琼崖黎民之状况及其风俗与教育》一文载："前清末叶，绅士某某等，复起化黎之愿，招黎人之子弟肄业书院，教之作文。光绪二十九年，岑春萱督粤时，曾为黎人特设学额二名，取入黎生员二人：一名王义，一名黄云珍，皆系陵属黎峒之人。二人皆热心教育，王义尤为明干，任陵属黎团总长，化导黎人，颇能尽力。民国五年，龙济光来琼，民党及一部分黎人，群起抵抗，王义因受助龙嫌疑，被抗龙之黎人所暗杀，美材暴弃，良堪悯惜。黄云珍现任黎地学务委员长，人颇明达，惟才具远逊王义。学额定后科举即停，故上下千古，黎人仅得生员二名而已。曾入府城琼崖中学校者，亦有二人：一曰王勋，王义之族弟也，现业板商；一曰吴玉光，现任黎团总长。曾入陵水县城高等小学者，亦有二人：一曰王礼，即王义之胞弟；一曰王质，即王勋之胞兄。王质已死，王礼现充黎团督察员。刻下黎男黎女，肄业于美国学校者，共有二三十人，美人在府城、嘉积、那大三处，各设有学校一所，每校为黎人设免费生男女各五名，男生免学膳宿费，女生则衣服书籍笔墨，均由学校供给。各生成绩甚佳，英文已能上口，所作英文信札，书法清秀，尤足令人赞赏也！"(33—34页)王义即王维昌(1870—1917)，王昭夷之父。

② 这位教师兼宣教士名叫潘新和。上引彭程万、殷汝骊文载："美国教会，对于黎人之教育，颇具热情。除于外间各校，收纳免费黎生、特别奖励外，特筹的款，选派品学俱优人员，深入黎峒，创立简易初等小学。其精神之勇猛，感化力之伟大，较诸普通小学校，实远过之。已设者有三四处，而以陵水属保亭营附近南春弓所设者为最著，办事之人名潘新和，系美国学校毕业之学生，道德纯粹，和蔼可亲，有志化黎，不求厚禄，每年由教会领款三百元，作为常年经费，经营布置大费苦心，诚足令人感佩也！"(36页)

基金”①为黎人和苗人的福音事工捐赠的物品，极大地帮助了传教站开展这项事工。

苗区工场

大约10年前，一个苗族头人与熊搏斗时脸被严重抓伤。他来吉尔伯恩医院（Kilbourne Hospital）打听祛疤的事，听了很多福音真理，产生了兴趣。几年后他做了一个神秘的梦，梦见一道光照亮了他的黑屋子，于是又来到我们教会大院寻求解释。② 从此以后福音就在苗人中传开了，到现在已经有12个村子自发建起了教堂，早晚都在那里崇拜。1919年4月20日，就是复活节星期天，冯卓支先生（Mr. Byers）在头人的村庄为这些森林之子举行了第一次圣餐礼，给考察合格的24名慕道友施洗。目前，这种近乎群体性的运动，对我们的信仰来说，既是很大的机遇，又是巨大的挑战。我们急需要教师和“圣经妇女”（Bible women）来帮助这些人认识救主，期盼有更多的同工在他们的山寨中做更多的巡回传教。

---

① 司徒布道基金（The Milton Stewart Evangelistic Fund）：由 Milton Stewart（1838—1923）于1917年设立，此人与其弟 Lyman Stewart（1840—1923）都是石油大亨兼慈善家。该基金会神学倾向较保守，意在支持各地差会增强传教力量，在中国投入巨大，支持了许多保守派差会的传教事工，因此在中国也叫“中华布道促进会司徒布道款”。参看：上海基督教广学会《中国差会年鉴》（*China mission Year Book*）1917年367页，1918年359页。关于《中国差会年鉴》，参看本书附录五第27条文献注释。

② 这个被熊抓伤的苗族头人叫陈日光（1883—1946），乐会县太平峒南茂村（今琼中县南茂镇）人。1917年春被熊抓伤眼睛，在一名乐会籍货郎的资助下，到嘉积的福音医院疗伤并信教，返乡后创办“福音堂”，向苗族人传教。后参加共产党，1946年被国民党所杀。参看《通什文史》第2辑、第5辑以及《琼中文史》第3辑中的相关文章。

嘉积站传教工场①

1. 嘉积(Kachek)
2. 大路(Doa-lou)
3. 黄竹(Ui-diok)
4. 海北园(Hai-bak-hui)
5. 茂塘(Mau-do)
6. 上坡园(Tsio-fo-hui)
7. 龙塘田(Liang-do-sang)
8. 顶子岭(Deng-tsi-lia)
9. 硬骨坡(Ngae-kut-fo)
10. 琼东(Kheng-dong)
11. 横山(Hoe-toa)
12. 勤赛(Tin-tai)
13. 和乐(No-lak)
14. 火烧梁(Hoe-tio-liang)
15. 长山田(Do-toa-sang)
16. 保亭(Bau-deng)
17. 苗区(Miao Territory)

(12个小教堂)

---

① 嘉积传教工场除苗区以外的16个点中,琼山区1个(硬骨坡),文昌市1个(顶子岭),定安县3个(黄竹、龙塘田、茂塘),琼海市5个(嘉积、琼东、大路、上坡园、海北园),万宁市5个(横山、勤赛、和乐、火烧梁、长山田),保亭县1个(保亭)。硬骨坡,今三门坡镇红鸣农场硬骨村。顶子岭,今蓬莱镇罗宝村委顶紫岭村。龙塘田,今黄竹镇龙塘田村,"田"按海口话记音。茂塘,今龙门镇茂塘村。琼东,即今塔洋镇(墟)。大路,即今大路镇(墟)。上坡园,今燕塘镇伍园村委上坡村。海北园,今大路镇海滨村。横山,今山根镇横山村。勤赛,今和乐镇勤赛村。和乐,今和乐镇(墟),应该是侗台语地名,意为"深田"。火烧梁,在今山根镇六连岭附近,当地写作"火烧龙"。长山田,音译,在万宁境内,虽调查多次,未能弄清,具体位置不详。

传教事工前瞻

雷州半岛

与海南岛以琼州海峡相隔的雷州半岛,似乎无可争议地成为我们责任的一部分。从海口乘船去雷州很容易,那里的方言也与海南话相似。我们的同工把福音传到雷州半岛,要比传到海南岛南部海岸更容易一些。我们教会的华南差会(South China Mission)中,离雷州最近的传教站是高州(Kochow),它其实也是所有教会中离雷州最近的,其方言却与雷州完全不同。雷州半岛的人到北海(Pakhoi)去寻找福音,但"圣公会传教协会"①让我们照管那里的信徒。纪路文先生是开辟雷州半岛教会区的先驱,他积极致力于拓展事工,直至1918年去世。我们差会在1919年的会议②上投票表决,将雷州传教站命名为"雷州纪路文纪念站"(Lui-chow Gilman Memorial Station),希望它能快些建成。我们期待那个时刻的到来,并能有足够的人力和资金建立新的传教站。

海口医院的影响

康兴利夫人(Mrs. McCandliss)、张约翰先生(Mr. Campbell)、冯卓支先生(Mr. Byers)、列雅苐先生(Mr. Streets)、徐君礼姑娘(Miss Skinner)以及差会

---

① "圣公会传教协会"(The Church Missionary Society):一作 Church Mission Society(CMS),英国圣公会(Anglicanism,安立甘宗)的传教组织,1799年成立于英国,支派遍布世界各地。19世纪中叶美、加、英圣公会相继进入中国,1912年三方在上海联合成立"中华圣公会"。广东、香港属于英国圣公会传教区。

② 1919年的会议:指海南差会第27次年会,于1919年2月1—7日在儋州那大召开。长老会"中国大会"主席路崇德博士出席了这次会议,并用官话方言布道。"雷州纪路文纪念站"的设立,见《海南差会年报》1919年第24页。

其他成员，也在合适的时机访问过雷州半岛。他们所到之处，都会听说有人去过海口医院(Hoihow Hospital)，去过海口医院的人都对福音有所了解。海口医院确实像是上帝用来给雷州半岛传福音的地方，早先的很多病人，他们过着与基督徒相符的生活。若没有去过海口医院，就很难理解他们怎么能够保持基督徒生活的一些东西。①

雷州城

从海口乘船到海安(Hai-ang)登陆，大约75英里。徐闻(Si-vun)距离海安约6英里，它是雷州半岛南端的一个县，差会在那里有一座教堂。向半岛北部再走两天的路程，就到了雷州城(Lui-chow City)。它位于一大片稻田中，新的传教站将建在这里。雷州城的人口与海口大致相当，城里的生意量很大。每周有轮船开往江门(Kongmoon)和澳门。雷城镇的贸易主要是加工输出中国人用来做船帆的粗草席。城里有一个罗马天主教差会(Roman Catholic Mission)，法国神父已在那里住了多年，待人非常友好。去年，经他调解，龙济光将军(General Lung)的军队向粤军投降。② 此地的商人与百姓非常感谢他提供的帮助。

教友社区

在雷州城东南部的曲界③镇附近，有一个五六十户人家的客家人聚居地，其中四五户是基督徒，教徒中有几个人原是从海南岛迁来，曾在那大和南丰

---

① 海南差会在雷州半岛的传教点主要是海康县城(雷城)、徐闻县城(徐城)、曲界镇和下洋镇的小苏村。1893年海南差会成立，当年8月，传教助手曾先生(Mr. Tang)到雷州半岛作探索之旅，从东海岸到西海岸，共走访26个墟镇，所到之地受到欢迎，卖出不少书籍和宣传册，发现当地人都能听懂海南话。9月，纪路文牧师、王约翰牧师与曾先生重走雷州，从半岛西海岸向东旅行，走访11个墟镇，重点考察了徐闻，传教工作从此展开。参看：《海南差会年报》1893年(第1卷)第28—29页。

② 龙济光1918年派兵由琼渡海偷袭雷州半岛，被护国军李烈钧部击败，率残部泛海北上，投段祺瑞门下。

③ 曲界(Khak-koe)：在雷州半岛南部徐闻县东28公里处，再往东20公里为下洋镇。

听过道。这里有很多人要求受洗。离曲界15英里远、靠近海边的地方，就是小苏①村。曲界镇及其周边地区约有50个受洗的基督徒。信徒们已经为建教堂奉献了约100美元，还慷慨地奉献了建堂用地。因此，在徐闻、曲界和小苏，已经形成雷州半岛传教事工的核心，加上很多分散在这一地区、对福音多少有些了解的其他人，建立新传教站的可能性极大。

崖州

在海南岛南部，其实也是中国的最南端，有一个叫乐罗（Lok-lah）的村子，那里有一个长老会小教堂。海南岛传教先驱冶基善先生全身心投入"偏远地区"（regions beyond），他晚年的大部分时间，都用在海南岛南半部的土著人中开辟传教事工上。为此，他找到乐罗村作为入口，崖州的黎人常来这里买卖货物及以物易物。冶基善先生租了两处汉人的房屋，修缮其中的一处做住宅，另一处做诊所。他医治发烧和其他热带疾病的高超医术很快赢得了当地人的拥戴。19世纪90年代末，他把家搬到乐罗，一直住到1901年去世。他的家人在冬天那几个月住在乐罗，夏天就回到琼州府城。

冶基善先生和夫人开办诊所和福音事工，在他们周围聚集了一些朋友，这些人成为纪路文先生1909年10月组建教会的核心力量。冶基善先生去世

---

① 小苏（Siau-sau）：在广东徐闻县东部下洋镇西南2公里处。有媒体报道说，小苏村是雷州半岛基督教的发源地，小苏村的福音1862年从海口传入，当时有村民黄仁清、黄仁伍、黄正德，到海口医院看病并信主，回家乡传教并建起第一座教堂。此说显然错误。1881年基督教才进入海南岛，1885年9月康兴利医生始抵海南岛，先在府城服务。1894年教会在海口购置地产，1896年才建起海口医院，此前只有那大与府城的诊所（医院）。说黄氏三人是1892年在府城信主还差不多，因为教会文献提到，当年雷州半岛有20多人到府城的教会诊所就诊。1893年8—9月海南差会成立不久，即派人到雷州考察，应该是上年来过的人邀请的。海口医院建立后，雷州半岛过海就医的人更多了。

后，纪路文先生、列雅苐先生、李惠霖先生[1]、陈西美医生（Dr. Lasell）、冯卓支先生、谢大辟先生（Mr. Tappan）、冶基善夫人、郝斐姑娘（Miss Schaeffer）以及教会其他人，经陆路或乘船一路艰辛到这个遥远的前哨，大致每年来一次。现在已经证明，这个计划有很多弊端，不符合传教的最大益处。特别是乐罗教会如同保罗所说的哥林多教会一样，"我听说你们中有分党"。我们最初的愿望是以乐罗为门户，在黎区得到一个有效的据点，然而这个愿望并没有实现。上帝保佑，开辟黎区的事工已在陵水开展起来了（"嘉积站"）。

迫切需求

琼州府城和嘉积曾经轮流管理过崖州。从嘉积到崖州，陆路需要八到十天的行程；从琼州府城到崖州，乘船绕行西部海岸，所需时间不定。然而，1919 年，一条更为便捷的路线开通了。小轮船每半个月一次到海南岛南部运盐。这些船在海口停靠，因此有可能在 24 小时内到达南部海岸，然后乘小船短途航行到乐罗。冯卓支先生、张约翰先生（Mr. Campbell）还有徐君礼姑娘（Miss Skinner）都去过那里，现在有可能与那里的事工建立更加密切的联系。"中国大会"（China Council）已经同意在雷州半岛创办传教站，建立崖州站是我们的下一个目标。看一眼海南岛地图就知道，如今海南岛北部已经建立了琼州府城站、那大站和嘉积站，从战略上讲，迫切需要在海南岛南半部某个地方建立传教站。

---

① 李惠霖先生（Rev. W. J. Leverett, 1870—1929），生于纽约，1891 年从耶鲁大学毕业后，进入长老会在纽约的神学院，1894 年毕业，同年被按立为牧师，派往海南岛传教，12 月 22 日抵达海南。经过一年的语言学习后，他被派往那大传教站，直到 1923 年回国休假，因健康问题滞留。1925 年 5 月在俄亥俄州驾车时与火车相撞受重伤，1929 年 12 月 28 日去世。参看：*The Chinese recorder*, Vol. 61 (1930), pp. 247-248。

呼召①

“没有必要再走远了，
这里已是土地的尽头。”
他们这样说道，我信。
我已经开垦了土地，播种了庄稼，
搭建了谷仓，扎起了篱笆。
在这边界小站，隐匿在山麓下，
人迹消失的地方。

直到有一个声音，来自心底，
奏响不绝如缕的钟乐，
日夜不断地私语：
“还有未知之事，
去吧，找到它！
去看群山那边，
有东西遗失在群山那边。
遗失了，等待你。
去找吧！”

① 这里引用的是英国诗人吉卜林（Rudyard Kipling，1865—1936）的诗《探索者》（Explorer，1898）的前两节。对应的原文如下：‘There's no sense in going further—it's the end of cultivation，’ So they said，and I believed it—broke my land and sowed my crop—Built my barns and strung my fences in the little border station. Tucked away below the foothills where the trail run out and stop. Till a voice，as bad as Conscience，rang interminable changes. On one everlasting whisper day and night repeated—so：‘Something hidden. Go and find it. Go and look behind the Ranges—Something lost behind the Ranges. Lost and waiting for you. Go！’参看：Rudyard Kipling，*Collected Verse of Rudyard Kipling*（New York：Doubleday，Page & Company，1915），pp. 19-22。

福音事工

福音事工的广泛和深入

以传福音为目标，这是差会工场一切努力的基础，已经深深地渗入福音事工的各个方面。为方便起见，通常把福音事工分成福音、教育和医疗三个部分。在后面的章节，我们要讨论在海南进行的这几项事工，连同存在的问题以及令人失望、喜乐和鼓舞之处。与任何工作一样，福音事工必须在两个方面得到发展：一个是广泛，就是向所有人传讲福音；另一个是深入，就是把信徒造就成“更好的”基督徒，并培养本地教会的领袖人物。但愿在我们三个的传教站中，每个站至少有两名传教士，能够在这些需要付出艰辛努力的传教工场全力奉献！医疗传教事工在第一个层面即广泛方面所做的工作自然更多，把福音的种子播撒在分散各村的男人女人心中，为福音进入千家万户开辟道路。学校事工，虽然也会触及那些还没有接触过福音的人，但它在培训教会领导人方面应该而且确实做得更多。

海口教堂

准备下乡

街头讲道

在新的市镇开辟事工,街头讲道和出售福音册子是常用的方法。通常,一个外国人就足以吸引一群人,你问我答的交谈中,就有机会传播福音。确实,人群来来往往,但几年之后,很多人就会被诚挚的传道人的只言片语打动,最终信主。福音册子赠给士绅和识字的人,图片则吸引不识字的人。为了引起人群注意,晚上聚会时也许会用一盏小魔术灯。做这种开拓性事工,必需的装备就是"圣灵的宝剑"①、忍耐、毅力和机智。

传教士经常会在寺庙或会馆里讲道,有时会在客栈或店铺里讲道。如果市镇上已经建起了小教堂,传教过程就大体一致了:先与几个感兴趣的听众交谈,然后与满屋子的过路人对话。这种开拓性的事工包括"巡回传教"(itinerating):离开传教站,带上塞进竹篮中的衣服、铺盖、书籍和炊具,带上一名中国传道人、一两个挑夫还有一个男孩,出发去乡村。你肯定会感受到太阳的炙热,也差不多肯定会被大雨浇湿,如果篮子没浇湿,算你好运,但这种

---

① "圣灵的宝剑"(Sword of the Spirit):神的话(道)。语出《新约·以弗所书》6章17节:"并戴上救恩的头盔,拿着圣灵的宝剑,就是神的道。"(And take the helmet of salvation, and the sword of the Spirit, which is the word of God. —KJV)

巡回传教会带来无以伦比的喜乐——在从来没有人认识上帝的地方传讲基督。

福音短宣

通过“司徒布道基金”(Milton Stewart Evangelistic Fund)的资助,我们的差会已经有能力开展“福音短宣”(Evangelistic Campaigns),随着组织的完善,这项事工的发展也将越来越全面彻底。几年前进行的第一次活动,路途所费共计45天,行程超过500英里,访问了35个地方,包括7个县城和6所官办学校。短宣队包括两位全程参与的传教士,一位因有其他任务故只部分参与的传教士,还有几名中国长老和助手。常用的宣传品有:卫生常识图表,标有差会分站点的海南岛地图,注明讲道地点、医疗费、学费和课程表的小册子,还有福音和卫生宣传册。这项活动引起了官员们的兴趣,获得了在官办学校讲话的机会,这是极为不同寻常的。福音的种子播撒在千百人的心中,唤醒和吸引了基督徒,助手们也看到了我们目前所做的传教事工更加广阔的前景。

牧养工作

海南岛牧师的教区并不限于某些城区或某个农村社区,这些地方打个电话就能联系上每户人家,大多数家庭都会去教堂参加周日聚会。牧师的教区包括方圆好几英里,要么一群群的教徒聚居在某个乡村小教堂周围,要么孤零零的基督徒家庭住在异教徒地区。也许某个传道助手长期住在一个村庄或市镇,也许助手们在各村镇轮流讲道。基督教学校的教师经常轮流讲道,琼州府城、嘉积和那大的学校里年长的男生,作为“基督教奋进会”(Christian Endeavor Society)的成员,都在附近的小教堂里崇拜。牧师尽量常去他负责的小教堂,每年在不同的地方举行一两次圣餐礼,因为很多成员无法参加中心传教站的圣餐礼。

“大礼拜日”

“大礼拜日”是基督徒们给传教站的圣餐礼取的名字。每年两次圣餐礼,通常在四月和九月举行，教会成员能来的尽量都来，期待在聚会的两三天间，接受指导，感受鼓舞，彼此团契。看到基督徒们到来真是令人鼓舞，男人、女人和孩子们，有的从水路来，有的从陆路来，还有人步行25到30英里远道而来。小教堂早晚都举行崇拜，给妇女开设的课在进行，施洗组成员忙于考察申请受洗的人。实际上我们全都忙着给大家找睡觉的地方，倾听我们羊群的悲伤与欢乐，给这里几句告诫，给那里几句鼓励。最大的责任是做到让大家获得必需的灵粮，让灵命在恩典中成长。有一个传教站，几年来每个季度都按计划学习一部分《圣经》内容，把提出的问题印出来，分发给大家，在圣餐时节作最后一次讨论并考试。每次圣餐礼上都会选择一个主题，尽可能在所有的会上都展开讨论。对我们大家来说，高潮部分是为“基督的教会”（Church of Christ）的新信徒和基督徒家庭的婴儿施洗，然后一起进行圣餐礼，这给我们以后的事工增添了力量。

夏季培灵会

培训传教助手是目前我们差会相当重要的任务。几年来，每个传教站在夏天轮流举办为期六周的培灵班，由差会的各种成员担任讲员。近几年，这个被戏称为“先知逍遥学校”（peripatetic school of the prophets）的计划被修改了，变成历时两周的“奋兴会”（inspirational conference）。[1] 对那些已经接受过教育然后信主的年长学员，不建议他们上神学课。很多年轻人则没办法去上课，因为离岛时间长、花销大，何况还有语言方面的困难，但这并非无法克服。目前，已经与新的差会中学合并的“帕克斯顿基督工人培训学校”（Paxton Training School for Christian Workers），就要开设福音事工课程，这会有助于装备年轻信徒，让他们在教会中服侍。

① 海南差会的信徒一般是到广州学习神学课程。

宣道妇①

每个传教站都有几名这样的妇女，她们能够用全部或部分时间向她们的姊妹传播福音。其中一些人的经历奇妙有趣，显明神的大能引领她们进入他仁爱的光里，当她们告诉其他妇女，福音能给心里带来平安时，她们知道自己在说什么。除了极少数受父亲溺爱而有机会学习或进入当地学堂的女孩，以及在教会学校读书的妇女之外，海南妇女一般不能走出家门。因此，必须教她们读福音入门的《圣经》文选、赞美诗和祈祷文，以及教理问答，要不然，死记硬背地学习，是使师生双方都费力不讨好的事情。

府城第一批宣道妇

① 宣道妇(Bible Women)：教会中热心传教的中年女信徒，作为牧师的帮手，她们在教会中给妇女们朗读和讲解《圣经》，又采用挨家挨户的方式探访和传教，也在医院里向病人传福音。宣道妇制度出现于1885年，不仅与差会有关，也与“英国圣经公会”有关。海南差会的宣道妇大约在1900年出现于府城站，最早由郝斐姑娘培训，并在府城周边的村中挨家传教。参看：长老会《外宣会年报》1901年(第64卷)，75—76页。

妇女圣经学校

自从女传教士来到海南岛之后，就或多或少地对妇女进行了培训。1903年，琼州府城为"宣道妇学校"建了一座楼，但它同时给妇女和女孩们用。①1910年，匹瑾学校(Pitkin School)建成，旧楼留给了妇女学校。1912年春，徐君礼姑娘创办"妇女圣经学校"，接收对福音感兴趣并希望学习阅读的妇女为学生。该校建成以来，共有183名妇女入校学习，其中很多人已经学会阅读了，而入学时识字的人不到6个。16名妇女在校期间已经加入了教会。总共有7名妇女被训练成宣道妇，其中6名妇女仍在聘用，更多的人不久后就可以工作了。这还不算在自己家里和村子里确定做基督徒事工的很多人。妇女圣经学校的学习课程包括《香港识字课本》《教理问答》《基督教经典著作》《赞美诗》《新旧约故事》《马可福音》《基督徒之家》《卫生知识》，到了高年级，还有其他书和《圣经》研究(都用汉字写成)，以及《海南话罗马字》②。妇女圣经学校有三个明确的目标：造就优秀真诚的基督徒妇女，教给她们正确的圣经真理知识，以便她们能够教导他人，训练宣道妇。

宣道妇学校，1915年。徐君礼姑娘提供

---

① 女孩们：指女校的学生，年龄从几岁到十几岁不等，参看：附录六，图片X。

② 《海南话罗马字》(Hainanese Romanized)：用罗马字(拉丁字母)拼写的海南话口语，用以翻译《圣经》(四福音书)、赞美诗、教理问答、入门读物及短语集等。字模在上海制作，印刷则由高中产业部的男生完成。参看：*American Presbyterian Mission Press, Nodoa, Hainan. The China Mission Year Book* (1910), p. 359。

教育事工

目标

中国是个一向敬仰学问的国家，无论贫富，任何男性都有可能通过学习获取功名，但是按照西方国家对教育这个词的理解，中国的广大民众并没有受到过任何教育。如果从民国元年就建立并维持公立学校制度，中国现在就不会处于“内忧外患”的困境中。差会实施的教育事工，有助于在一定程度上改善这种境况，但也只能照顾到总人口的一小部分。我们在海南岛学校事工的目标大致表述为以下几方面：

1. 教育基督教会众（constituency）的孩子；
2. 培养教会领袖；
3. 培养基督徒教师；
4. 灌输诚实劳动才有尊严的理念①；
5. 用基督教思想逐步全面改造基督徒社区。

这个计划显然对基督徒社区以外的人考虑较少，但是目前我们学校需要努力才能维持基督教学校的特色，因为有大量非基督徒的男孩子成群结队地踏入我们的校门。他们来这儿不仅因为我们学校特别强调中文课程，我们的毕业生在官办学校的入学考试中名列前茅或获得其他荣誉，也因为他们渴望学习英语。对女孩的教育事工，除了持有一般共同的理念外，还希望把她们培养成未来的传教助手或教师的妻子，以及把年轻的妇女培养成她们自己社

---

① 这一条是有针对性的。根据《北华捷报》的报道，民国初海南岛赌博盛行，男男女女热衷于买彩票、抽奖，投机发财、不劳而获的思想。传教士认为这是“真正的诅咒”，希望通过教育来改变。

区的教师。男校和女校都强调这样的事实，有能力并愿意劳动的年轻人就可以接受教育，很多学生也确实或多或少担负起了自己的开销。男孩子干木匠活儿、女孩子缝花边，做饭、碾米、担水、清扫、割草、织布，以及男孩、女孩都适合的缝纫裁剪，这些活儿现在都有人干。

初级小学

目前，海南差会已经明确制定了有关学校的政策，但完全实现还需要多年的努力。中国学制在入大学之前分为三个阶段：初小四年，高小三年，它们相当于美国学制的前八个年级；然后是中学，相当于美国的高中①。中国学制的“中学”这个词，比美国的高中更能表达其真实地位，因为它衔接了小学与大学或职业学院，是中间阶段而非终点。我们希望能在基督徒村庄建立起初小，这样孩子们不用离开父母，就可以在差会认可的合格教师的教育下，学习差会规定的统一课程。这些学校的教师可以由差会支付一部分工资。实际上有些教师薪水的四分之一由差会支付。随着这个制度逐步推行，差会教育委员会的某个成员也许可以花些时间，用于检查和完善已建成的这些学校，筹建新学校。男孩和女孩都可以进入这样的学校上学，或者可以让教师的妻子来带领女孩子。目前巨大的困难，一是缺少受过培训的基督徒教师，二是父母没有看到他们女儿接受教育的价值。海南差会目前负责大约15所这样的乡村初小。

高级小学

从逻辑上说，乡村初级小学应该为各传教站的高级小学提供生源，这些高小有的附设初小，有的则没有。目前，传教士们在高小至少要承担教学工作，但是不久后有可能完全由我们的中国教师授课。如果强调英语，在高小

---

① 美国基础教育为12年，常见的分3个学段：小学、中学（初中）、高中。学制有好几种，主要有6-3-3制、5-3-4制、4-4-4制、6-6制、8-4制等。孟言嘉所说的是较为传统的一种，即8-4学制：1-8年级为小学，9-12年级为中学。

就应该开始学习，否则到中学课程结束时就不能掌握实用技能。对那些想离开海南岛读大学专业课的学生来说，英语必不可少。但是对其他人学英语的价值就容易产生怀疑。与其他差会相比，海南的情况更是如此，因为海南岛与世隔绝，英语几乎没有用武之地，尤其是在海南腹地。几乎没有学生能在七年之中，通过一周三节课的死记硬背学到足够的英语知识，从而通过阅读英语书来获得启发或作为消遣。在大多数情况下，学习普通话或者粤语似乎更合适。

中学

多年来，三个传教站各自维持了一所男子中学，“匹瑾学校”设有中学部。到了 1919 年，琼州府城创办了“海南华美中学”①，三个传教站的中学生都到这里入学，推进了办学计划。谢大辟牧师还有教堂，在上课的地方任学监，三个传教站联合提供教师和资金。虽有帕克斯顿学校（Paxton School）的校舍，另加借给府城教会的新信徒培训房，还有教堂，但上课的地方仍是完全不够用，我们真诚希望建设新校舍的资金能够很快到位。新的中学将开设各种行业的课程，给想要从事传福音事工的男生开设教会史、讲道法及其他特别课程，将教堂讲道和监狱讲道作为实习性质的福音事工。学校重视劳动技能——农业、手工培训、橱柜制造、修鞋、织布和裁剪衣服等等。学校将开设普通大学的预备性课程，希望能适时成立一个正规的培训部。由于我们的基督教会众不够多，无法制定今后几年在海南创办大学的计划，所以中学课程要符合其他省份的标准，这样我们中学能够进入高等院校的毕业生，就不会因为缺乏预备而受到影响。

① “海南华美中学”与“匹瑾学校”是当时海南岛的两所高中，前者是男校，后者是女校。

海南华美中学，1919 年（谢大辟牧师提供）

匹瑾女子纪念学校，1919 年（赵苹提供）

传教工场的集会

我们差会学校有两项特色活动很值得一提，那就是田径运动会和基督教奋进会（Christian Endeavor Societies）。运动会几乎是学校间开展活动的唯一机会。已经在嘉积的觉民学校连续举办过八届年度运动会，参加者一直很多。各传教站周围的学校都来参加运动会，旗帜飞扬，乐队高奏，各学校代表队经常展开竞争。我们学校的男生们收获颇丰，不仅锻炼了身体，为将来做了必要的预备，并且在团队精神、运动道德和公平竞赛方面都有了很大提高。

基督教奋进会

海南的"基督教奋进会"①不是从教会派生的，而是从学校生发出来的。按照"中国同盟"②的主题要求，男孩女孩有各自的协会③。这些聚会不仅有助于灵命成长，也训练了演说、公众祈祷等等。周日崇拜时，男孩们成为他们负责的小教堂的忠诚讲道人。当华北遭受水灾以及贵州苗人遭受饥荒，灾民要求救济时，会员们乐于尽其所能地奉献。"基督教奋进会"似乎特别适合我们的事工，因为基督徒学生们回到家乡后发现，在他们村子里举办与奋进会类似的小型聚会，要比旗帜鲜明地举办讲道礼拜更容易些。

---

① "基督教奋进会"(Christian Endeavor Societies)：超宗派的世界性基督教青年组织，旨在彼此激励，共同成长，服侍教会。1881 年成立于美国，1884 年进入福州，并扩散到全国各地。

② "中国同盟"：即"中国基督教奋进同盟"(China Christian Endeavor Union)。

③ 关于"基督教奋进会"中男女生各自的协会，参看：Francis Edward Clark, *Christian Endeavor Manual* (A Text-Book on the History, Theory, Principles, and Practice of the Society, with complete Bibliography and several Appendixes). Boston and Chicago, 1903。

医疗事工

医院

海南差会的医疗事工是开启一切事工的楔子，冶基善先生用他的医疗技术开业，吸引人们前来听福音信息。事实上，冶基善建造那大牧师楼（Manse）时，当地正流行霍乱，对于他治愈的每一位病人来说，他们不会反对把楼房再增高一点。当初冶基善租房子开诊所时，由于担心引发骚乱，几乎不敢尝试做外科手术，现在医疗事工已经发展壮大，有三所医院诊治各个阶层的民众。由康兴利医生创建并仍在此服务的海口医院，一直是平均每天有100—150名病人。新近建成的那大医院和嘉积医院病人较少，但诊治的人数在增长。医疗事工的问题很多，其中需要提及的是给那些无法照顾自己的病人实施外科手术的困难，现在情况已经逐渐获得改变，从每个病人都让朋友为他做饭、照顾他，他想吃药就给他药，转变到使用医院的厨房、洗衣房和药品系统管理①，并且打破了普遍不接受西药的偏见。妇产科产妇的护理转变尤其明显，海口医院不同年份的数据对比显示，这方面已经取得了巨大的进步。

卫生

如果海南岛采取全面的卫生措施，此地的很多流行性疾病都可以预防。疟疾是特别明显的例子，它是海南岛灾难之源，虽然疟疾直接导致死亡的例

---

① 福音医院初期受条件限制，护士没有受过训练，中国助手也很少，更没有医院食堂。病人住院，由家庭成员或朋友陪伴，服侍吃药，还要自带铺盖和炊具，食物、衣物和炊具平时都放在床底下，在病房里做饭，要保持医院的秩序、安静和清洁是不可能的。如今都转变为美国式的一切由医院照顾的方法：护工解决饮食起居，医院统一配药，护士帮助服药。这是现代医院的特征，在海南岛历史上从未有过。

子相对很少，但它使人身体虚弱，好多天都无法劳动。人们开始认识到奎宁是治疗疟疾的特效药，其销售量在本地药店和我们医院不断增加。但是，与其他方面一样，一分预防强过十分治疗①。钩虫病是另一种可预防性病源，它影响到大约80%的农业人口的健康。1918年对嘉积在校学生的调查表明，89.4%的学生感染了寄生虫，这与我们来自农村社区学生的比例非常吻合。钩虫病直接导致死亡的例子同样相对很少，但它导致身体虚弱、无力和贫血，严重感染钩虫病的人，无论脑力劳动还是体力劳动都不可能做好。

海南岛婴儿死亡率很高。据医生估计，足有25%的新生儿，在初生的头两周内，由于不清洁及缺少适当的卫生保健而夭折。目前来医院生产的妇女数量开始增多。我们希望培训出来的护士能够走出去，到自己的民众中，帮助他们了解清洁及卫生保健知识，这对母婴来说至关重要。

培训助手和护士

培训医疗助手的全部问题还没有解决。每位医生都有助手，有些助手确实很能干，这是现任或前任医生培训的结果。在学过医疗课程的基督徒男女青年中，有三个人在完成学业后不久就去世了，非常令人沮丧。目前还有几个人在中国的各类医校学习。引入外地生源的医学毕业生来海南岛做实习医生，这试验并不完全成功；但是毫无疑问，只有我们海南岛当地的年轻人接受医疗培训，住在自己的民众中并服务他们，才是解决问题的办法。差会的几所医院已经在培训护士，特别是那大医院，现已开班培训男女护士，但是要找到适合这个职业并有空接受培训的人并不容易。

医院福音事工

医院福音事工是传教方案的一个重要特征。在海口医院，尤其是医院小教堂早晨的讲道礼拜影响到很多病人。那大医院充当传道人角色的那个盲

---

① 一分预防强过十分治疗。原文：an ounce of prevention is worth a pound of cure（一盎司的预防值一磅的治疗）。

人，对工作尽职尽责；嘉积医院那个瘸腿的宣道妇，教导她照看的女病人。所有医院都有针对个人的福音事工。福音助手们拿着出院回家的病人名单，对他们进行特别探访，这种跟进式（follow-up system）传福音的效果非常好。

传教士生活

我们的产业

我们的海南岛家园是一个美丽的地方。我们可以与《诗篇》作者一起说：量给我们的地界在佳美之处，我们的产业实在美好。① 离我们而去的先驱们所做的忠心事工，经验丰富的工人在传教工场的陪伴，与中国基督徒同工并为之付出的快乐，以及在未听过基督福音的地方传讲福音的喜乐——这些都是我们的产业，我们热爱我们的家园，热爱传教事工，还有什么可惊奇的呢？

热带生活

热带的生活与美国的生活不同，但即便如此，这里的生活也非常令人愉快。第一批来海南岛的传教士们住在中国人的住宅里开展事工，既不舒适也不卫生，但现在差会各大院的房屋清凉舒适、设施便利。灰砖砌的房子带有拱形阳台，不受阳光的曝晒。夜里蚊帐挡住了原来无处不在的蚊虫叮咬。没有黄油、面粉和牛奶，吃当地食物也可以过得很好。如果像有些人家那样养一群山羊，连鲜奶也不用从外地运来。除了小麦面粉，这里有家禽、猪肉、羊肉、牛肉、甲鱼、鱼类和其他海产、稻米、番薯以及各类植物根茎、种类繁多的蔬菜以及美味的水果，构成了健康饮食的最重要部分。如果有人偏爱罐头食品，可以在香港或美国购买，然后通过货运寄到海南。虽然夏天穿海南岛产

---

① 参看《圣经·诗篇》第16篇第6节："用绳量给我的地界，坐落在佳美之处，我的产业实在美好。"(The lines are fallen unto me in pleasant places; yea, I have a goodly heritage. —— KJV)

的菠萝布①非常舒适，但衣物最好在美国选购（新派往海南的传教士的装备单子，可以从纽约第5大街156号的长老会委员会索取，或者到长老会的任何一个妇女委员会索取。② 蒙哥马利公司在与我们的交往中非常热情周到，我们也推荐一些东方的商号，参看本书末尾。装备方面的任何不足，通过邮购差不多都可以解决）。

海南岛的与世隔绝对我们既有优势也有劣势。这里没有刺耳的电话铃声打扰，不需要赶火车，旅行时不会遇上火车事故或汽车事故；这里的货物用船运送，或是由慢悠悠的挑夫用扁担从一个地方挑到另一个地方，货物在运输过程中很少损坏。的确，邮件从香港用轮船运来，时间间隔不定，但每个月至少来两次，通常次数更多。海南腹地的传教站有来自海口港的邮政服务，嘉积每两天一次，那大每四天一次。美国来的邮件要经过五到八周才到海南岛，取决于轮船联运状况。有包裹邮寄送达海口的服务，承蒙邮政机构的好意，这项服务已经扩展到嘉积和那大。

娱乐活动

海南岛的日常生活与美国大体相似，只是作息时间略有不同。尤其是学

---

① 菠萝布（pineapple cloth）：用菠萝叶子的纤维织出的布，轻而薄，透气性好。菠萝原产于南美洲。有资料称，1580年西班牙方济各会传教士将菠萝引入菲律宾，西班牙修女们向菲律宾妇女传授了菠萝布的制作工艺，18世纪末到19世纪初达到顶峰。《光绪定安县志》卷一“地舆志”“物产”节“果属”：“草本波罗子，俗名番蒌子。色金黄。周身有缝，纹如龟坼。其叶刮以为麻，纺织作布，名波罗麻布；细者可当纱用。然种作麻者恒在于阴处，不令生子，欲其叶长。种于高原者则收其子而已。”据此推断，海南岛的菠萝及菠萝布工艺应该是17世纪天主教传入以后，经澳门从菲律宾传入的。

② 长老会委员会，这里指“长老会海外宣教委员会”（Board of Foreign Mission of the Presbyterian Church），简称“外宣会”（BFM），是美北长老会（PCUSA）的下属机构，地址在纽约，编辑有《外宣会年报》（*Annual Report of the Board of Foreign Mission of the Presbyterian Church in the United States of America*）。长老会的妇女委员会（women's boards of the Presbyterian Church），包括“女传教士协会”（Women's Foreign Missionary Society），属于外宣会，也在纽约同一座大楼内，编辑有《妇女事工》（*Woman's Work for Woman*）以及《女传教士协会年报》（*Annual Report of the Women's Foreign Missionary Society*）等杂志。美北长老会总部在费城，编辑有《海内外教会》（*The Church at Home and Abroad*）等杂志。

校在早晨6点半或7点就开始上课,因为那时天气凉爽得多。下午4点半到6点是我们的娱乐活动时间,可以跟邻居聊天、打网球、散步或骑马。如果你擅长此道,或许还可以下象棋。海口和琼州的传教士们喜爱集体乘船去"白沙洲"(Spit),在暮色中享受一小时的海水浴和沙滩野餐。海口港也可能有冰淇淋,那儿有一家制冰厂。到处都有野餐的地方,春秋两季最适合野餐。海南岛也给业余植物学家、生物学家或者地质学家提供了很多发展爱好的机会,他们在调查活动中度过了无数快乐时光,而且收获颇丰。海南人的故事传说里,他们简洁的谚语以及过去的经历中,蕴含着大量快乐故事以及有趣的心理学素材。传教士每两年离岛度假一次,香港成了我们大多数人的去处,不过还有各种各样的避暑胜地,如牯岭①、北戴河(Peitaho)、莫干山(Moganshan)或者轻井泽②,这使我们有更多遇见新朋友和参加励志会议的机会。我们差会的服务期限是六年,有一年休假和旅行的时间③。

1918年差会大会,海口

差会大会

每年一次的差会大会是我们一年中的盛事,在中国的春节期间召开,由

---

① 牯岭(Kuling):江西庐山的牯岭风景区。1886年由英国传教士李德立(Edward Selby Little, 1864—1939)发现,并于1895年开发为避暑胜地,因此在远东传教士中甚为有名。另外,福州东郊也有一处避暑胜地叫鼓岭,也是由西方传教士开发,在传教士中也颇为有名,但英语中依照闽语读法拼写为Kuliang。

② 轻井泽(Karuizawa):位于日本长野县,是日本著名的避暑胜地。

③ 根据1889年的《外宣会手册》修订版,"外宣会"对赴海外传教士的服务期限及休假有如下规定:单身女性连续服务7年后轮休1年,此后每8年轮休1年;已婚夫妇及单身男士,连续服务8年轮休1年,此后每10年轮休1年;轮休必须回美国,往返路途时间不计入内。到孟言嘉时代,服务期限缩短为6年,轮休期限未变。

各传教站轮流主办。[1] 对海南腹地的传教站来说，这是一件真正的大事，其他传教站的朋友们结伴而来，有人步行（我们中间有一些著名的步行者）、有人骑马、有人坐轿。这种三到五天的旅行本身就非常有意思，而且几乎肯定会有趣事发生。我们聚集在一起商议事工，为明年以及未来耶稣国度的发展制定计划，还有社交联谊，为期一周的紧张工作伴随着令人愉快的同工情谊。

差会通过在"中国大会"[2]里的会员身份，与长老会在中国的其他差会相互联系，"中国大会"的主席路崇德博士（Dr. Lowrie）已经来我们差会视察过两次。我们的代表参加了"中国大会"的年会。通过"大会"，我们与纽约的"长老会外宣会"（Presbyterian Board of Foreign Missions）保持密切往来。传教士通过书信与外宣会保持个人联络。[3] 差会的妇女也与委派她们的各"妇女委员会"的秘书们保持通信往来。[4] 我们差会出版一种《海南通讯》（*Hainan Newsletter*），每年三到四期，刊载与三个传教站的事工有关的各种内容（订阅《海南通讯》，可寄信给差会秘书李惠霖牧师，地址是海南那大；每年 25 美分，可用"国际回信邮票券"或中国邮票支付）。[5]

---

① 差会大会（Mission Meeting）：各差会独立举办的年会，讨论差会内部各传教站的财务、人事、策略、学校、医疗等问题，选举教育、审计、文字（圣经翻译）、执行等委员会主席，而且出版年报。海南差会早先属于"广州差会海南站"（Hainan Station of the Canton Mission），1893 年成为独立的差会，同年召开第一届差会大会，到 1939 年已经召开过 47 次年会，出版《海南差会年报》（*Hainan Mission Annual Report*）47 本。

② "中国大会"（China Council）：全名"中国基督教大会"（China Christian Council），长老会外宣会在中国的执行机构，总部（即"美国长老差会总部"）设在上海，负责管理各个差会，协调差会间的工作，审批差会的预算并提供所需的资金，定期举行大会。自 1910 年起，每年举行 1 次年会，讨论解决各差会及传教士在中国遇到的问题，并编辑出版《中国基督教大会年会纪要》（*Minutes of the Annual Meeting of the China Christian Council*），目前能见到的是第 3—31（1912—1940 年）各期。

③ 海南差会男传教士（牧师、医生）的书信及文章一般刊登于《教务杂志》《中国评论》及《海内外教会》等杂志。

④ 海南差会的女传教士（教师、医生、牧师太太等）的书信及文章一般刊登于《妇女的事工》等杂志。

⑤ 《海南通讯》由海南差会编辑，1912 年发刊，1949 年停刊（1939—1946 年没有出刊），共出 63 期。1917 年起，《海南通讯》由孟言嘉编辑。

新来的传教士

前来海南岛的新传教士要面临几个常见的困境:一开始学海南话时灰心丧气,不适应中国城镇肮脏的街道和奇怪的气候,还有对家乡及朋友的思念。但是,海南话复杂而有趣,学习起来令人入迷;街道肮脏却充满人情味儿,感染过一次后我们就不再怕疟疾;书信和文章把我们与家乡紧密相连,另有中国人和差会中的新朋友。这些都毫无疑问见证了《马太福音》第 19 章 29 节中的应许:“凡为我的名撇下房屋或是弟兄、姐妹、父亲、母亲、儿女、田地的,必要得着百倍。”因此,我们诚心欢迎新来的传教士,愿你聆听到上帝的呼召,来到主耶稣葡萄园遥远的角落里做工,我们真诚欢迎你也来承受我们美好的产业。

附录一：海南那大的王约翰牧师

王约翰牧师是海南岛最先去世的成年传教士。1897 年 9 月 6 日，他结束了人世间的辛劳，终年三十八岁。王约翰牧师出生于美国艾奥瓦州。他在俄亥俄州的伍斯特(Wooster)和艾奥瓦州霍普金顿的勒诺克斯学院(Lenox College)读书，获得文学学士学位。之后在一所学校教书，最后在芝加哥的麦考密克神学院(McCormick Theological Seminary)学习三年。所到之处，他温和亲切的性格，卓越通达的头脑以及基督般的信念和精神，赢得了老师、同事和熟人们的尊重和喜爱。

1890 年，王约翰牧师从神学院毕业，与赖马小姐(Miss Margaret Rae)结婚。他们受"美国长老会外宣会"委派，来到中国海南岛。在这里，王约翰牧师度过了卓有成果的七年，为主辛劳做工，几乎从未间断。他最后的四年在那大度过，身为资深传教士，他不仅肩负传教站积极成长的重任，而且对建立寄宿培训学校格外用心，并为一个班讲授神学课程。

1895 年，他给新到那大的医生建造住房，辛勤操劳，几乎拖垮了身体。房子建成后他到华北度假参观，以研究不同差会的工作方法。回到海南岛后，他的健康状况有了很大改善，便以更大的热忱服侍；但在去年夏天，他患上胃黏膜炎，后来又得了严重的痢疾。这病已使他倒下，9 月 3 日，他最小的孩子，七岁的以斯帖又死于高烧。9 月 16 日，王牧师因大出血结束了尘世间的生活。

王约翰牧师的去世，令他在海南的妻子和两个儿子，以及在美国年迈的母亲和几个兄弟姊妹哀痛不已。海南岛小小的传教士团队尤其感觉失去了一位亲爱的弟兄。王约翰牧师不仅衷心服侍上帝，更是各种试炼和劳苦中的人们的良师益友。

（录自《教务杂志》1897 年 12 月号①）

① 此文刊登于《教务杂志》(*The Chinese Recorder*)第 28 卷(1897)12 月号，第 589 页，无作者名。原信落款处写着“中国海南海口，1897 年 9 月”。

附录二:冶基善先生

海南岛传教先驱冶基善先生于6月2日安息,终年五十四岁①。他拥有非凡的经历,但诸多好友中只有为数不多的几个人了解那段历史。冶基善先生是丹麦人,大约在1869年定居中国②,受雇于广东省当局,负责镇压西江三角洲③的非法活动。以后几年中,他指挥着一艘小汽艇,多次经历台风的考验,先后十四次与走私贩及海盗激烈交战。之后他在大清海关(Imperial Customs)服务了一段时间,离开后去了台湾,成为一名独立传教士。后来,他认为医药知识能够让他发挥更大的作用,于是就到“广州博济医院”跟随嘉约翰医生学习了一段时间。

1881年,冶基善先生离开广州来到海南岛,成为一名自我供养的独立传教士。在此之前,海南岛没有新教传教士的活动。冶基善先生与美国长老会广州差会偕同工作,并于1885年加入了广州差会,他富有成果地服侍了十年,建立了海南的差会。他勘测海南岛,绘制全岛地图,购置土地,建造房屋,成功开展医疗及巡回传教事工。他把《新约》大部分译成海南话罗马字,并为用

---

① 这里指1901年6月2日。同年6月21日,香便文牧师(1850—1901)去世;8月10日,广州长老会先驱嘉约翰医生(Dr. J. G. Kerr, 1824—1901)去世。

② 冶基善1894年3月8日给英国“皇家鸦片委员会”提交的调查报告中说,他到中国已经25年,因此冶基善应该是1869年到达中国。参看:*First Report of the Royal Commission on Opium*, Vol. V (1894), London. pp. 317-318。但是,那夏理(Harriet Newell Noyes, 1844—1924)的《长老会华南差会史》(*History of the South China Mission of the American Presbyterian Church*, 1927)第50页说,冶基善1868年来到中国。

③ 西江三角洲(Delta of the West River):即珠江三角洲。

海南话罗马字翻译基督教文献做了大量准备工作,如今他的大部分作品都已经出版①。冶基善先生尽管并非总是与同工们意见一致,但一直受到他们的尊重和喜爱,认识他的所有人都会认他是一个好人,以色列人中死了一个大丈夫②。

冶基善先生是在格外困顿的境况下去世的。去年年底,他带领妻子和四个孩子到海南岛南部的乐罗。之后,他两次前往海口处理事务,又旅行穿越黎区中心地带几次。大约5月中旬,他在乐罗感染了伤寒③。当时除了他的妻子和孩子④,身边没有其他外国人。他的妻子设法送他到海口。上船之前

① 冶基善翻译的《圣经》包括《新约》中的"四福音书""使徒行传""加拉太书"到"腓利门书""雅各书"到"犹大书",《旧约》中的"创世记",以及"哈该书"到"玛拉基书"。这些书有的在海南印刷,有的在美北长老会上海印刷所印刷,有的在丹麦印刷,但更多书卷由"英国圣经公会"1899年在伦敦印刷。参看:Hubert W. Spilett, *A catalogue of Scriptures in the languages of China and the Republic of China*, British and Foreign Bible Society, London, 1975, p. 24, pp. 155-157。冶基善翻译《圣经》所用的海南话是海口话,有文读也有白读,用罗马字拼音记音,标注声韵调。冶基善还为海南人编写过《旧约》历史,名为《圣经实录》,1899年在丹麦哥本哈根出版。

② 以色列人中死了一个大丈夫(a strong man has fallen in Israel):语出《旧约·撒母耳记下》3章38节:"王对臣仆说:你们岂不知今日以色列人中死了一个作元帅的大丈夫吗?"(And the king said unto his servants, know ye not that there is a prince and a great man fallen this day in Israel? —— KJV)

③ 根据徐黛儿记述,他们于1900年12月中旬离开琼州府城,刚刚到乐罗安顿下来,冶基善即被召回海口,徐黛儿负责教会的工作。1901年2月底冶基善回到乐罗,带回来一个戒鸦片烟瘾的黎族头人。待了一周,冶基善把黎头留下,动身进入黎区。4月,他刚一回来,又第三次进入黎区,这次带回来好几个黎族病人,他们在乐罗住了差不多一个月。5月初,冶基善一家到了崖州城(今三亚市崖城镇),打算坐船离开几天。不料冶基善积劳成疾,且感染了伤寒,在等船过程中病倒,6月2日在驶往海口的帆船上去世。参看:*Annual Report of Board of Foreign Missions of the Presbyterian Church in the United States of America*, Vol. 65 (1902), pp. 73-74。

④ 冶基善夫人徐黛儿(1868—1929):瑞士人,1891年从日内瓦的一家医院毕业后来到中国,次年10月在广州与冶基善结婚,那年她23岁,冶基善44岁。同年夫妻二人从南丰进入黎区,经白沙、琼中、保亭到三亚藤桥,医治病人无数,成为海南岛的传奇人物。1894年二人再走黎区,并在崖县乐罗建立教会。1901年冶基善去世后,徐黛儿先是带孩子回到府城,一面在教会服侍,一面负责男校的工作。1903年,她带着2男2女4个孩子离开海南岛,在长老会支持下来到美国,先在纽约生活,1914年移居迈阿密,创办了一家疗养院(Sunny Oaks Sanitarium),1929年1月13日去世,享年61岁。参看:*Mrs. Jeremiassen Rites are Planed*, *The Miami News*, January 14, 1929. p. 15。又,*Annual Report of Board of Foreign Missions of the Presbyterian Church in the United States of America*, Vol. 57-66 (1894-1903)。

他已经神志不清，途中第二天就死在了船上。他的尸体经过一番周折后被运送到海口，当地所有的外国人和很多前来悼念的中国朋友一起跟着来到墓地。

一位勇敢、善良、舍己、坚强和大有作用的人，他的事业就这样结束了。他是战斗着的船长，忠诚的朋友、丈夫和父亲；他是探险家，传教士先驱，开业医生和把《圣经》译为艰涩语言的翻译家。他一生辛勤服侍，他的杰出表现堪为不同领域人们的楷模。

——弗兰克·P. 纪路文

（录自《教务杂志》1901 年 8 月号）

附录三：纪路文牧师

纪路文牧师1853年12月14日生于纽约州的斯科茨堡（Scottsburg），祖上在纽约州利文斯通县①的摩利山（Mount Morris）。他在父亲家附近的杰纳苏书院②上学。1875年进入普林斯顿学院③，1879年毕业，与威尔逊总统是同班同学④。他从大学进入普林斯顿神学院⑤，1885年毕业。进入神学院之前，他曾在杰纳苏学院（Geneseo Academay）任教。1880—1882年，在西雅图地方大学担任自然科学教授⑥。

1885年12月4日，纪路文先生在印度伍德斯托克的蓝德尔（Landour，

---

① 利文斯通县（Livingstone County）：一般写作 Livingston County。

② 杰纳苏书院（Geneseo Academy）：美国纽约州利文斯通县杰纳苏镇的一所高中，始建于1826年。杰纳苏镇在摩利山镇的北面。

③ 普林斯顿学院（Princeton College）：这里指普林斯顿大学的前身新泽西学院（College of New Jersey），始建于美国独立以前的1746年，1756年迁往新泽西州的普林斯顿，1896年才改名为普林斯顿大学。纪路文1874年从杰纳苏书院毕业，一年后进入新泽西学院。

④ 威尔逊总统（Thomas Woodrow Wilson, 1856—1924）：美国第28届总统，1913—1921年在位。1902—1910年出任普林斯顿大学第十三任校长。纪路文回国休假期间曾经去白宫拜访过威尔逊总统。

⑤ 普林斯顿神学院（Princeton Seminary）：创建于1812年，是新泽西学院的下属学院。

⑥ 西雅图地方大学（Territorial University at Seattle）：西雅图华盛顿大学的前身，始建于1861年，是美国西海岸最早的大学，1890年改为现名。纪路文1879年从新泽西学院毕业后，在杰纳苏学院工作的时间很短，只有几个月。他随后到西雅图"地方大学"，担任博物学、物理学、天文学、化学和地质学教授。1882年暑假过后，纪路文进入新泽西学院的神学院（后来的普林斯顿神学院），1885年毕业，年底结婚，被按立为牧师，并于次年2月偕妻子来海南岛传教。有关纪路文在西雅图"地方大学"的情况，参看：Edmond S. Meany, *A pioneer professor's grave in China*. *The Washington Historical Quarterly*, Vol. 22 No 3 (July 1931), pp. 211-212。

Woodstock),与麦克耐尔小姐结婚,她于 1899 年 9 月 16 日在纽约州的索尼亚(Sonyea)去世①。他们生了 5 个孩子:弗洛拉,1893 年 8 月 5 日死于海南那大;艾格尼丝,1889 年 9 月 8 日死于广州;简妮特,现在是广州的传教士;还有茱莉亚和查尔斯②。

1903 年 11 月 26 日,纪路文先生在纽约州的阿姆斯特丹续娶怀特夫人,娘家姓马丁,她于 1917 年 9 月 8 日回美国休假期间,在新泽西州的哈肯萨克(Hackensack)去世③。

1886 年 2 月,纪路文先生到达海南岛,他是海南三个传教站的传教先驱。忍受着传教初期的艰辛,他没有抱怨和牢骚,在整个海南岛热心传讲福音。与其他传教同工相比,他有一个突出特点,就是能够坐下来,满怀同情地倾听那些最乏味的谈话,同时等待时机,把谈话引向宗教问题。这个特点使他特别擅长在小客栈和小教堂传教。纪路文先生阅历丰富,见多识广,一向是个好伙伴。他常说自己是"备份"(Stop-gap),因为无论何时何地,只要工作缺人手,就用他来顶缺。他的这种顶替其他人工作的能力使他获得了"主教"的幽默称号。纪路文先生最具有宽恕精神,如果在一个人身上,连纪路文都找不到优点,那么这个人必定坏透了④。

---

① 由于纪路文夫人(Marion)生病,他们于 1899 年 3 月回美国治疗,见她病情好转后,纪路文先行返回,留下她继续治疗,纪路文还没有到达海南岛,就接到夫人突然去世的噩耗。这位夫人在海南教会圈子里极受尊重。参看:*Hainan Mission*, in *The Sixty-third Annual Report of the Board of Foreign Missions of the Presbyterian Church in the United States of America*, New York, 1900, p. 55。

② 纪路文的另外三个子女:简妮特(Janet Gilman),生于 1890 年 12 月 9 日;茱莉亚(Julia Gilman),生于 1892 年 12 月 25 日;查尔斯(Charles Frank Gilman),生于 1896 年 9 月 21 日。纪路文去世时,简妮特在海南做传教士,茱莉亚和查尔斯在美国读书。参看:*Dansville Express*, January 23, 1919。去世的弗洛拉和艾格尼丝是纪路文的长女和次女,参看第 9 章第 75 节注释。简妮特参看"附录一"注释。

③ 纪路文的第二位太太在教会中也有令誉,她热情好客,新来的传教士以及因工作筋疲力尽的传教士,都能在她这里获得帮助。参看:*Hainan Mission*, in *The Eighty-first Annual Report of the Board of Foreign Missions of the Presbyterian Church in the United States of America*, New York, 1918, p. 99。

④ 传教士文献记载,纪路文被全岛各地的海南人亲切称为"好老伯爹"(Dear Old Uncle Good)。另参看第 12 章 88 节。

1918 年下半年，由于海南岛南北军队处于敌对状态，我们大家都提心吊胆。接下来就是琼州府城和海口遭到洗劫，龙济光(Lung)的部队投降。许多士兵冲进我们教会大院寻找藏身之处，我们解除了他们的武器。因为不知道如何处理收缴的武器，纪路文先生爬上把我们与英国领事馆隔开的石墙，去请教该怎么办，他跳到地面时没有落稳，膝盖严重扭伤。脱臼的膝盖回位后再用夹板固定住，这让纪路文先生卧床将近三周。12 月 3 日晚上，因为收到了一封美国来的邮件，我们围坐在他床边一个多小时，讨论当天的大事。除了膝盖之外，他看起来状况非常好。但第二天早晨，他女儿听到他叫喊[①]，马上派人来找我，我赶到时他已经失去了知觉，几分钟后就去世了。

纪路文先生在他的有生之年里，见证了海南传教事工的发展：从最初饱尝敌视和轻蔑，到如今已发展成拥有三个机构与设施完善的传教站以及许多分站；从最初几乎没有慕道友，发展到拥有信徒数百人。在“五棵棕”(Five Palms)那块小小的外国人墓地，有一项特别合适的安排，冶基善先生的墓和纪路文先生的墓比邻相伴。

——康兴利医生

① 这个女儿就是简妮特(1890—1963)，纪路文身边唯一的亲属。纪路文去世后，她于 1919 年转往广州差会。1921 年，纪姑娘与美国南浸信会差会(South Baptist Mission)的雷牧师(Rex Ray, 1885—1958)结婚，之后随夫在中国多地传教。

爱祭——关于徐林情诗的咏叹沉思

文心　刘秀秀

一　在康河的柔波里

英格兰小镇“Cambridge”，在徐志摩笔下译成了富有诗意的“康桥”，那流经驰名世界的大学城的一小段河溪，斜着自西南向东北，宽不过20米，却完全拴住了康桥的灵性，“我敢说是全世界最美丽的水”。一个大大的弧形，弓弦外铺张开几个蜚声世界的学院。志摩这样形容这一段风景：“脱尽尘埃气的一种清澈秀逸的意境可说是超出了图画而化生了音乐的神味。再没有比这一群建筑更协调更匀称的了！论画可比的只有柯罗的田野；论音乐可比的许只有肖邦的夜曲。就这，也不能给你依稀的印象，它给你的美感简直是神灵性的一种。”（《我所知道的康桥》）康桥之畔，杨柳依拂，高等贵族学府在大战之后风习有了很大改变，会社频繁，风雅人物川流不息，深沉雅致的古建筑中迸溅出高谈阔论之声，这是剑桥人文学术的黄金时代。我们的诗人见证了这个时代，也是其中的参与者。英国人理查兹（Ivor Armstrong Richards，1893—1979）写作的《中国的文艺复兴》（1932）一书，将徐志摩作为一个典例来论述“五四”新文学特征及所受外国文学的影响——他把英国知识界最新的思想潮流注入古老的中华大地，同时促进新文学在异质土壤中萌芽的过程，活灵活现地展示着传统文化在新一代作家身上的延伸和发展，“一个新的时代正在被这场东西方的联姻所开创”。

徐志摩最早怀着“想做一个中国的汉密尔顿”的“野心”到美国留学，1920年9月又毅然“摆脱了哥伦比亚大博士衔的引诱”，买棹横渡大西洋，赴英师从罗素：“罗素是现代最莹澈的一块理智结晶，而离了他的名学数理，又是一团火热的情感；再加之抗世无畏道德的勇敢，实在是一个可作榜样的伟大人格，古今所罕见的。”（《罗素与中国》）在英国，志摩“顿觉性灵益发开展，求学兴味益浓”，其余则散步、抽烟、划船、“吃五点钟茶”、听近村晚钟声、体会“神妙的春信”、沉迷于一望无际的罂粟花，以及空谷幽兰般的婚外情恋。当一切从家国意识向自我性灵、从政治承担向个人趣味发生转移，他先在“脱尽尘埃气”的“纯粹美感的神奇”之中找到了剑桥的“灵性”，再由于“政态诡变”而“内省厌倦”萌生了发现文艺“新土”（《伤双栝老人》）的雅兴，浓烈而柔美的情感意念化作一首首清新婉丽、恬静幽雅的诗，持久的兴味荡漾在康河闪光的波粼里，最终形成了胡适所言“爱”“自由”和“美”的“单纯信仰”。

1931年林徽因在《悼志摩》一文中，以无限悲怆和善意的情愫讲到一则浪漫的故事：

> 志摩认真的诗情，绝不含有任何矫伪，他那种痴，那种孩子似的天真实能令人惊讶。源宁说，有一天他在校舍里读书，外边下起了倾盆大雨——唯是英伦那样的岛国才有的狂雨，忽然他听到有人猛敲他的房门，外边跳进一个被雨水淋得全湿的客人。不用说他便是志摩，一进门一把扯着源宁向外跑，说快来我们到桥上去等着。……以后我好奇地曾问过志摩这故事的真确，他笑着点头承认这全段故事的真实。我问：那么下文呢，你立在桥上等了多久，并且看到虹了没有？他说记不清，但是他居然看到了虹。我诧异地打断他对那虹的描写，问他：怎么他便知道，准会有虹的。他得意地笑答我说：“完全诗意的信仰！”

“我的心跳荡，每当我看见/天上的彩虹。……我希望这种天赋的虔诚崇敬/贯穿我的一生。”（华兹华斯：《我的心跳荡》）

志摩所在康桥的日子可真是幸福：“生怕这辈子再也得不到那样甜蜜的机会了。我不敢说康桥给了我多少学问，或是教会了我什么。我不敢说受了康桥的洗礼，一个人就会变气息，脱凡胎。我敢说的只是——就我个人说，我的眼，是康桥教我睁的，我的求知欲，是康桥给我拨动的，我的自我意识，是康桥给我胚胎的。”（《吸烟与文化》）痴立诗意葱茏的康桥，他开始学着把思想和情感分行抒写：

草上的露珠儿
颗颗是透明的水晶球，
新归来的燕儿
在旧巢里呢喃个不休；
诗人哟！可不是春至人间
还不放开你
创造的喷泉
嗤嗤！吐不尽南山北山的璠瑜，
洒不完东海西海的琼珠，
融和琴瑟箫笙的音韵，
饮餐星辰日月的光阴！
诗人哟！可不是春在人间，
还不放开你
创造的喷泉！
这一声霹雳
震破了漫天的云雾，
显焕的旭日
又升临在黄金的宝座；

柔软的南风
吹皱了大海慷慨的面容
洁白的海鸥
上穿云下没波自在优游；
诗人哟！可不是趁航时候，
还不准备你
歌吟的渔舟！
看哟！那白浪里
金翅的海鲤
白嫩的长鲵，
虾须和蟛脐！
快哟！一头撒网一头放钩，
收！收！
你父母妻儿亲戚朋友
享尽了稀世珍馐。
诗人哟！可不是趁航时候，
还不准备你
歌吟的渔舟！
……

写于1921年11月的《草上的露珠儿》，也许还有一些政治人文意味，又带有不可遏制的爱意的渲染——这是诗人首次敞开心扉的文学经历。志摩打开创造的源泉，以自由体新诗描写“春至人间”，为爱的渴望找到了最合适的表达方式。一声霹雳之中，与林徽因的相遇“震破了漫天的云雾”，自此正式地抛却留美时期“庄严（制仪），整齐（行事），信实（存心），做人”的习气，抛却“相对论”和“民约论”等关于民族历史的凝重思索，开始礼赞“诗人”的生成，关注真正的“科学精神”“文化精神。”他以一种激扬的、无所顾忌的姿态出现在中国诗坛,以后一切自傲执着的爱情陈词,一切写给林徽因的爱情诗里涌动着的天真正气、浩然之气已然显现,并直接引导了其今后之生存境遇。

文章本天成,诗言如誓言。徽因喜欢康河上的一座桥,每当黄昏时分,诗人都相陪在桥上散步:“那四五月间最渐缓最艳丽的黄昏,那才真是寸寸黄金。在康河边上过一个黄昏是一服灵魂的补剂。啊!我那时蜜甜的单独,那时蜜甜的闲暇。”(《我所知道的康桥》)志摩散文式的长诗《康桥西野暮色》又言:“晚霞在林间田里/晚霞在原上溪底/晚霞在风头风尾/晚霞在村姑眉际/晚霞在燕喉鸦背/晚霞在鸡啼犬吠/……夕照只剩了几痕紫气/漫天镶嵌着星巨星细/田里路上寂无声响/榆荫里的村屋微泄灯芒/冉冉有风打树叶的抑扬。前面远远的树影塔光/罂粟老鸦宇宙婴孩/一齐沉沉奄奄眠熟了也。”他在《康桥,再会吧》中不吝赘言:“最难忘/骞士德顿桥下的星磷坝乐/弹舞殷勤,我常夜半凭阑干/倾听牧地黑野中倦牛夜嚼/水草间鱼跃虫嗤,轻挑静寞/难忘春阳晚照,泼翻一海纯金/淹没了寺塔钟楼,长垣短堞/千百家屋顶烟突,白水青田/难忘茂林中老树纵横;巨干上/黛薄荼青,却教斜刺的朝霞/抹上些微胭脂春意,忸怩神色;难忘七月的黄昏,远树凝寂/像墨泼的山形,衬出轻柔螟色/密稠稠,七分鹅黄,三分桔绿/那妙意只可去秋梦边缘捕捉。”夕阳的静谧温馨与晚钟的清悠余韵,构成视听相合的审美意境,悄无声息地融入两人的性灵默契之中。林徽因后来致胡适的信上也说:“一方面我又因为也是爱康河的一个人,对康桥英国晚春景子有特殊感情的一个人,又似乎很想‘努力’,‘尝试’(都是先生的好话),并且康桥那方面几个老朋友我也认识几个,他那文章里所引的事,我也好像全彻底明白……”不过,它是旁边长满青苔的石屋以及在春天里悄悄开放着蔷薇花的数学桥,或巧用力学原理设计建造而周身无一粒钉子的“牛顿桥”?还是林杉在《一代才女林徽因》描绘的拜伦桥相会的情景:“当他们踩着泼洒下来的月光和雾,静静地在康河岸边漫步时,徽因耳边响起了波浪一样的话语:‘徽因,在这样的时候,你最想干的一件事是什么?’她微笑不语,伸手摘下一片柳叶,轻轻地衔在嘴上。”

谁说“人生自是有情痴,此恨不关风与月”?

什么时候再能有
那一片静；
溶溶在春风中立着，
面对着山，面对着小河流？
什么时候还能那样
满掬着希望；
披拂新绿，耳语似的诗思，
登上城楼，更听那一声钟响？
什么时候，又什么时候，心
才真能懂得
这时间的距离；山河的年岁；
昨天的静，钟声
昨天的人
怎样又在今天里划下一道影！

中国古诗里有一种因不愿坐实内容而故意隐去题目的优美、深微的写作传统，“诗家总爱西昆好，只恨无人作郑笺”（元好问：《论诗绝句》）。1935年徽因正学习李商隐式无题律诗的意蕴，调动处于静极而动的状态里的灵感，配合西洋十四行诗的节律，写下一首与一个逝去的人有关的《无题》诗，感情凝重而又活泼率真。诗里静的意境，春的季节，那山、河，那新绿、城楼、钟响，便具体地指向于他们特具恋情圣地意涵的英国康桥。“当时相候赤栏桥，今日独寻黄叶路”，也许是她在徐去世四年后的一个春天读了《我所知道的康桥》，诗意的往昔不期然地拨动女诗人的性灵，时间就随着记忆向后倒退，伸展到深深滋润了志摩绚烂艺术情怀的短短河畔：雾茫茫，暮轻轻，“静极了，这朝来水溶溶的大道，只远处牛奶车的铃声，点缀这周遭的沉默”，他们在朗月的光辉下散步，“在星光下听水声，听近村晚钟声，听河畔倦牛刍草声”，或“只要那晚钟撼动的黄昏，没遮拦的田野，独自斜倚在软草里，看第一个大星在天边出现”，他们登上了古城的城楼，凝神聆听这和缓醉人的钟声，是否也传来丝丝西山的悲音？他们一定说了什么勇敢的话。

只有拥有“完全诗意的信仰”的人、只有纯粹性灵终不泯灭的人才会深邃地照察出内里的奥妙与和谐。一心之自我舒卷，悠闲、雅致，不为丝屑的俗念所沾滞，审美便不终止。康桥纯粹美感的神奇，与谁共享？又与谁一起实现？徽因提出的问题，答案存在于她的思想世界和那个深深地契入她内心情感的人的内心里，昨天一幅幅恒常不变的图画跟今天就像一道影儿似的。

> 不管何时何地，她喜欢雨中的虹，也爱《雨后天》的风：
> 我爱这雨后天，
> 这平原的青草一片！
> 我的心没底止地跟着风吹，
> 风吹：
> 吹远了草香，落叶，
> 吹远了一缕云，像烟——
> 像烟。

志摩呢，他对康桥的一往情深，则都着落于林小姐身上：他获得的最神秘的康桥式的体验正在于“大自然的优美、宁静、协调，在这星光与波光默契中，不期然地淹入了你的性灵”：“离开了泥土的花草，离开了水的鱼能活吗？能生存吗？从大自然，我们取得我们的生命；从大自然，我们应分取我们继续的滋养。”（《我所知道的康桥》）而“她属于自然，无限的生命之流穿过她的身体，因此她是个人与宇宙的调解人”。（西蒙·波伏娃：《女性的秘密》）徽因的出现医治了当前生活的枯窘：“你再反省你的心境，看还有一丝的俗念沾滞不？只要你审美的本能不曾汩灭时，这是你的机会实现纯粹美感的神奇。”（《雨后虹》）。自然创化的进行，与诗歌创作的秘密，在徐志摩那里是彼此不分、合二为一的。他从自然中感觉到一种无所不在的宇宙精神和智慧，使其思想感情的元素趋于净化，趋向自由之境，诗就不仅是传统意义上的缘情言志，也是其对生存理解的一种把握。他浸染着英国浪漫派诗人的气质，笼罩在卢梭、华兹华斯以降的欧洲文学传统中，不断向自然寻求慰藉，寻求自由和“爱的灵感”：

那一天我初次望到你，
你闪亮得如同一颗星，
我只是人丛中的一点，一撮沙土，
但一望到你，
我就感到异样的震动，
猛袭到我生命的全部。
纷乱占住了我的灵符，
但当时我一点不明白，
不知这便是陷入了爱。

诗人的爱，不是英伦的情调在作祟，不是康河的水藻在牵绊，也非仅仅受了那柔风软泥的影响。那是1920年深秋的11月，在伦敦国际联盟协会席上，徐志摩结识了狄更生（Galsworthy L. Dickinson）、林长民和他当时只有十六岁的女儿林徽因。“她那纤细的美丽立即吸引了他的注意。她的艺术气质跟她父亲一模一样，她的活泼、她敏锐的洞察力、她的文学爱好都使徐志摩倾倒。他坠入了爱河。”（费慰梅：《梁思成和林徽因——一对探索中国建筑史的伴侣》）诗人一双慧眼几乎立刻就辨认出，“她身上有着艺术家的全部气质。她能够以精细的洞察力为任何一门艺术留下自己的痕迹”。她的形态举止和内在神韵美“超出寻常所谓美貌或是漂亮”，她的“所有举动，全个体态，都是那样的有个性，奏着韵律”，仿佛和谐、纯朴的生命一次意外杰出的创造。这可遇而不可求的有德有才的好女子，如黄昏暮色中永恒停驻在康桥云天上的彩虹，影响志摩一生——没出生在文人墨客之家的诗人，短暂的一生都成了恋爱的、浪漫的，也点燃了中国浪漫派诗歌的火种。他对她的礼赞那么自然地化入了诗行：“你是高高在上的云雀天鹨/纵横四海不问今古春秋/散布着稀世的音乐锦绣。”（《草上的露珠儿》）“你来自青林幽谷/流连自然的音乐/轻怀草意和花香/温慰诗人的幽独。”（《清风吹断春朝梦》）初见徽因的场面，志摩以后借翻译《涡堤孩》再次潜移默化，把当时自己神魂颠倒的心境艺术化地展示为：

门嘭的一声开了，一个绿色的女郎溜了进来，笑着说道：

“父亲，你只在那里说笑话哩，你的客人在哪里？”但是她一头说一头早已看见了那丰神奕奕的少年。她不觉站定了待着，黑尔勃郎趁此时机，也将他面前安琪似的美人的影像，一口气吸了进去，领起精神赏鉴这天生的尤物，因为他恐怕过一会儿她也许会害臊躲了开去，他再不能眼皮儿供养。但是不然，她对准他看了好一会儿，她就款款的走近他，跪在他前面，一双嫩玉的手弄着他胸前挂着的金链上面一个金坠，说道：

“你美丽、温柔的客人呀！你怎样会到我们这穷家里来呢？你在找到我们之前，必定在世界漫游过好几年！美丽的朋友呀！你是不是从那荒野的森林里来的？”

美好爱情是高尚的情感体验。如罗曼·罗兰称道贝多芬对已婚的丹莱莎的爱情体验，“到处都是光明和纯洁”，志摩的康桥情诗里也“保存了他一生中最明朗的日子的香味”。这一时期他的诗情“真有些像是山洪暴发，不分方向地乱冲”，“生命受到了一种伟大力量的震撼，什么半成熟的未成熟的意念都在指顾间散作缤纷的花雨”（《猛虎集·序》）。事实上，徐志摩从不主张在感情正烈的时候写诗。他擅长趁炽热的情绪经过理性洗涤、沉静思索之后，及时下笔捕捉住刹那间的灵动。可他实在太急于表达了：“就只那一春，我的生活是自然的，是真愉快的！我那时有的是闲暇，有的是自由，有的是绝对单独的机会。说也奇怪，竟像是第一次，我辨认了星月的光明，草的清，花的香，流水的殷勤。”他捧着一个恋爱，如捧着一颗鲜活跳动的心，只一味大声地宣布：

我有一个恋爱，——
我爱天上的明星，
我爱他们的晶莹：
人间没有这异样的神明。
在冷峭的暮冬的黄昏，
在寂寞的灰色的清晨。
在海上，在风雨后的山顶——
永远有一颗，万颗的明星！
山涧边小草花的知心，
高楼上小孩童的欢欣，
旅行人的灯亮与南针——
万万里外闪烁的精灵！
我有一个破碎的魂灵，
像一堆破碎的水晶，
散布在荒野的枯草里——
饱啜你一瞬瞬的殷勤。
人生的冰激与柔情，
我也曾尝味，我也曾容忍，
有时阶砌下蟋蟀的秋吟，
引起我心伤，逼迫我泪零。
我袒露我的坦白的胸襟，
献爱与一天的明星，
任凭人生是幻是真，

地球在或是消泯——

太空中永远有不昧的明星！

徽因之于志摩，是那阵“奇异的风”和那片“奇异的月色”，是偶然投影在碧波之上的云影，她是他“生命灵感的源泉”（《再见吧，康桥》），她的“明艳，在路过时点染了他的空灵”（《云游》），点燃了他的“爱的灵感”：“我再不能踌躇：我爱你/从此起，我的一瓣瓣的/思想都染着你/在醒时，在梦里/想躲也躲不去/我抬头望，蓝天里有你/我开口唱，悠扬里有你/我要遗忘，我向远处跑/另走一道，又碰到了你！……”诗人用情之烈，甚至于“令人感悚”，爱的本体那么猛烈、纯粹，又像正午的阳光，直射心底，十六岁的少女逃不开、躲不掉。

1920年春，当林长民携女徽因远游欧洲时，“第一要汝多观察诸国事物增长见识。第二要汝近我身边能领悟我的胸次怀抱……第三要汝暂时离去家庭烦琐生活，俾得扩大眼光，养成将来改良社会的见解与能力”。英伦期间古典少女情窦已开，正渴望“一个浪漫聪明的人走来”，星辉斑斓的热恋季节，美丽的姑娘在康桥做了很多梦。“她是被徐志摩的性格、他的追求和他对她的热烈感情所迷住了”，“她爱慕着他，并对他打开她的眼界和唤起她的新的感情和向往充满感激”（费慰梅：《梁思成与林徽因》）。他们的恋爱，与景仰、感激，与求知、诗意交融在一起，因而非常注重文学因缘。林徽因也饮着英国浪漫派诗歌的甘露生成了其诗人气质，她必定和志摩一样曾栖息在华兹华斯式的浪漫的诗境枝头上，迷醉在康河的柔波里做过梦。湖畔诗人们在徐身上唤起的渴望、理想或自我醒悟、提升又转达给了林家小姐。她早期空灵、淡雅的诗歌，蕴含了多少中西文化的情致，所流露的情感的真挚、细密和纯净，以及表现形式上的至诚与纯美，明显带着徐志摩新诗的艺术印记。多年以后，徽因用流利的英语进行题材广泛、充满激情的谈话，可能就是他们之间生动对话的回声，那在她作为一个小女孩游访伦敦时就打开的一个广阔的世界。她关于徐的记忆，也总是和文学大师们联系在一起：雪莱、济慈、拜伦、凯塞琳·曼斯菲尔德、弗吉尼亚·伍尔夫……徽因的终生美国挚友费慰梅女士称：“在她的挚爱中他可能承担了教师和指导者的角色，把她导入英国的诗歌和戏剧的世界，以及那些把他自己也同时迷住的新的美、新的理想、新的感受。就这样他可能为她对于他所热爱的书籍和喜欢的梦想的灵敏的反应而高兴。他可能编织出一些幻想来。”(《梁思成与林徽因》)

志摩成了林家的常客。晚归路上，他们沿着石板路缓缓走，浓雾从四周弥漫上来，她默默听他说话，看他戴帽镜片后深不可测的眼睛，发现他笑的时候很沉郁；康河月夜，他们在剑桥古典浪漫的怀抱里泛舟相拥，笙箫沉默的音韵飘荡开，她回忆他隔天寄来的信，学习他的才情、风雅，知道他的一往情深。那时的他们当真是爱了，志摩一定说过：“我懂你像懂自己一样深刻。”徽因则纯净地望着他，点头：“我信。”徽因心里有了光。我们热烈恋爱的青年诗人，最天真、诚实的理想主义者，就像——

着了魔一般：
我跌进去了！
在康河的那一晚！
我爬不上岸！
我连一根浮木都找不着！
漩涡把我整个人都旋进去！
我挣扎！
可是水草更绊着我
我喘不过气，几乎窒息！
然后，我放弃！
我感觉到自己沉
又沉
沉到一种莫名的狂喜和痛苦！
我想我是回不去了！

完全是典型的英美戏剧式的直白而浓烈的表达，恣意狂放，浓郁盎然！

此地彩虹般初恋的咏叹调，披着情爱的外衣，透着志摩对于人生的单纯信仰。他的爱、自由和美的追求，两年的康桥留学生活里凝结成一种理想的人生形式，一个与心灵、体态俱美的女子自由结合的梦。在《读雪莱诗后》中，徐志摩说美是“宇宙之大灵”“上帝之精神”，当他强调美是和谐和内在精神统一的时候，却只专注于个体内心及女性的柔美：“从一切的经验中领略美的实在；从女性的神秘中领略最纯美的实在。女性是天生的艺术材料，可以接受最幽微的音波的痕迹，可供诗人的匠心任意的裁判。一个女子将去密会她的情人时的情态；她的语言，她的姿势，她的突然的兴奋与骤然的中止，她的衣裳泄露着她的肌肉的颤动，她的颊上忽隐忽现的深浅的光泽，她的热烈的目光放射着战场上接刃时的情调，她的朱红的唇缝间偶然逸出的芳息：这是艺术家应该集中他观察的对象。”（《艺术与人生》）他在现实中发现的美的诗神——林徽因，“像阿尔帕斯山岭万古不融的雪”（《曼殊斐儿》），又仿佛在冷静的溪水里横斜的梅花的影子，“斜靠着晓风，万种的玲珑”（《爱的灵感》），仙姿飘来，如沐春风，她身上有着艺术家的全部气质，可供静观默察，唤起诗艺灵感：

她是睡着了——
星光下一朵斜欹的白莲，
她入梦境了，
香炉里袅起一缕碧螺烟。
她是眠熟了——
涧泉幽抑了喧响的琴弦，
她在梦乡了——
粉蝶儿，翠蝶儿，翻飞的欢恋。
停匀的呼吸：
清芬渗透了她的周遭的清氛；

有福的清氛，
怀抱着，抚摩着，她纤纤的身形！
奢侈的光阴！
静，沙沙的尽是闪亮的黄金，
平铺着无垠，——
波粼间轻漾着光艳的小艇。
醉心的光景：
给我披一件彩衣，啜一坛芳醴，
折一支藤花，
舞，在葡萄丛中颠倒，昏迷。
看呀，美丽！
三春的颜色移上了她的香肌，
是玫瑰，是月季，
是朝阳里水仙，鲜妍芳菲！
梦底的幽秘，
挑逗着她的心——纯洁的灵魂——
像一只蜂儿，
在花心恣意的唐突——温存。
童真的梦境！
静默；休教惊断了梦神的殷勤；
抽一丝金络，
抽一丝银络，抽一丝晚霞的紫曛；
玉腕与金梭，
织缣似的精审，更番的穿度——
化生了彩霞，
神阙，安琪儿的歌，安琪儿的舞。
可爱的梨涡，

解释了处女的梦境的欢喜，
像一颗露珠，
颤动的，在荷盘中闪耀着晨曦。

诗人看到“星光下一朵斜欹的白莲”，听到“涧泉幽抑了喧响的琴弦”，抚摩“她纤纤的身形”，闻见“清芬渗透了她的周遭的清氛”，幻想着“在花心恣意的唐突”……调动不同的意象与景象展示徽因的纯美，把语言官感和炽热柔情融为一体，字句间的情感干净、纯美却逼人而来，心志坦荡情浓，踏着古典音乐的想象力，进入了诗的迷狂之境。这正是志摩从浪漫主义得来的“美的启发”，他学习着把“美的刹那感悟转化为生命韵动和灵魂旋律”，美神注入诗人心间的光芒宁静、悠长、深邃、崇高、超凡脱俗，叫他感动、颤栗、沉醉、入迷，还激起阵阵难以言说的惆怅和渴望。志摩对美的追求致力于展示“五四”之后新诗所要负载的新个体生命激情的新体验、新发现，因而饮誉当世。

又一首《月夜听琴》，也留下了康桥时期徐、林相识相恋的凭证：热恋中的诗人独步静听恋人的歌声，“和着悲缓的琴音”，“我听，我听，我听出了/琴情，歌者的深心。枝头的宿鸟休惊/我们已心心相印”，然而：

休道她的芳心忍，
她为你也曾吞声，
休道她淡漠，冰心里
满蕴着热恋的火星。
记否她临别的神情，
满眼的温柔和酸辛，
你握着她颤动的手——
一把热恋的神经。
记否你临别的心境，
冰流沦彻你全身，

满腔的抑郁，一海的泪，
可怜不自由的魂灵！
松林中的风声哟！
休扰我同情的倾诉，
人海中能有几次
恋潮淹没我的心滨？
那边光明的秋月，
已经脱卸了云衣，
仿佛喜声地笑道，
“恋爱是人类的生机！”
我多情的伴侣哟！
我羡你蜜甜的爱唇，
却不道黄昏和琴音
联就了你我的神交。

月夜听琴是言情的典雅意象，伯牙子期闻高山流水而知音相遇，文君相如闻凤求于凰而琴瑟相和。南宋有著名琴师汪元亮写同名《月夜听琴》：“如此良辰，求空月圆。君弹山鬼，我拊水仙。”志摩诗也以夜为幕，却变痛苦为声音意象，在寰宇寂灭时响起心灵思念的悲哀弦歌，更以具象的凄风、冷雨、落花外化，迅疾的旋落中跳动着密集的情绪节奏，与荒街、柳梢、残月汇聚成一幅独孤凄清的感觉图景。月夜黄昏之时的琴音，“联就了你我的神交”，回荡起那段凄美爱恋，可久久萦绕于诗人心头的爱慕与追求，掺杂了徽因不予回应的无奈，和身受婚姻牵绊的困惑，“恋爱是人类的生机”，无奈触动了世俗舆论的暗礁。在30年代香山养病期间，徽因发表了第一篇小说《窘》，尝试用男性的角度表达自由恋爱在社会上受到的无形压力，当中细腻刻画34岁的教授维杉对他朋友的16岁小女儿芝的窘迫爱恋，敞露了她与志摩当年的关系，“是作者在理智上所极明了，在感情上极能体验得出的情景或人性”。相对纯净天真而不以道德谪人的徐诗人,文中对年龄差异的确认、对伦理教育的遵守,维杉之窘倒更像是林徽因的。

且不论林徽因在英与志摩是否有论婚嫁之意(参见陈从周《徐志摩年谱》),徐则甘冒天下之不韪,要为她做“天神似的英雄”:“这石是一堆粗丑的顽石/这百合是一丛明媚的秀色/但当月光将花影描上石隙/这粗丑的顽石也化生了媚迹。我是一团臃肿的凡庸/她的是人间无比的仙容/但当恋爱将她偎入我的怀中/就我也变成了天神似的英雄!”1922 年 3 月,志摩赴柏林,经金岳霖、吴经熊作证,与原配妻子张幼仪正式解除婚姻关系。三个月后,写下一生唯一送幼仪的诗《笑解烦恼结》,夸张而热烈地抨击“忠孝节义”“把人道灵魂磨成粉屑”,使“四万万生灵,心死神灭,中原鬼泣”;只“消除了烦恼”,才“此去清风明月,自由道风景好”。11 月在《新浙江》副刊发表《徐志摩、张幼仪离婚通告》,打开了中国近代史上文明离婚之先河。

恩师梁启超在他熟知的稳定世界里,为安置传统伦理的位置而致信苛责时,志摩以“求良心之安顿,求人格之确立,求灵魂之救度耳”的姿态慨然回曰:“我尝奋我灵魂之精髓,以凝成一理想之明珠,涵之以热满之心血,明照我深奥之灵府。……我将于茫茫人海中访我唯一灵魂之伴侣;得之,我幸;不得,我命,如此而已。”此即“康桥觉醒”的主要内涵。完全出于浪漫主义诗人的情感逻辑(孙绍振:《徐志摩的情书和中国的男性沙文主义》),他以离婚为“真生命”“真幸福”“真恋爱”不得不为的行为,“亦必自奋斗自求得来”,爱情的奋斗成了时代的使命,以致从包办婚姻之累突围而出时,有失于人道。当徐志摩坠入一生的道德低谷,现代诗坛上飞出了一只“歌唱的痴鸟”,拍着美丽的羽翅,动着婉转的喉咙,上天入地,一派真纯、潇洒、诚朴。

看他大胆而炙热的《情死》:

……

你的颜色,是我视觉的醇醪;我想走近你,但我又不敢。

青年!几滴白露在你额上,在晨光中吐艳。

你颊上的笑容，定是天上带来的；可惜世界太庸俗，不能
供给他们常住的机会。
你的美是你的运命！
我走近来了；你迷醉的色香又征服了一个灵魂——我是你
的俘虏！
你在那里微笑，我在这里发抖，
你已经登了生命的峰极。你向你足下望——一个天底的深
潭！
你站在潭边，我站在你的背后，——我，你的俘虏。
我在这里微笑！你在那里发抖。
丽质是命运的命运。
我已经将你擒捉在手内：我爱你，玫瑰！
……

玫瑰芳馨、相悦如诗的恋爱场景，由静态沉迷而终于波澜千里，面对爱时那种骚动不安、热烈缱绻，面对美时性灵的彻悟、心志的纯熟，揭开了一个世纪前著名爱情之谜底。徽因是诗里微笑的玫瑰："玫瑰！我顾不得你玉碎香销，我爱你！"新月般的诗人徐志摩为爱勇往直前，他所要追求至善至美的爱情，真诚而执著，"寻常评价的衡量在他手里失了效用，利害轻重他自有他的看法，纯是艺术的情感的脱离寻常的原则"（林徽因：《悼志摩》）。志摩认为："伟大的灵魂们是永远孤单的，不是他们甘愿孤单，他们是不能不孤单，他们的要求与需要不是寻常人的要求与需要，他们的评价标准也不是寻常的标准，他们在人间来一样的需要爱，要安慰，要认识，要了解，但不幸他们的组织有时太复杂，太深奥，太曲折，这浅薄的人生不能担保他们的满足……一个诗人，一个艺术家，却往往不能这样容易对付，天才是不容易伺候的，在别的事情方面还可以迁就，配偶这件事最是问题。"（《白朗宁夫人的情诗》）求充分的完全的生命，求情感的满足、自我的实现，在一个艺术的理想主义者面前，

"爱是实现生命之唯一途径"。志摩诗的思想的核心,正如林徽因说的,是他的散落在人间的"思想的片断","那玉泉里潺潺流动的水"。

梁实秋曾对胡适的定论进行阐释,把志摩"爱、自由与美"三个条件混合在一起,构成一个对于美妇人的追求。温源宁在《徐志摩——一个孩子》中说:"他对理想美人之专一,好像一个光明的夏天的白日里阴影的移动,志摩也在女友中踪影靡定。可是这些阴影是由一个太阳造成的,所以志摩的爱也仅仅为了一件东西——他的理想美人的幻象。对于这,他永久是一个忠实的信徒。"一个罔顾亲友诘难的人夫人父,兴高采烈地对离了婚的妻子连声道谢;一个离婚的儒雅才子倾慕已婚的社交名旦并最终结成连理,徐的诗人孩子气尽显无疑。此时的少女林徽因,是否就是他所追求"爱""美""自由"的现实参照,一个理想化和诗意化了的"幻象"?

她留学英美,兼备中西文艺,秉有大家闺秀的风度,又具备中国传统女性所缺乏的独立精神和现代气质。在北京的文化圈里,徽因一直以才貌双全而闻名。她在舞台上饰演美丽的角色,折射着那个时代的文化风尚,老诗哲泰戈尔都惊艳于伊人摇曳。她是"京派的灵魂",在香山的烟霞中灵感翩跃,写下清丽的寄情诗行,以一股巨大的"凝结力量"在"太太客厅"或朱光潜"读诗会"谈锋敏锐;她是谱写"凝固音乐"的人,在建筑领域里寻觅历史的遗像,拖着空洞的肺叶,扶老携幼奔走于日机空袭的长沙,流亡到四川李庄,曾踩烂泥、坐驴车、住鸡毛小店,惹一身跳蚤,或爬上风蚀了数百上千年的高塔测量。她病体羸弱,性情忧愁,与女人们不太合群,又无意惹下不少男人的情债……一身诗意的徽因啊,仿佛永远笼罩在十六岁的英伦雨雾里,这聪慧娴雅的好女子,是绝世诗人心中的绝世佳人,像康桥古老的学院建筑和静谧的绿色田野一样,迷住了他。林1936年写《蛛丝和梅花》言志摩之爱如蝶恋花,是"同花恋爱":"所以未恋时的对象最自然的是花,不是因为花而起的感慨——十六岁时无所谓感慨——仅是刚说过的自觉解花的情绪,寄托在那清丽无语的上边,你心折它绝韵孤高,你为花动了感情,实说你同花恋爱,也未尝不可——那惊讶狂喜也不减于初恋。"也说:"徐志摩当时爱的并不是真正的我,而是用他的诗人的浪漫情绪想象出来的林徽因。”她已经意识到理想与现实间的错位,爱情与婚姻中不重合的一面,以及“五四”个性解放在伦理上的缺陷。

自邂逅林于伦敦,志摩陷入了爱潭,不能自拔,“我决意要取得她,就使我的身躯丢失在火焰里,我的残毁的翼子永远在无尽的黑夜里振悸,我决意取得她”(《明星与夜蛾》),并由相识、相恋变成了不能自已地、热情狂放地满腔歌唱:“原先我在人前自觉竟是一注的流泉,在有飞沫,在有闪光。”(《自剖》)“这时候心得像歌曲/由山泉的水光里闪动/浮出珠沫,溅开/山石的喉嗓唱。”(林徽因:《秋天,这秋天》)以后的事实证明,他在英伦对徽因的爱慕与追求,非是喜新厌旧、见异思迁的一时冲动,而寄爱恋于宁静的明星,是从赞颂永恒的角度,表达的“追求光明的决心”:“我有一个恋爱/我爱天上的明星/我爱他们的晶莹/人间没有这样的神明。”(《我有一个恋爱》)在他不顾一切、舍命追求的理想人生里,爱以一种更高的层次——信仰的方式存在着。

大哲罗素之一生,“是由三种单纯而强烈的热情支配着:对爱情的渴望、对知识的探求以及人类苦难的难以遏止的同情”。华兹华斯也认为:“我们靠着活命的是:敬仰、希望和爱情。”游学海外的志摩轻而易举地学会了西方作家们特有的自由书写的快感、唯美、哲思,和诗情的婉转、飘逸、灵动,他在散文《秋》里感叹:“我们靠着活命的用一个诗人的话,是情爱、敬仰心、希望,这话又包含一个条件,就是说世界的人类是能承受我们的爱,值得我们的敬仰,容许我们希望的。”徽因为这表白加了更明确的注解:“献出我最热的一滴眼泪/我的信仰,至诚,和爱的力量/永远膜拜/膜拜在你美的面前!”(《激昂》)他们那一代文人,往往融合西方文学的思潮影子,同时传统的影响也在潜移默化地发生着、牵制着,在两种文化的交织中,最终成为“中西合璧的宁馨儿”。志摩首先躬尝了自由恋爱的甜美感觉,亲炙剑桥人文的启蒙熏陶,体验英国诗歌的浪漫热情,脱胎换骨似的,迷恋于对诗化生活、纯粹美感的终极向往;他“都在指顾间散作缤纷的花雨”的早期新诗,是如何让徽因“懂得那狂放”、爱上那“不经意的凌乱”(《秋天,这秋天》)?她在《究竟怎么一回事》

里说：

> 我们仅听到写诗人自己说一阵奇异的风吹过，或是一片澄清的月色，一个惊讶，一次心灵的震荡，便开始他写诗的尝试，迷于意境文字音乐的搏斗，但是究竟这灵异的风和月，心灵的震荡和惊讶是什么？是不是仍为那可以追踪到内心直觉的活动；到潜意识后面那综错交流的情感意象；那意识上理智的感念思想；以及要求表现的本能冲动？灵异的风和月所指的当是外界的一种自然现象，同时却也是指它们是内心活动的一种引火线。诗人说话没有不打比喻的。

徐诗写作不再是严格的精神再生的悲愤历程，完全由内心活动牵引，言志、缘情的传统也相互契合在追求一个美丽温婉的女性形象上，“对于心灵流浪的文人来说，她承载了文人‘沉沦—倾诉—再生—认同’这一精神复活的过程”（王正：《悟与灵感——中外文学创作理论比较研究》）。志摩心中的女神固然是一种心象大于物象的存在，当不断寻觅的理想概念和现实相遇、相识以至相恋，不止你我相即相入，连康桥实景也融化进了灵质的无间相契的理想境界之中。徽因用“浪漫”“情绪”“想象”等专门术语描绘诗人心中的自己，也引导我们回归湖畔诗派的理论来落实其真正含义：“从习焉不察的昏慵中，以唤醒心灵的注意力，并将这心灵的注意力导向我们所面对的世界之美好与惊羡，从而给予日常的事物一种新奇的迷人魅力，并激起一种类似于超自然的情思。”（柯勒律治：《文学传记》）“情思”，即引发自心灵的回忆能力与观照能力，徐透过诗歌的描写忠实于客观的景色与人物，是“借着一种对自然之真理的坚决忠诚，与借着对想象力之缤纷的修饰，散发在已知与熟稔的景致上”，谁说与真实相关联的想象和沉思经不起考量？

如膜拜大自然或爱一样，徐志摩对徽因流露出的浓烈迷醉是毋庸置疑的。她的倩影映在康河的柔波里，随着西天的云彩、河畔的金柳、波面的斜阳暮色，时刻荡漾在诗人心头。那软泥上的青荇、斑斓的星辉、一条条漫溯的水草、榆荫下的一潭潭清泉、揉碎在浮藻间的天上虹，沉淀成志摩一生的梦境。徽因就是徐志摩寻梦一生的夕阳中的新娘。在20年代的康桥时期，罗素给了他敏锐的社会意识，曼殊斐儿给了他纯正的艺术感觉，林徽因则是他寻寻觅觅的理想的美的诗神，催发其精神的新生，拨动其歌诗的魂灵，给了他思索的空间和毕生的诗意与灵感。后来，爱也呼唤出来林徽因诗的灵性——她在志摩的影响下涉足诗坛，带着文艺复兴的色彩，用英语探讨英国古典文学或中国的新诗创作，终能娴熟自如地游弋于古典主义、浪漫主义与现代主义的诗歌海洋。她贯穿在徐志摩一生的诗文中的"康桥情结"，俨然他生平最爱慕的理想化的"曼殊斐儿"："重要的是给我最纯粹的美感的——The purest aesthetic feeling——她；是使我使用上帝给我那管进天堂的秘钥的——她；是使我灵魂的内府里又增加了一部宝藏的——她。"(《曼殊斐儿》)在《我所知道的康桥》一文中，更称之为"纯粹美感的神奇"！至少契合了他诗意的生命历程，诗人的情思让徽因"间接的永生"，也清清爽爽地以一个大写的诗人从历史深处走来。

罗素《性爱与婚姻》一书中专门写了"浪漫的爱情"，"极难得到又十分珍贵"。徐志摩一生都在匆忙、疲惫地追逐徽因的行迹，为她休妻弃子，为她撩开西山的病痛，为听她的报告而殒命开山，"浪漫的爱"最终升华成了"永恒性的梦"，提供了一种感人的人生范式。

你是谁呀？
面熟得很，你我曾经会过的，
但在哪里呢，竟是无从记起；
是谁引你到我密室里来的？
你满面忧怆的精神，你何以
默不出声，我觉得怅有些怕惧；
你的肤色好比干蜡，两眼里
泄露无限的饥渴；呀！他们在

迸泪，鲜红，枯干，凶狠的眼泪，
胶在睚帘边，多可怕，多凄惨！
——我明白了：我知晓你的伤感，
憔悴的根源；可怜！我也记起，
依稀，你我的关系象在这里，
那里，云里雾里，哦，是的是的！
但是再休提起；你我的交谊，
从今起，另辟一番天地，是；呀，
另辟一番天地；再不用问你
——我希冀——“你是谁呀”？

为赢得一个对等的自由身份和位置，志摩清扫了心灵深处最圣洁的土地，“自由离婚，止绝苦痛，始兆幸福”。他急迫地要以自由之身见到林徽因，待狂奔至林家，方知爱人已随父回国而去了。孤寂的志摩沦落在伦敦淅沥细雨和阴霾里，诗人失恋了！

曾经表彰爱情的《春》之诗，成了爱而无果的秋天的《私语》，蓄满爱情失落的悲凉：

秋雨在一流清冷的秋水池
一棵憔悴的秋柳里
一条怯懦的秋枝上
一片将黄未黄的秋叶上
听他亲亲切切喁喁唼唼
私语三秋的情思情事，情语情节
临了轻轻将他指落在秋水秋波的秋晕里，一涡半转
跟着秋流去
这秋雨的私语，三秋的情思情事

情诗情节，也掉落在秋水秋波的秋晕里，一涡半转
跟着秋流去

清幽、婉丽的清秋时节，私语的是什么人？秋雨溅在清冷的水波，映出一对相互低语倾诉的恋人。私语的是什么话？秋风拂过凋零的柳叶，听见了他们的"情思情事"。诗人的笔太清新文雅、婉转柔美，侧面描写的环境和氛围，罩上一层迷人的面纱，似隐若现，雾里看花，太适合回味爱的遗失。那时康河，徽因在月下清辉湖波塔影里静极了的影子不再，"明月泻影在眠熟的波心"，抬头只见"满天稠密的黑云与白云"(《月下雷锋影片》)，我们失恋的诗人徘徊忧伤，独自构想不可得之境，有云，有月，有水，有塔影，云的飘忽，水的随形而动，月在波心的投影，塔影在水中的粼粼波纹，创造了一个轻灵缥缈、神秘空蒙的"完全的梦境"，幻想还能与恋人轻舟水上，梦寐相随。志摩对自然的钟爱以及宇宙间秘密的推崇，使他的诗永葆着美的情致与活力，何况又是"新诗人中最善于创造罗曼蒂克的情爱氛围的情歌手"(毛迅:《徐志摩论稿》)，淡淡的哀愁，浓浓的向往，"爱恋的柔情蜜意被童话的山水烘托到了至善至美的境界"：

深深的黑夜，依依的塔影，
团团的月彩，纤纤的波粼——
假如你我荡一支无遮的小艇，
假如你我创一个完全的梦境！

十六岁的姑娘不过是父亲身边的一个女学生，"当徐志摩以西方式诗人的热情"(梁从诫:《倏忽人间四月天——回忆我的母亲林徽因》)对她表示倾心的时候，在精神上、思想上或生活体验上，她是否会产生对等的感情？徽因或许深知接受志摩将面临怎样的非难："时代把握不住时代自己的烦恼。——轻率的不满，就不叫它这时代牢骚——偏又流成愤怨，聚一堆黑色

的浓烟，喷出烟囱，那矗立的新观念……”（《古城春景》）无疑地，他的出现却是她生活里的一个“奇遇”，尤其当这段恋情纠葛从道德层面向艺术价值倾斜，联接起彼此的诗文创作，是既属于“私人空间”又存乎“公共空间”的，关系着他们许多重要作品的诠释和现代文学史的某些重要史实。那个时代的人对于自由恋爱、真挚爱情和理想婚姻的追求，原来是这般模样！前辈们被时代精神和文化所聚焦的道德与情感，竟有如是宽阔深刻的内涵，其中包含着责任与担当。伦敦的相逢别离，与志摩的婚史或激烈的求爱方式，徽因的年少或潜藏于心的义愤。（基于生母同样被弃的处境，她多次谈及残缺的家庭生活带来的苦痛：“……我知道自己是个幸福而走运的人，但是早年的家庭战争已使我受到永久的创伤，以致其中任何一点残痕出现，就会让我陷入过去的厄运之中。”）与林、梁两家的父母之命皆有关，他们的爱情在家庭、时代的种种机缘、思量和考验之下变得纠结、彷徨。只期望不忘彼此初心，以便用众所周知的琐碎史料逼近历史事实，作出回应于我们这个时代价值观的新断语。

另外一个有意思的说法是，徽因几个颇具家学传统的姑姑看不起新诗，也极不欣赏写作新诗的徐志摩，遂强烈反对他们往来。可怜痴情的诗人一心做个“天神似的英雄”，对于自己爱情路上的敌人究竟都在哪儿，其思想准备恐怕一直很不充足。

志摩继续在剑桥完成学业，心却早已远行。他躺在茵茵的绿草上，遥望天际努力勾勒那清秀的面庞和静谧的神态；星辰灿灿的夜晚撑篙上河，忍不住要与那飘忽清亮的声音痴痴地对起诗来。志摩康桥初期创作的新诗，完全高歌自然之美、情爱之美，他通过妙悟康桥终至梦想焕发、灵性启迪，“口里不住地唱着星月的光辉与人类的希望”，诗里满溢对爱情、自由、更新、灵性的向往。志摩最初来自19世纪英国浪漫派的诗思、诗艺，犹如孩子纯真的性灵一样带着宗教虔敬般的色彩，面对难以世俗长留的爱情，他思索自然与人生的定律，明了启示与警醒的意义，复归人性的意识里更印着献身的色彩和抗击的勇气。他把诗中的歌咏化作现实中的身体力行。又在夜的静谧中，当爱人远归了，康桥抚平了诗人的焦灼和爱而不得的痛苦。

1922年8月，徐志摩终于中断学业踏上归途，首次告别康桥。行船途中写就112行长诗《康桥，再会吧》，已经把康桥比作自己的“慈母”，比作永远的“精神依恋之乡”了：“我精魂腾跃，满想化入音波/震天彻地，弥盖我爱的康桥/如慈母之于睡儿，缓抱软吻/康桥！汝永为我精神依恋之乡！”志摩从康桥开始了他短暂人生的“自为的存在”，几乎“变气息，脱凡胎”（《吸烟与文化》），他所有关于康桥的文字，都充满着感激、称颂乃至膜拜，康桥是他“灵魂之伴侣，理想之明珠”，是“难得的知己”“理想生命的鲜花”“缠绵的梦境”和“生命的泉源”……“这心灵深处的欢畅，这情绪境界的壮旷；任天堂沉沦，地狱开放，毁不了我内府的宝藏”。（《康河晚照即景》）八十年后，康河之畔立起一方来自中国北京的白色大理石碑，上刻《再别康桥》的首尾四行诗，可不是诗人“理想生命的鲜花”的重塑，或“缠绵梦境”的重现？康河，摇曳着十六岁林徽因的永恒倩影，被志摩的世纪之恋滋润成一条爱河。在热情奋发的青春，在恋爱的离别季节，我们的诗人有如此愿望：“设如我星明有福，素愿竟酬/则来春花香时节，当复西航/重来此地，再捡起诗针诗线/绣我理想生命的鲜花，实现/年来梦境缠绵的销魂足迹……”是的，康桥再会吧！

康桥！山中有黄金，天上有明星，
人生至宝是情爱交感，即使
山中金尽，天上星散，同情还
永远是宇宙间不尽的黄金，
不昧的明星；赖你和悦宁静
的环境，和圣洁欢乐的光阴，
我心我智，方始经爬梳洗涤，
灵苗随春草怒生，沐日月光辉，
听自然音乐，哺啜古今不朽
——强半汝亲栽育——的文艺精英；

恍登万丈高峰，猛回头惊见
真善美浩瀚的光华，覆翼在
人道蠕动的下界，朗然照出
生命的经纬脉络，血赤金黄，
尽是爱主恋神的辛勤手绩；
康桥！你岂非是我生命的泉源？
你惠我珍品，数不胜数；
……
难忘榆荫中深宵清啭的诗禽，
一腔情热，教玫瑰噙泪点首，
满天星环舞幽吟，款住远近
浪漫的梦魂，深深迷恋香境；
难忘村里姑娘的腮红颈白；
难忘屏绣康河的垂柳婆娑，
娜娜的克莱亚，硕美的校友居；
——但我如何能尽数，总之此地
人天妙合，虽微如寸芥残垣，
亦不乏纯美精神：流贯其间，
而此精神，正如宛次宛土所谓
"通我血液，浃我心脏，"有"镇驯
矫饬之功"；我此去虽归乡土，
而临行怫怫，转若离家赴远；
康桥！我故里闻此，能弗怨汝
僭爱，然我自有谠言代汝答付；
我今去了，记好明春新杨梅
上市时节，盼望我含笑归来，
再见吧，我爱的康桥。

二　撑一支长篙,寻梦

徐志摩1922年到京时,“五四”热潮刚刚清洗了旧社会破败的文化残片呼啸而去,在新的、活的文化氛围中,他怀着“要守候一个馨香的婴儿出世”的政治愿景,想把“爱、美和自由的种子”移植到中国来。他一派心地清明,全力投入到创造新文学的事业中:“我们凭着想象的同情与绳勉的心力,可以领悟事物的真际,融通人生的经验,体会创造的几微。”放眼于民国文艺圈内派别林立,志摩渴望如欧洲的文艺复兴那样,整个社会集合成一股强大的力量,个人意志的自由行使导向对于文化启蒙之路的认同。“当我的感知活动事先不受任何动机制约时,反应将是带有评价性的象征行为,这是进行解释的唯一基础”,他提出“不妨害健康”和“不折辱尊严”的文艺原则(《新月的态度》),即不受任何文艺主张或派别制约,为无遮拦、无偏见地表达,写心理直觉,写风花雪月,也写切近观察社会民众生态的作品。志摩以纯真、自由的思想底蕴来把握艺术创作的价值,当时各种类型的文学作品得以在其主持的新月书店印刷,在北京或上海,他被亲切地通称为“我的朋友徐志摩”。

这种学术的宽容需要精神上的复苏和情感的回归:“感情是力量。不是知识。人的心是力量的府库,不是他的逻辑。……感情才是成江成河的水泉,感情才是织成大网的线索。”(《落叶》)“爱就像宗教一样(宗教本身也是神圣的宇宙的爱),是超越,是纯化,由于被那种神秘的力量所纯化,人凡俗的眼睛就能看见属于精神领域的图景,这种图景是实际眼光通常无法看到的;人的耳朵将充满庄严崇高的音乐,像浩瀚的海浪自天际滚滚而来。人的精神只有通过这样的升华超脱,以前无生气的潜在创造力才得以解放自己,以它自己选择的某种途径,努力认识自己的体积和形态。”(《艺术与人生》)诗人对情感力量的认识,本质上是一种可以达济天下的理解和善意,丰富的感情要求又与诗人的浪漫气度完美地结合在一起,他诗中之爱也带上了“博大的怜悯”(陈梦家:《纪念志摩》)如《拜献》中:“给宇宙一切无名的不幸/我拜献,拜献我胸肋间的热/管里的血，灵性里的光明/我的诗歌——在歌声嘹亮的一俄顷/天外的云彩为我们织造的快乐/起一座虹桥/指点着永恒的逍遥/在嘹亮的歌声里消纳了无穷的困厄！"

但不要误会了情感的高扬等同情感的放纵，相反，他不认同不受理性节制与调节的"滥情"，理智的缰绳掣肘着难以驾驭的感情野马，松弛有道，才好避免集体性的狂热之后往往造成的灾难后果。1923年春天，新月社成立，志摩依据泰戈尔诗集《新月集》起名，意在以"它那纤弱的一弯分明暗示着，怀抱着未来的圆满"。他梦想采用"轻轻的""悄悄的"方式，把鲜活、充盈的西方文明慢慢渗透进来，潜移默化地融入革新的时代行列。一开始，他确实很好地将轻轻、悄悄的觉悟化作了具体行动。

我们信仰情感的诗人，也急切要把成熟的心智、炽热的恋爱再献给她！

徽因在培华女中续学，已和任公长子梁思成交往起来。志摩来到林家，至书房畅叙而见一对联书："长者有女年十八，游学欧洲高志行。君言新会梁氏子，已许为婚但未聘。"梁林订婚"已有成言"，徐顿时陷入深深的痛苦中。他展开一张稿纸，信手写了心中的"一星弱火"：

我独坐在半山的石上，
看前峰的白云蒸腾，
一只不知名的小雀，
嘲讽这我迷惘的神魂。
白云一饼一饼地飞升，
化入了辽远的无垠；
但在我逼仄的心头，啊，
却凝敛这惨雾与愁云！
皎洁的晨光已经透露，
洗净了青屿似的前峰；
像墓墟间的磷光惨淡，

一星的微焰在我的胸中。
但这惨淡的弱火一星，
照射这残骸与余烬，
虽则是往迹的嘲讽，
却绵绵的长随时间进行!

他继续着康桥后期的淡淡忧郁、苦闷，一如1922年归国的船上浸透的相思深愁："一个失望的诗人，坐在河边一块石头上，满面写着忧郁的神情，他爱人的倩影，在他胸中像河水似的流动。"(《印度洋上的秋思》)盘根错节的关系，进退两难的局面和剪理不断、缠绵不休的深沉情愫，交织成志摩与徽因一生无法说与人知，只能流向诗里的秘密。徘徊在理智与情感的边沿，他困惑的内心只能敞露给她看：

枉然是理智的殷勤，
因为我不是盲目，
我只是痴!
但我爱你，
我不是自私。
爱你，但永不能接近你。
爱你，但从不要享受你。
即使你来到我的身边，
我许向你望，
但你不能丝毫觉察出我的秘密。
我不妒忌，不羡慕，
因为我知道你永远是我的，
它不能脱离我正如我不能躲避你。
别人的爱，我不知道，也无须知晓，

我的是我自己的造作，
正如那林叶在无形中收取早晚的霞光，
我也在无形中收取了你。

据梁实秋《赛珍珠与徐志摩》，梁、林每周在北海公园的松坡图书馆约会，志摩则时常去做不受欢迎的"第三者"。思成不得已在门上贴了一张谢客告示，"Lovers want to be left alone"（情人不愿受干扰），志摩只得怏怏而去。实则从1921年10月徽因自英返国起，十年间，在感情的世界里，他都算一个追梦者、一个苦行者、一个黯然神伤者。他对徽因的爱都于"可遇而不可求"之际，甘心情愿地、不可自拔地"沉迷于不可必得之梦境"中。如《希望的埋葬》所言："希望，只如今……如今只剩些遗骸可怜，我的心……却教我如何埋掩希望，我抚摩着你惨变的创作，在这冷漠的冬夜，谁与我商量埋葬……美是人间不死的光芒，不论是生命，或是希望！便冷骸也发生命的神光，何必问秋林红叶去埋葬。"志摩自述这诗"全篇的主义只是描写一个理想主义者临到了失望的境界却不肯投服绝望的情绪与悲怆，这一点是全诗之意"。写诗全是为了求不得的心境，写他无处不在的悲思："悲思莫在我……/心里——/心如古墟/野草不株/心如冻泉/冻结活源/心如冬虫/久蛰久噤/不，悲思不在我的心里。"（《悲思》）写他哽塞呜咽似的回忆、执拗痴迷的追求，写他的疑问、反省、自责和矛盾，甚至在爱而弥深、百无他法时卑躬屈膝地祈祷："这颗赤裸裸的心，请收了吧，我的爱神！/因为除了你更无人，给他温慰与生命/否则，你就将他磨成齑粉，散入西天云/但他精诚的颜色，却永远点染你春朝的/新思，秋夜的梦境；怜悯吧，我的爱神！"（《一个祈祷》）

待志摩认识了这一个容不得恋爱的怯懦世界，竟不惜"披散满头发""赤露一双脚"，决定"抛弃这个世界，殉我们的恋爱"，决定"听凭荆棘把我们的脚心刺透/听凭冰雹劈破我们的头/你跟着我走/我拉着你的手/逃出了牢笼，恢复了我们的自由"（《这是一个怯懦的世界》）。他指责、诅咒、起而战斗、挣脱，毅然突围到了一个与旧世界势不两立的理想海岛上：

人间已经掉落在我们的后背,——
看呀,这不是白茫茫的大海?
白茫茫的大海,
白茫茫的大海,
无边的自由,我与你与恋爱!
顺着我的指头看,
那天边一小星的蓝——
那是一座岛,岛上有青草,
鲜花,美丽的走兽与飞鸟;
快上这轻快的天庭——
恋爱,欢欣,自由——辞别了人间,永远!

好一幅美丽非常的幻境:有象征无边自由的“白茫茫的大海”,大海上有美丽的岛屿,岛上有青草、鲜花,有美丽的走兽与飞鸟,这是一个“恋爱、欢欣、自由”的“理想的天庭”,是所有人类孜孜求索、魂牵梦绕着的伊甸!俗世的诗人只有徐志摩配吟唱,严谨整饬的结构、灵活多变的形式、明朗激越的旋律以及情感想象的节制与简洁等艺术个性,都是非他莫有的。现实只是触动了志摩浪漫性灵的“元素”,一旦脱离苦闷的情感境遇,恋爱的诗自然获得了自己独立的品格和价值。

他写给徽因的情诗,如同东坡之词,可刚可柔,有豪情壮志,也有清约婉转,说侠骨柔肠也不过分,都怀着献祭一般的赤诚诗心,流光溢彩的诗句从笔端源源流出了。再如《月下待杜鹃不来》一首,月上枝头,人约黄昏后,独立小桥风满袖,先“看一回凝静的桥影”,又“数一数螺钿的波纹”,直盼得石栏上的青苔都“倚暖了”,遥望徽因,还迟迟未来……等至最后,诗人一片春心托于杜鹃,只见凝注了爱情悲剧的忠实鸟儿,暮春立夏之际啼哭泣血,不胜凄断,鸣则众芳皆歇:

看一回凝静的桥影，
数一数螺钿的波纹，
我倚暖了石栏的青苔，
青苔凉透了我的心坎；
月儿，你休学新娘羞，
把锦被掩盖你光艳首，
你昨宵也在此勾留，
可听她允许今夜来否？
听远村寺塔的钟声，
像梦里的轻涛吐复收，
省心海念潮的涨歇，
依稀漂泊踉跄的孤舟！
水粼粼，夜冥冥，思悠悠，
何处是我恋的多情友，
风飕飕，柳飘飘，榆钱斗斗，
令人长忆伤春的歌喉。

1924年4月，泰戈尔应梁启超、林长民之邀访华，徐、林二人常陪左右，频繁地接触，人称金童玉女。泰翁讲演，“祈年殿飞檐上的风铃，流水般摇响一片铜声的静穆，如一曲高远的梵歌，悠悠自天外飞来”；而志摩的翻译，则“用了中国语汇中最美的修辞，以硖石官话出之，便是一首首的小诗，飞瀑流泉，淙淙可听”。李欧梵在《中国现代作家的浪漫一代》中有最为传神的描述：“林小姐人艳如花，和老诗人挟臂而行，加上长袍白面、‘郊寒岛瘦’的徐志摩，有如苍松竹梅的一幅三友图。”康桥之恋延续到民国的上层文化圈，也成了美谈。而这一月刚开始，志摩在《晨报·文学旬刊》发表写于1923年秋天的《鬼话》，已向世人公开了对“慧珈”的呼唤——实为徽因之美而“神荡荡矣”！是散文，也可读成分行的诗，作为散文作者的徐志摩“文采华丽，连吐一长串珠巩”,其独特风格俨然“是诗的一种形式”:以长篇文、言交替而出,借月抒怀,当头一轮明月飞彩凝辉,月喻美人,清光泻地映海天苍茫,就像在神明注视下庄严地告白,志摩一颗赤子之心飞腾于斗牛之间,接履于云霄之外,气贯灵谷,鬼斧神工。且录其中几节:

但看我眼中有夏星与秋月;我感情有山岭之雄厚,仿佛大川之潮澜;我思想似山涧之清,似海之阔,似雷电之迅,似枝头好鸟之妙舌;我肢体似雏鹿,似春草,似春云;我想象似电似金似火,有天堂之瑰丽,有地狱之诡幻,有春日之和,有秋花之艳;我爱情如蜜,如蚕丝之不绝,如瀑,如常青之松析,如石之坚,如月之秘。

……

自然界种种事物,不论其细如涧石,暂如花,黑如炭,明如秋月,皆孕有甚深之意义,皆含有不可理解之神秘,皆为至美之象征。我爱汝,因汝亦美之征,我实隐敬畏汝,因亦具神之秘。汝手挽我臂,及汝行稍倦,我将以手承当腰。假令汝蹇不能行,我手必常承汝不辍;假令我盲不能视,汝亦必以至媚之词,状星与月与涧瀑,以娱我常阙之视。月或有盈昃,潮或有涨落,然我不能想象汝我历千难万苦所凝成之恋晶,遭受毫芒之挫损。

慧珈,汝我肉虽各体,灵已相和,嘻!汝其东望!美漪初升之满月,至烈至大,披靡云翳,若劲风铲叶。慧珈,忆否年前汝我之奋斗生涯,大敌小寇,巨难隐挫之梗汝我成功之径者,指不可数,然美满卒生于黑暗,若潜涧之骤睹光明,若此满月之出雾锢,自此长天晴朗,安行无碍。

慧珈,汝试以手觉我心搏,此方寸灵府碎而复全者再再三三,即汝手,此纤纤柔荏之手,亦尝亲傅利刃其中,幸而未殊,然草木不因春荣而怨冬杀,我慧珈仁勇犹天,即使寸寸磔我,成尘成灰,以散入广漠,我魂而有知,犹且感恋,况灾难终解,幸福大来,汝纤美之手,此日竟抚我怀，汝最美丽之灵魂，我竟敢呼为己有。慧珈，我乐良不可支，愿月常圆，愿汝常美，汝泪又盈盈汝眶，月辉出林我视甚清，可爱者泪也，我常呼为人间无价之珍珠。

5月8日迎来泰翁64岁生辰，祝寿会以新月社名义用英语演出他的抒情诗剧《齐德拉》(*Chitra*)，几乎浪漫派的中国作家、艺术家都聚集来了，连与新月诸君越来越分歧的鲁迅都不甘落后，当天记下："逮夕八时往协和学校礼堂观新月社祝泰戈尔氏六十四岁生日演《契忒罗》剧本二幕，归已夜半也。"台下高朋满座，台上，正是林徽因饰美丽的齐德拉公主，徐志摩饰演爱神：

南风把我拍抚睡了。从我头上的盛开的茉莉花亭里，无声的亲吻飘落在我身上。在我的发上、胸上、脚上，每一朵花都选定了一个长眠的床位。我睡着了。在熟睡中，忽然间我感到仿佛有热望的眼光，像火焰的尖指，摩触着我的慵困的身躯。我惊起看见那隐士站在面前。这时月已西斜，她正从叶间偷窥天工在脆弱的人身上所行的奇迹。空气里充满了芬芳；夜的沉静在和蟋蟀的鸣声合唱，树影宁静地挂在湖上，他拄杖站立，又高又直，一动也不动，像森林中的一棵树。我感到似乎在我睁开眼睛的一刻，我已经从生命的一切现实中死去，又在梦中转生于一片阴影的国土。羞怯像松散的衣裳一般滑落到我的脚下。我听见他叫——"我爱，我最爱的人!"我所有的被忘却的生命都聚在一切，来回答他的呼唤。我说："把我拿去吧，把我的一切都拿去吧!"我向他伸出双臂。月亮落到树后，一幅黑暗的帘幕遮住了一切。天地、苦乐、生死、时间和空间都融成一片难以承受的狂欢……在初闪的晨光、初鸣的鸟声中，我起来倚着左臂坐着。他还没有醒，唇上带着隐约的清晨新月般的微笑。黎明玫瑰红的光辉，落在他高贵的额上。我叹了口气站了起来，拉过藤萝的密叶，来遮住他脸上的流水般的阳光。我四周审视，景色依然如故，我想起我原是什么人，于是像一只害怕自己影子的鹿，穿过洒满木槿花的林径，不停地奔跑。我找到一个背静的地方，坐了下来双手掩面，我想哭泣，但是我眼里流不出泪来。(《泰戈尔剧作集·齐德拉》)

林小姐一口流利的英语清脆柔媚，真像一个外国好女儿，至于瘦竹般可怜的徐先生，爱神的角色也无法掩饰他内心的恐慌、激动。志摩私下告诉泰戈尔他深深热爱着徽因，老诗人眼中的他们那样默契、和谐，甚至于出面为之求情，可惜……泰翁只得作了小诗赠徽因："天空的蔚蓝，爱上了大地的碧绿，他们之间的微风叹了声：哎！"

那一晚的星辉斑斓里定是精彩的歌。还有礼堂入口处的风景，是陆小曼在发售演出说明书，她梳着一丝不乱的时式头，眉目若画，喉咙轻嫩，满面春风地招待来宾，尽显风雅宜人。不过当时志摩沉浸在诗剧的艺术氛围里，眼里心里只见可爱的"齐德拉"，两人的感情以文学为媒介，进入了一个更沉醉、深化的层次——在徽因的思想中，文学的审美价值也占了上风吧——他哪里有暇欣赏旁人？

"梅花一样的姑娘要与你分开。今晚的同台，却是你们的告别演出。"实际上泰戈尔在华时两人的短暂默契，令"真的"爱神在梁、林、徐三人之间做了最后抉择。志摩与徽因的恋人身份早已结束，"梅竹佳话"不妨理解为康桥之恋在艺术熏染下的不自觉流露。两人各自确定了方向，过往的热情却不能丢掉，于是沉淀为甜蜜忧伤的诗意。当年6月林徽因与梁思成正式订婚，之后双双赴美攻读建筑学。志摩随泰戈尔一行离京时，写给徽因的那封来不及拆阅的信，也被徐徐蠕动的列车载进了历史深处埋藏起来，直到70年代方重见天日：

我真不知道我要说的是什么话，我已经好几次提起笔来想写，但是每次总是写不成篇。这两日我的头脑只是昏沉沉的，开着眼闭着眼都只见大前晚模糊的凄清的月色，照着我们不愿意的车辆，迟迟地向荒野里退缩。离别！怎么的能叫人相信？我想着了就要发疯，这么多的丝，谁能割得断？我的眼前又黑了！

临行之际诗人掉落的泪，徽因没有伸手去接住，更没法用掌心去温暖，只睁睁地望着它溅落在尘土里，扎得心生生疼。

访日期间志摩连作18首组诗，后由新月书店重印时删去前17首，仅留最末，名《沙扬娜拉一首——赠日本女郎》。全诗五句之中，不见名词性主语，由描述性的句子写出"她"瞬间的神态。在诗人最超逸的想象中，始终与美、与真、与善分不开的，是徽因，是一朵不胜凉风的娇羞水莲，爱到难舍难分之时，有情人伫立在别离的路口，唯有平静地说声"再见"，"道一声珍重"了：

最是那一低头的温柔，
像一朵水莲花不胜凉风的娇羞，
道一声珍重，道一声珍重，
那一声珍重里有蜜甜的忧愁——
沙扬娜拉！

之后重洋远隔，康河底部的青荇不得不与夕阳新娘保持了水与岸的距离。志摩不间断地表达对徽因的苦苦思念，他还梦想做一条水草，或直接采买"一把莲蓬"。看吧："我来扬子江边买一把莲蓬/手剥一层层莲衣/看江鸥在眼前飞/忍含着一眼悲泪——/我想着你，我想着你/我尝一尝莲瓤，回味曾经的温存：——/那阶前不卷的重帘，掩护着同心的欢恋。"（《我来扬子江边买一把莲蓬》）剥开一层层莲衣，如同一层层剥开自己的心扉，心中仿佛又听到她的誓言："永远是你的，我的身体，我的灵魂。"他咀嚼着莲心，感觉自己的心比莲心还苦。难眠的长夜里，相思成病，病中惊起，梦见徽因做了新娘："我梦见你……呵/你那憔悴的神情！——/手捧着鲜花腼腆的做新人/我恼恨，我恨你的负心/我又不忍,不忍你的疲损/你为什么负心?我大声地呵问/但那喜庆的闹乐侵蚀了我的恚愤/你为什么背盟?我又大声地呵问/那碧绿的灯光照出你两腮的泪痕!”(《噩梦》)

徽因在美四年,饱尝留学生涯的清苦,加上来自梁家内部对婚事的质疑、苛责,憔悴不堪。1925年12月,林父长民在反对奉系军阀张作霖的战争中中弹身亡,情感愧疚、经济逼仄,理智自尊的徽因几次要弃学回国……“经过了好些变励的环境和心理”,她的情思和智识遭受锻造并艰难地成熟起来了,懂了、知了人世间的种种真情牵挂。在给胡适的信里,她满怀歉意和慈悲:“……回去时看见朋友们替我问候,请你告诉志摩我这三年来寂寞受够了,失望也遇多了,现在倒能在寂寞和失望中得着自慰和满足。告诉他我绝对的不怪他,只有盼他原谅我从前的种种的不了解。但是路远隔膜,误会是在所难免的,他也该原谅我。我昨天把他的旧信一一翻阅了,旧的志摩我现在真真透彻地明白了,但是过去的算过去,现在不必重提了,我只永远纪念着。”

志摩鼓励徽因写诗。他心疼她付诸心力换回的成熟:“谁说做人不该多吃点苦?——/吃到了底才有数/这来可苦了她,盼死了我/半年不是容易过!”他自己要把未果的思恋,用诗情画意深深包裹起来,要让生命和纯洁的爱不息不歇,随着进化的诗艺发酵、膨胀。他写了《两地相思》,首次引入叙事成分,创造戏剧场景,设置了冲突、情节、独白、对话等桥段,努力探索现代新诗的体式、情态、界限。一个场景是抒情主体悠悠思念:“今晚月儿弓样,到月明时/我,我如何能躲避!/我怕,我爱,这来我真是难/恨不能往地底钻/可是你,爱,永远有我的心/听凭我是浮是沉……”一个场景写爱恋偶像回心转意:“他待我倒是一片至诚/像竹园里的新笋/不怕风吹,不怕雨打,一样/他还是往上滋长/他为我吃尽了苦,就为我/他今天还在奔波,——/我又没有勇气对他明讲/我改变了的心肠!”一个心中的圣洁女神:“今晚的月亮像她的眉毛/这弯弯的够多情!/今晚的天空像她的爱情/这蓝蓝的够多深!”一个世俗的美丽女郎:“她这时候,我想,正靠着窗,/手托着俊俏脸庞,/在想,一滴泪正挂在腮边/像露珠沾上草尖……”两相对照,形成颇有意味的现实映射和艺术反差，戏剧效果、叙事技法、联想的奥妙都出来了。T. S. 艾略特质问着："哪一种伟大的诗不是戏剧的……谁又比荷马和但丁更富戏剧性?"志摩真是辛勤开垦中国新诗土壤的锲而不舍的忠实骑士。

1926 年的《晨报副刊》载徐志摩以笔名"删我"发表的《珊瑚》一诗。"可以肯定的是，诗中抒发的情感不是发生在他与即将成为新娘的小曼之间的。联系起《拿回吧，劳驾，先生》一诗，不妨假设是徐志摩对林徽因的情感独白——在结婚之前特别的独白。"（张荔：《梦与醒的边界：徐志摩的女性世界》）据梁锡华《徐志摩新传》，志摩之前忽然接到徽因消息，说她极盼收到他的信："'我求你'，她信上说，'我的朋友/给我一个快电，单说你平安/多少也叫我心宽'。叫她心宽！/扯来她忘不了的还是我——我/虽则她的傲气从不肯认服/害得我多苦，这几年叫痛苦/带住了我，像磨面似的尽磨！"（《拿回吧，劳驾，先生》）既喜且急之余，马上拍个电报回复："……这炉火更旺似从前！/我已经靠在发电处的窗前/震震的手写来震震的情电。"（《拿回吧，劳驾，先生》），最后却发现徽因跟他开了个玩笑……遂"写下《拿回吧，劳驾，先生》一诗以志其事"。《珊瑚》恐怕也是诗人一直痴心不断的再次有感而发：

你再不用想我说话，
我的心早沉在海水底下。
你再不用向我叫唤，
因为我——我再不能回答！
除非你——除非你也来在，
这珊瑚骨环绕的又一世界，
等海风定时的一刻清静，
你我来交互你我的幽叹！

不取珊瑚的体态玲珑、色彩高雅，而以实写虚，以意象造情境：曾有过的丝丝蔓蔓，被珊瑚代表了"我"的心沉入海底，"我"内心淡淡忧愁，哀哀凄婉，因你的拒绝而憔悴的神经，在“海风定时”来“幽叹”，还想“你我来交互你我的幽叹”。诗人努力探索自己的内心隐秘，而把思想感觉的波动诉诸对客观事物的精神认识。引导这首诗在空间维度上展开的，只是一个被创造的奇美虚境——珊瑚骨环绕的世界，朦胧、寂静又飘荡着忧郁，不经意地流泻出了一些留恋，一些遗憾，一些希冀。

徐志摩常常称“我们都是受支配的善良的生灵”，他的浪漫、热诚、痴心和执着，正如徽因为《猛虎集·序》作的注脚：“一生为着一个愚诚的倾向，把所感受到的复杂的情绪尝味到的生活，放到自己的理想和信仰的锅炉里烧炼成几句悠扬铿锵的语言，（哪怕是几声小唱），来满足他自己本能的艺术的冲动。”所以“志摩的诗是他整个人格的表现”：“他把全副精神都注入了一行行的诗句里，所以我们觉得在他诗的字里行间有一个生龙活虎的人在跳动，他的音容、声调、呼吸都历历在目。他的诗不是冷冰冰的雕琢过的大理石，是有情感的热烘烘的曼妙的音乐。他平常说话就是惯用亲昵的热情的腔调，所以笔底下也是一派撩人的妩媚。”（梁实秋：《谈徐志摩》）当人生的情感降到了低处，精神失望、可怜，他还执拗地把爱举于一切之上：“我一天有你的爱，我的命就有根，我就是精神上的大富翁”，“恋爱是生命的中心和精华，恋爱的成功是生命的成功，恋爱的失败是生命的失败，这是不容疑义的”，“我没有别的办法，我就有爱；没有别的天才，就是爱；没有别的能耐，只是爱；没有别的动力，只是爱”。还有长诗《爱的灵感》中：“叫醒了春，叫醒了生命/无可思量，呵，无可比况/这爱的灵感，爱的力量！/……/爱？因为只有爱能给人/不可理解的英勇和胆/只有爱能使人睁开眼/认识真，认识价值，只有/爱能使人全神的奋发/向前闯，为了一个目标/忘了火是能烧，水能淹。/正如没有光热，这地上/就没有生命，要不是爱/那精神的光热的根源/一切光明的惊人的事/也就不能有。”甚至于：“在爱里，在爱的中心死，不强于五百次的投生？”这些爱的絮语，多么可贵而“愚诚”，以之投放于世，最后胜利的会不会是一个理想主义者？

在艺术思想上，志摩明显与仁爱宽容的长兄般的胡适一路，属于“五四”

之后新派的自由知识分子。他强调人的精神价值和爱的自由实现，对改造社会满怀希望，对提升人生信心满满，也极力称道罗素之人类救渡的方式："有四个基本条件之存在，人生便可恢复光明：第一是生命的乐趣——天然的幸福。第二是友谊的情感。第三是爱美与欣赏艺术的能力。第四是爱纯粹的学问与知识。"不过胡适为其诗做了准确的归纳，他却一再强调："我的思想——如其我有思想——永远不是成系统的。"（《落叶》）所谓"独抒性灵，不拘格套"，徐诗共同的思想倾向，是在个性主义的基础上探求爱的最自由状态的存在，反传统、反封建的意识倒成了附带的。志摩最高的诗歌理想，即"回到生命本体中去"，而爱与美，与生命的意义相互挂钩。

"我不曾投降这世界。我不受它的拘束。我是一个傻子，我曾经妄想在这流动的生命里发现一些不变的价值，在这打谎的世上寻出一些不磨灭的真，在我这灵魂的冒险是生命核心里的意义。"（《迎上前去》）在他的充满爱的双眸中，虚幻人生的最大价值是爱："长生情焰，燎尽寒愁，况有蜜吻，何庸美胶。"（《鬼话》）人的心灵的纯洁与高贵，唯其系于大自然之美和属于精神肉体合一的异性之爱："最高的了解是灵魂的化合，那是爱的圆满功德。"林徽因最符合他的真爱理想。对她的爱慕和追求，终其志摩的一生，无论双方感情归宿在哪里。即使追求陆小曼时，他也一面为陆写《爱眉小札》，一面给徽因写情诗。

陆小曼，年长的胡适推许她为旧北京"一道不可不看的风景"，新潮的刘海粟赞美她"旧诗清新俏丽，文章蕴藉婉约，绘画颇见宋人院本的传统，是一代才女，旷世美人"。张幼仪谈起她，神色语气都截然不同："我看到陆小曼的确长得很美，她有一头柔柔的秀发，一对大大的媚眼。"我们的诗人呢？志摩谓之"一双眼也在说话，眼光里漾起，心泉的秘密"，小曼用独有的"恬静的谐趣或幽默"温润了他"居处的枯索"。当他为她绝美的风姿倾倒而甘愿匍匐于地，也惹了流言四起，这次是女子的婚内之恋、婚外之情。

一个"容受并了解他的苦闷"的朋友——凌淑华，致长信与胡适，望他帮助志摩出国，以便"早出非难罗网"。1925 年徐志摩途经苏联到访欧洲，他从满洲里上车，经西伯利亚，在莫斯科逗留三天，除了观察——西伯利亚沿途所见尽管浮光掠影，却是真实的记录，“入境愈深，当地人民的苦况愈发明显”（《欧游漫录》）——聊天、看戏，志摩专程探望了托尔斯泰的女儿，接触了一些知识分子，拜谒了列宁陵墓与契诃夫墓园。回到精神的疗养地——康桥之后，诗再为情生，他咏唱着抒情的牧歌，张扬爱与美与自然的主题，忆起徽因，竟不自觉地感叹：“我这一辈子就只那一春，说也真可怜，算是不曾虚度。就只那一春，我的生活是自然的，是真愉快的！（虽则碰巧那也是我最感受人生痛苦的时期。）”（《我所知道的康桥》）

值得一提的是，在志摩最早吟唱自然与人生和谐的抒情诗文里，接近于湖畔诗风的流畅神韵，这时又加入泰戈尔的魂思。“什么伟大的深沉的鼓舞的清明的优美的思想的根源不是可以在风籁中，云彩里，山势与地形的起伏里，花草的颜色与香息里寻得？自然是最伟大的一部书。”他有些急于分享，迫不及待地融“独乐乐”于“众乐乐”，不知那个面聆诗人之娓娓“闲话”的“你”，是否想邀徽因在侧，再组一次三人成行的畅游？录《翡冷翠山居闲话》段落如下：

> 朋友们，我们多长一岁年纪往往只是加重我们头上的枷，加紧我们脚胫上的链，我们见小孩子在草里在沙堆里在浅水里打滚作乐，或是看见小猫追他自己的尾巴，何尝没有羡慕的时候，但我们的枷，我们的链永远是制定我们行动的上司！所以只有你单身奔赴大自然的怀抱时，像一个裸体的小孩扑入他母亲的怀抱时，你才知道灵魂的愉快是怎样的，单是活着的快乐是怎样的，单就呼吸单就走道单就张眼看耸耳听的幸福是怎样的。因此你得严格地为己，极端的自私，只许你，体魄与性灵，与自然同在一个脉搏里跳动，同在一个音波里起伏，同在一个神奇的宇宙里自得。我们浑朴的天真是像含羞草似的娇柔，一经同伴的抵触，他就卷了起来，但在澄静的日光下，和风中，他的姿态是自然的，他的生活是无阻碍的。

你一个人漫游的时候，你就会在青草里坐地仰卧，甚至有时打滚，因为草的和暖的颜色自然地唤起你童稚的活泼；在静僻的道上你就会不自主地狂舞，看着你自己的身影幻出种种诡异的变相，因为道旁树木的阴影在他们纡徐的婆娑里暗示你舞蹈的快乐；你也会得信口地歌唱，偶尔记起断片的音调，与你自己随口的小曲，因为树林中的莺燕告诉你春光是应得赞美的；更不必说你的胸襟自然会跟着漫长山径开拓，你的心地会看着澄蓝的天空静定，你的思想和着山壑间的水声，山罅里的泉响，有时一澄到底的清澈，有时激起成章的波动，流，流，流入凉爽的橄榄林中，流入妩媚的阿诺河去……

泰翁对古印度经典哲学《奥义书》有精湛研究，对当中人与自然统一的观念异常关切，他在《缤纷集》里提出"生命之神"的概念，把"内在的我"与"最高起源""无限"相关联，把对神的虔诚和对生活、人的爱融合在一起。志摩与之交往匪浅，当初以为"他即使有宗教或哲理的思想，也只是诗心偶然的流露"，或"诗人的标准，只是诗的境界之真"，后来发现，在老诗人的思想里，有着"某种超越诗歌意义并弥漫于诗与生活的神灵"。泰翁教会他去做万物灵性、神性、诗性的聆听者、命名者和发送者，不必执着于打破和重建现实秩序的能耐，最大的爱，是在世俗物化的庸俗生活中站出自身，迎接本真与美的出场，并通过语言命名的方式，使其成为能够与人交流、供人享用的精神之物："夫玄黄色杂，方圆体分，日月叠璧，以垂丽天之象；山川焕绮，以铺理地之形，此盖道之文也。"（刘勰：《文心雕龙》）——"真伟大的消息都蕴伏在万事万物的本体里"，那个神秘的"道"本身的文采，实际上，也是30年代徽因登上新诗圣坛之后一直孜孜以求的。他们都是泰戈尔身边的好学生。

志摩同时写于意大利佛罗伦萨的著名长诗《翡冷翠的一夜》，后赠予陆小曼作了结婚周年礼物，诗成之际徽因赴美刚过去一年，浓重的情思和心境仍从康河里映现出来，临行道别的话语，英伦初见的惊喜，随着心爱之人重洋远去，明天一切皆是未知、茫然："要不然趁早忘了在这世界上有我……"与徽因

《情愿》中“你也要忘掉了我/曾经在这世界里活过”，心有灵犀。诗的开头几行显然可证生离苦思：

你真的走了，明天？那我，那我……
你也不用管，迟早有那一天，
你愿意记着我，就记着我，
要不然趁早忘了在这世界上
有我，省得想起时空着恼，
只当一个梦，一个幻想，
只当是前天我们见的残红，
……
天呀，你何苦来，你何苦来……
我可忘不了你，那一天你来，
就比如黑暗的前途见光彩，
你是我的爱，我的恩人，
你教给我什么是生命，什么是爱。

这时期徐是“一个曾经有单纯信仰的流入怀疑的颓废”，对康桥的依恋，则由短暂的“怀疑的颓废”而进入了“有意识的理性思考”阶段：“我不想成仙，蓬莱不是我的分；我只要地面，情愿安分地做人。”（《翡冷翠的一夜·序》）还有：“我这辈子只是在生活的道上盲目地前冲，一时踹入一个泥潭，一时踏折一支草花，只是这无目的的奔驰；从哪里来，向哪里去，现在在哪里，该怎么走，这些根本的问题却从不曾到我的心上。但这时候突然的，我恍然惊觉了。仿佛是一向跟着我形体奔波的影子忽然阻住了我的前路，责问我这匆匆的究竟是为什么！”（《再剖》）这里暗示了诗人独立人格的自觉性。新旧文学更替之际，徐志摩以白话诗作为精神的生存寄托，代表着新一代知识分子站立的启蒙平台。而在新诗尚未定型的阶段，他的情趣太丰富，想象太活泼，灵感又来得太快，格调太激越而略显单一……他在艺术心灵的深处，开始了一个理性化的自我修养进程，所有来不及精雕细刻的情话，都随着诗艺的创格、诗体的建设逐渐凝定成一种特立独行的私语，带有普遍意义的私语。

志摩这样写“洒脱中隐寓着留恋”的《偶然》：

我是天空里的一片云，
偶然投影在你的波心——
你不必讶异，
更无须欢喜——
在转瞬间消灭了踪影。
你我相逢在黑夜的海上，
你有你的，我有我的，方向；
你记得也好，
最好你忘掉，
在这交会时互放的光亮！

云儿自在轻盈地在天际漫游，不经意地路过大地，“她”的明艳，点染卑微的地面上一流涧水的空灵，让“他”惊醒了，同时也在心湖上形成起伏难定的波浪投影，久久不息。再不是“苦闷愤怒的情感的无关阑的泛滥”（茅盾：《徐志摩论》），貌若洒脱而心实惆怅，最甜美的诗诉说最忧伤的思想，还有那一声暗自咀嚼之后举重若轻、徐徐吐露的灵魂深处的哀号，“你记得也好，最好你忘掉”。那个“互放光亮”的交会瞬间，云影与波心短暂邂逅，一种触电的感觉，是一见钟情，轻易而通达地化解了过往一切痴怨情仇。志摩借机完成对徽因感情的最好的直白：一见倾心后理智地各走一方。这个林语堂称之“情才”和“奇才”的诗人，展现出他艺术自律的一面。志摩的学生、诗人卞之琳说：“这首诗在作者诗中是在形式上最完美的一首。”（《徐志摩诗集·序》）据陈梦家在《纪念志摩》中的回忆，他以《翡冷翠的一夜》中《偶然》《丁当——清新》几首诗划开了前后两期的鸿沟，“抹去了以前的火气，用整齐柔丽清爽的诗句，来写出那微妙的灵魂的秘密”；他将富于伊卡洛斯气质的飞翔情结与邓南遮钟爱飞行的“唯美英雄主义”理想契合，以东方的清澈轻盈化解了超人式的狂乱，书写“美不能在风光中静止”的飘逸，于是有《雪花的快乐》《偶然》《云游》等一类纯美之作。

仿佛痴鸟的歌唱，志摩以灵魂讴歌并发掘真善美的精神，在唯美主义灵肉合一的理念里寻到了依托，谨严的诗艺恰恰不与梦幻、清新、惆怅的生命情调受阻碍。他坚持“真诗人梦境最深”，把梦幻融入音乐化境界：“宇宙的底质，人生的底质，一切有形的事物与无形的思想的底质——只是音乐。”（《死尸》译序）以半空中快乐的飞扬雪花来说：不去幽谷，不去山麓，而有认清的方向，他要朝着她清幽的住处飞去，等着她出现在花园里，沾住、贴近、溶入“她柔波似的心胸”（《雪花的快乐》）。雪花的快乐，恰似志摩灵性的飞扬和忧郁之下的盼望，难怪茅盾认为徐诗是“圆熟的外形，配着淡到几乎没有的内容，而且这淡极了的内容也不外乎感伤的情绪——轻烟似的微哀，神秘的象征的依恋感喟追求”（《徐志摩论》）。至于《云游》，是陈梦家在徐志摩罹难后，将其写于1931年的小诗《献词》改名而来的，诗的内容本身，好像也是专为注解《偶然》，“一流涧水”与云，与大海的互相对话，已在大大方方、坦坦荡荡地“主动失恋”了。

值得一提的是，《偶然》后来作为剧本唱词收录进与陆小曼合写的《卞昆冈》第五幕，这也是志摩追求爱情的诗化与世俗所难以理解的一种纯粹。

1926年8月与陆小曼结合，堪称志摩击败了“人类社会赖以为基的无知和偏见”而大获全胜的最得意之作：“我的呼吸投射到你的身上/如同万千的飞萤投向光焰？/……和着鸟雀们的热情的回荡/都在手携着手的赞美着春的投生。”（《春的投生》）陆一度成为他的诗源，也把诗的感情绝对化了，兴趣相投是有限的，外延则为无限的差别、矛盾、异样——我们的诗人天真得有点傻气了！是一个生活在乌托邦之国中的单纯的理想主义者的纯粹和幼稚。风情万种的小曼随着灯红酒绿，“旋转中忘记一起，旋转中埋葬自我，旋转中我的爱情，随着舞步，遗失在缥缈的云河”。十里洋场却无异于埋葬诗人的坟墓：“我想在冬至节独自到一个偏僻的教堂里去听几首圣诞的和歌，但我却穿上了臃肿的袍服上舞台去串演不自在的‘腐’戏。我想在霜浓月淡的冬夜独自写几行从性灵暖处来的诗句，但我却跟着人们到涂蜡的跳舞厅去艳羡仕女们发金光的鞋袜。”那么爱呢？“爱，在俭朴的生命中，是有真生命的，像一朵朝露浸着的小草花；在奢华的生活中，即使有爱，不能纯粹，不能自然，像是热屋子里烘出来的花，一半天就有衰萎的忧愁。”（《爱眉小札》）几年过去，徐志摩守候的“馨香的婴儿”始终没有出世，而以极大勇气和热情艰难争取来的婚姻，更嘲讽了他理想的“白朗宁夫妇”模式，他既不能拯救，也不能抛弃，痛苦又毫无办法……徐志摩牺牲了一切去试验一个梦想之神圣境界，而终于免不了残酷的失败结局。也许德高望重的梁启超在徐陆婚礼上把新婚祝贺变成了“训词”，已预示了根深蒂固的俗世法则不易撼动，日后他给思成、徽因寄去信，明言担心志摩“将来痛苦更无限”，显得未卜先知：顾不得伦教纲常，无视于宗法家风，最后受到反噬。

康桥之恋已灭，徐陆婚姻四面楚歌，深陷情感泥淖里的诗人，无依无伴：“慈悲的门庭寂无声响，堂上隐隐有阴惨的偶像”，“我掩面向僻隐处飞驰，遭罹了快乐边沿的尖刺”，“守门汉霹雳似的一声呼吐，露出我骇愧的两行急泪”（《我是个无依无伴的小孩》）。1928 年 6 月，诗人满怀伤感和失望第三次出游欧洲：“我决意去外国时，是我最难受的表示。”

“康桥，谁知我这思乡的隐忧？”（《我所知道的康桥》）故地重游，就像结束多年飘泊无依、寄居流浪而重回故乡，暂别了烦嚣的尘世，使得志摩的创作生命重新找到据点。他是“带着再寻旧欢的痴想”来的。近乡情怯，轻轻依靠这块曾孕育了其全部信仰、理想的再生之地，才真实意识到时过境迁人去也，那些缠绵的夙愿和理想，可望而不可及。曾经双双燕舞柳含烟，漾漾泛菱荇，榆柳萧疏接阁闲，寒藻舞沦漪，漾舟信归风，舟上恋人笑语欢歌……诗人远眺故乡，咀嚼旧梦，唯觉神女不在，知音难觅。今晚的康桥沉默了，只有夕照中的金柳、柔波、水草，只有溯游而上的一叶扁舟和撑篙寻梦的伤心人。过往对于爱情的热烈高歌变成沉郁的哑言，只剩了“设想一个虚无的境界来谎骗你自己，骗不到底的时候，你就得忍受‘幻灭’的莫大的痛苦”（《自剖》）。写《再别康桥》的时候，是志摩的苦恼接近于最深的时候，“也是他幻想得最厉害的时候，唯有幻想在支持着他，他才有勇气、有活力来寻旧梦，也才有激情把这难言的心事形诸诗句，而且还有一个飘逸、潇洒的姿态”（蓝棣之：《正统的与异端的》）。

轻轻地我走了，
正如我轻轻地来；
我轻轻地招手，
作别西天的云彩。
那河畔的金柳，
是夕阳中的新娘；
波光里的艳影，
在我的心头荡漾。
软泥上的青荇，
油油的在水底招摇；
在康河的柔波里，
我甘心做一条水草！
那榆荫下的一潭，
不是清泉，是天上虹；
揉碎在浮藻间，
沉淀着彩虹似的梦。
寻梦？撑一支长篙，
向青草更青处漫溯，
满载一船星辉，
在星辉斑斓里放歌。

但我不能放歌，

悄悄是别离的笙箫；

夏虫也为我沉默，

沉默是今晚的康桥。

悄悄地我走了，

正如我悄悄地来；

我挥一挥衣袖，

不带走一片云彩。

语近情遥、含吐不露，《再别康桥》表达的是华兹华斯式的“回忆起来的情感”（《抒怀歌谣集·序言》），志摩留下了英文书写的诗行，有多个中译版本，为要制造一个异质的幻想世界，也把理想、苦衷和受损的魂灵寄托在里面，然后弹他们共同熟知的和谐恋曲，再梦一回曾经心爱的姑娘。且看一番中华情调：古诗的“杨柳依依”“叶叶离情”，古人的家家箫管、户户笙歌，还有万般残愁别绪：“斜阳正在，烟柳断肠处”（辛弃疾《摸鱼儿》）、“动离忧，泪难收。犹记多情，曾为系归舟”（秦观《江城子》）、“满载一船明月，平铺千里秋江”（张孝祥《西江月》）、“寻好梦，梦难成。况谁知我此时情”（聂胜琼《鹧鸪天》）、“一丝柳，一寸柔情”（吴文英《风入松》）、“古今别离最难，故人何处？玉箫月明空闲”（张弘范《天净沙·梅梢月》）……至于青荇，连接了《关雎》中“大姒嗣徽音”（《大雅·思齐》）的“后妃之德”，是志摩悄悄给心爱的姑娘移植来的古老诗境。他像千年之前吟唱关关雎鸠的河畔君子，锁定人伦之始，严肃郑重地要在水一方的“她”，当他的新娘！美丽令人起忧，“求之不得，寤寐思服。悠哉悠哉，辗转反侧”。志摩以古典意境，写剑桥物事，中国远古诗情诗心化为血脉流淌在心理，融化于诗间，温柔敦厚，宁静中蕴藏的激情，就像湖水涟漪般地微微荡漾开来；现代诗的韵律加上习得已久的英国乡村式民谣曲调，形成了一种严谨稳定中内含变化的、错落参差的优美节奏。所谓的音乐、建筑、绘画三美，契合着诗人感情的潮起潮落，原是虔诚的学子寻梦的跫音。在康河的柔波里，谁不愿如他一样做一条水草？

十年后，林徽因写下追忆性的《那一晚》，其中："到如今我还记着那一晚的天/星光、眼泪、白茫茫的江边！/到如今我还想念你岸上的耕种/红花儿黄花儿朵朵的生动/那一天我希望要走到了顶层/蜜一般酿出那记忆的滋润/那便是我私闯入当年的边境！"应和着《再别康桥》的诗思，那是夕阳中的"新娘"终于低下头来，看见了他"岸上的耕种"。

"那一晚"的徽因不辞而别，在才子与绅士、文学与建筑之间，自由选择了后者。诗人心眼之中魅力超脱的好女子，懂得对自己负责，"我不是没有来，只是无缘留下"，真空谷足音也！志摩在诗中仿效徽因"轻轻""悄悄"作别的行动，他对男女之爱的谦恭，也属于能够以人为镜、反躬自省的君子。"那一晚"康桥恋爱无疾而终，最可能的真相也许是，他把她吓跑了，她被浪漫诗人恣意求爱的做派吓得落荒而逃！现在黯然销魂的来去归兮再不附着于强烈的情绪，他轻轻地来，轻轻地走，姿态仰视、性情温柔如水草，给爱人无限自在，他仅仅挥挥衣袖，"不带走一片云彩"，把神圣的梦境完好无损地保留在康桥了。《再别康桥》，与隐秘的感情世界惜别，成了秘送给刚刚做了新娘的林徽因的忏悔式情诗，大恸无言的平静，淡若晓风的诗语，回环复沓的别离，使得旋律如清波涟漪，言情幽宛如曲调，加上中国古典文学中的往事再现，将人间长久而与个人生气相连的情和意，展现在柔美清奇的意境中，任凭情感流淌和智慧灵动，"就百年论，谁愿有此事；就千秋论，不可无此诗"（陈衍：《宋诗精华录》）。在由恋情悲剧凝成的诗行之间，蕴涵着诗人不能张扬的衷肠，不着一字，尽得风流。何况，真正深沉的忧郁和难言的苦闷，无法共享，也只能一个人悄悄地、无声地、秘密地回味反刍！

若说志摩在曾经"胎动"他的自我意识的母河，潜滋暗长了自由民主的哲思和谦恭礼让的绅士风度，天命而已，正如西学东渐的启蒙诗，不仅美在性灵、意象与音律，更有建筑的结构和理性。背负现世苦难的诗人短暂地化境其中，支撑疲惫的身躯缓缓前行，他"性灵的复活"或"思乡的隐忧"，经历不断的寻找、锤炼、升华，凝定了形态。康桥寻梦，是基于彩虹的初恋又超越了爱情的回忆框架的。当客观的自然风光与诗人主观的沉思想象达至一种高度的冥合，对志摩而言，心爱的徽因已演变成永恒的、纯粹的美，停驻在康河暮色的云天之上，她满心欢喜地留下了，不再离开，也没有人抢得走。

痴人说梦，痴人造梦。徐志摩获悉梁林在加拿大登记结婚时，写了异常悲伤的《我不知道风是在哪一个方向吹》，诗里他一直重复着“我是在梦中”“我是在梦中”，不愿醒来。尽管这个彩虹似的梦，多年前已被揉碎在浮藻间且沉淀到拜伦潭底，他还毅然撑了长篙漫溯回青草更青处，“寻梦”，寻着“一种真纯的信仰”，以及对文化背后的生命价值更加真确的觉悟和认识。无论从哪个方向来，风继续吹，我继续爱你：

我不知道风
是在哪一个方向吹——
我是在梦中，
在梦的轻波里依洄。
我不知道风
是在哪一个方向吹——
我是在梦中，
她的温存，我的迷醉。
我不知道风
是在哪一个方向吹——
我是在梦中，
甜美是梦里的光辉。
我不知道风
是在哪一个方向吹——
我是在梦中，
她的负心，我的伤悲。
我不知道风

是在哪一个方向吹——
我是在梦中，
在梦的悲哀里心碎！
我不知道风
是在哪一个方向吹——
我是在梦中，
黯淡是梦里的光辉。

志摩逝世五年后的1936年秋天，林徽因写出她最好的一首“秋诗”:《红叶里的信念》，明言徐“寻觅从未曾寻着的梦”，却“愈是山中奇妍的黄月光/挂出树尖，愈得相信梦”。庄子《大宗师》篇有“真人不梦”的说法，郭象注曰“至人无梦”，而“圣人之梦”，须得洞悉了“丘与女皆梦也，予谓女梦亦梦也”(《齐物论》)，经由不自觉臻至自觉，才实践性地彻悟万物大化而齐的真谛。中国诗人们常言“人生如梦”“梦似飞花”，殊不知“大梦即大觉”，徐志摩可算其中最通透而痴傻的一位，他非但不承认梦——康桥式的理想生命与爱恋——早已破碎的事实，还心甘情愿地永活在“碎梦”中，不可理喻的至情至性！茅盾甚至用“在梦的轻波里依徊”来概括其诗的全部，他在诗中真实表露感情生活的留痕，言辞激切、思想敏锐地书写个体生命的心灵轨迹，并从中迸发出无法摆脱的爱的求索和磨难，此后难有人步其情感理想之纯净、幽深、痛美之后尘。

“不论你梦有多圆，周围是黑暗没有边。”(《活该》)根源于梦的诗歌，会不会只是一个人的呓语或谎言？徽因自己就承认“梦里斜晖一茎花是谎”。然则，志摩从未寻到过的梦，她同样执持着，在一抹秋日低沉悠远的心绪里，将轻灵细密的相思和怀恋交托给北京西山的红叶，期待梦境成真。尽管心灵世界里的追寻与绝望已多次交锋，甚至于清醒地意识到所有作为只能“为此刻空的歌唱，空的凄恻，空的缠绵”，仍面对着枫叶飞绚，黯然魂梦：“多一点勇敢，不怕连牵/斑驳金银般旧积的创伤！”(《红叶里的信念》)诗歌的空间是真实感情之所在。反观我们存活着的这个形而下的现实世界，谁还会和已逝了多年的人相恋？徽因也是一位真人、至人、“圣人”吧。

庄子以为“知其莫可奈何而安之若命”（《人间世》），不甘心、不愿安之若命，最好的方式无疑是写诗。徐志摩1922年返国投入新诗创作后，很快便取得了领导诗坛的地位而令群雄折服。究其原因，徽因的看法最得体：“他只是比我们近情近理，比我们热诚，比我们天真，比我们对万物都更有信仰，对神，对人，对灵，对自然，对艺术。”（《悼志摩》）徐诗才固高，理想亦异常明确，最难得的是可拼尽全力全身投入这一事业，他对由真实性灵抒发出来的诗歌有着深切的、痴情的、沉醉的迷恋，一如关于理想女神的追寻，即使遍体鳞伤、内心淌血，仍要唱出这时代最欠缺的声音。衣带渐宽终不悔，为伊消得人憔悴，志摩自觉承担“五四”后的新文学创作的时代使命，是对白话诗的创作深深地怀抱着近乎宗教的虔诚而歇尽了全副心血精力于其中的，虔诚到了“痴傻”的地步！

1928年8月，梁思成、林徽因学成回国，12月任公重病住院，徐志摩由沪至京探望，分别四余年后，得见林小姐，“风度无改，涡媚犹圆，谈锋尤健，兴致亦豪，且亦能吸烟卷喝啤酒矣”！数年间两度分离，两度重逢，依偎在父亲身边干净清新的女学生长大了，更则，罗敷已有夫。志摩把爱意压抑在心底，寄托给诗意的信仰，在《我等候你》一诗里，抒发一日三秋的苦楚和超越时空的守望，完全出于对爱情的执着与神清——明确了徐志摩情诗中反复出现的“无尽的等待”的主题。没有押韵和格式，没有配乐的功能，情感自然流动而分行，浓得竟有点流淌的意味！一个痴情人的自白，就是一个傻子的自白，“痴到了真，是无条件的”，而“我守候着你的步履”，“在每一秒钟上允许开花”，亦幻亦梦，饱含丰富的人生内容。陈梦家称它是徐志摩一生最好的抒情诗（《纪念志摩》）。

我等候你。
我望着户外的昏黄

如同望着将来，
我的心震盲了我的听。
你怎还不来？希望
在每一秒钟上允许开花。
我守候着你的步履，
你的笑语，你的脸，
你的柔软的发丝，
守候着你的一切；
希望在每一秒钟上
枯死——你在哪里？
我要你，要得我心里生痛，
我要你火焰似的笑，
要你灵活的腰身，
你的发上眼角的飞星；
我陷落在迷醉的氛围中，
像一座岛，
在蟒绿的海涛间，
不自主的在浮沉……
喔，我迫切的想望
你的来临，想望
那一朵神奇的优昙
开上时间的顶尖！
你为什么不来，忍心的！
你明知道，我知道你知道，
你这不来于我是致命的一击，
打死我生命中乍放的阳春，
教坚实如矿里的铁的黑暗，

压迫我的思想与呼吸；
打死可怜的希冀的嫩芽，
把我，囚犯似的，交付给
妒与愁苦，生的羞惭
与绝望的惨酷。
这也许是痴。竟许是痴。
我信我确然是痴；
但我不能转拨一支已然定向的舵，
万方的风息都不容许我犹豫——
我不能回头，运命驱策着我！
我也知道这多半是走向
毁灭的路，但
为了你，为了你，
我什么都甘愿；
这不仅我的热情，
我的仅有理性亦如此说。
痴！想磔碎一个生命的纤维
为要感动一个女人的心！
想博得的，能博得的，至多是
她的一滴泪，
她的一声漠然的冷笑；
但我也甘愿，即使
我粉身的消息传给
一块顽石，她把我看作
一只地穴里的鼠，一条虫，
我还是甘愿！痴到了真，是无条件的，
上帝也无法调回一个

痴定了的心如同一个将军
有时调回已上死线的士兵。
枉然,一切都是枉然,
你的不来是不容否认的实在,
虽则我心里烧着泼旺的火,
饥渴着你的一切,
你的发,你的笑,你的手脚;
任何的痴想与祈祷
不能缩短一小寸
你我间的距离!
户外的昏黄已然
凝聚成夜的乌黑,
树枝上挂着冰雪,
鸟雀们典去了它们的啁啾,
沉默是这一致穿孝的宇宙。
钟上的针不断的比着
玄妙的手势,像是指点,
像是同情,像是嘲讽,
每一次到点的打动,我听来是
我自已的心的
活埋的丧钟。

三 今夜满载一船星辉

1931年春夏之交,诗人徐志摩对北京香山的明月分外钟情。他"想攀附月色/化一阵清风",送给生病的林徽因一剂"以诗疗病"的良药——不仅治了病，还引出了诗：“你树梢盘着飞鸟，每早云天/吻你额前，每晚你留下对话/正是西山最好的夕阳。”（林徽因：《对北门街园子》）。香山又称“西山”，这里是徽因诗歌的诞生地，随着女诗人啼声初试后的情感流泻，志摩一生追求的“爱、美与自由”的理想终于结了晶，还有其对新诗格律化的“三美”典范的定型。当年秋天徽因病愈下山后不久，徐志摩即死于飞机空难，香山成了他诗歌的终结之地。

时徽因已做了母亲，经诊断患上肺病，来到香山双清别墅静养，志摩常来探视、闲谈，见她：“腮边天然的妙涡，已有好几日不圆满：她瘦损了。但她在想什么呢？月光，你能否将我的梦魂带去，放在离她三五尺的玉兰花枝上。”（《印度洋上的秋思》）他挑选了书带给徽因看，谈诗论艺，谈与小曼的婚姻困境和日常琐碎的磨难，也谈他早年求学的景况：“他不像许多天才，幼年里上学，不是不及格，便是被斥退，他是常得优等的，听说有一次康乃尔暑校里一个极严的经济教授还写了信去克莱克大学教授那里恭维他的学生，关于一门很难的功课。我不是为志摩在这里夸张，因为事实上只有为了这桩事，今夏志摩自己便笑得不亦乐乎！”（林徽因：《悼志摩》）他们的谈话与其著作一样充满创造性，话题从诙谐的轶事到敏锐的分析，从明智的忠告到突发的愤怒，从发狂的热情到深刻的悲悯，无所不包。谈到乐处对笑半天，谈及心伤，则默默无语。就在他们确如情人般的夜晚清谈时刻，徐不经意地抬眼，“望见有两个月亮：一般的样，不同的相”（《两个月亮》），静动相合，虚实结为一体：

一个这时正在天上，
披敞着雀毛的衣裳；
她不吝惜她的恩情，
满地全是她的金银。
她不忘故宫的琉璃，
三海间有她的清丽。
她跳出云头，跳上树，

还有那个你看不见，
虽则不提有多么艳！
她也有她醉涡的笑，
还有转动时的灵妙；
说慷慨她也从不让人，
可惜你望不到我的园林！
可贵是她天边的法力，

又躲进新绿的藤萝。
她那样玲珑，那样美，
水底的鱼儿也得醉！
但她有一点子不好，
她老爱向瘦小里耗；
有时满天只见星点，
没了那迷人的圆脸，
虽则到时候照样回来，
但这份相思有些难挨！
常把我灵波向高里提：
我最爱那银涛的汹涌，
浪花里有音乐的银钟：
就那些马尾似的白沫，
也比得珠宝经过雕琢。
一轮完美的明月，
又况是永不残缺！
只要我闭上这一双眼，
她就婷婷地升上了天！

这个爱情上的赤子，赏月、颂月、恋月，再以之比喻徽因：第一个月亮写她志在“故宫的琉璃”的事业，清高、冷凝，因此得了病，随着下弦月不断变得弯弯了，她也直往“向瘦小里耗”。如今虽罗敷有属，一闭上眼睛，恍然还是十年前漂亮、鲜活的女孩儿——这即是后一个月亮的写照。诗人展露他富丽的才华和丰富的想象，有关于历史的追问、现实的叙写，有情物的描摹，也有哲理的阐释，水之多情映着月的阴晴圆缺，充分表达了对心爱的姑娘的敬重和爱慕，欣赏和赞美，担忧和挂念……月亮作为一种爱情的美好凝结，与华丽灵动的诗句形成了珠联璧合的勾连。

志摩“格外谨慎”，有时和从沈阳回来的梁思成一同前行，或与金岳霖、张奚若等相约看望；但有限的香山之行本身尚包含着屡屡眷恋，一份基于爱情、超乎友情的细腻情怀，病魔缠身的林徽因怎不有所感悟？晨光蓄意，红叶牵情，她开始真正面对内心最真挚、最深邃的情感内核，屏除一切俗念，“收拾起烦恼”，笑得开心、轻松了。徐作了这样一首极空灵、飘逸的小诗《鲤跳》：

那天你走近一道小溪，
我说“我抱你过去”，你说“不”；
“那我总得搀你”，你又说“不”。

"你先过去,"你说,"这水多丽!"
"我愿意做一尾鱼,一支草
在风光里长,在风光里睡,
收拾起烦恼,再不用流泪;
现在看!我这锦鲤似的跳!"
一闪光艳,你已纵过了水;
脚点地时那轻,一身的笑,
像柳丝,腰哪在俏丽的摇;
水波里满是鲤鳞的霞绮!

越过山谷溪流,发现生命存在之理竟如此清澈纯净!这时两个澄明莹澈的纯粹性灵交感互通,进入到一片灵质的、透明的纯情世界。徽因在20年代曾体切地站在这样一片如梦如诗的土地上,孕育了志摩性灵生长的胎宫和艺术创作摇篮的康桥,也通过彼此至真至纯的爱恋给予她疏阔性情与开放的眼界。在香山星月之夜,通过彼此倾诉、解忧,彼此安慰、疼惜,艺术灵光返身朗照自己,爱的记忆被志摩重新唤醒了:

庭院是一片静,
听市谣围抱;
织成一地松影
看当头月好!
不知今夜山中,
是何等光景;
想也有月,有松,
有更深的静。
我想攀附月色,
化一阵清风,

吹醒群松春醉，
去山中浮动；
吹下一针新碧，
掉在你窗前；
轻柔如同叹息
不惊你安眠！

北京城夜的喧哗里，一片静的庭院，诗人想象的翅膀便乘着胡家寓所的月色松影飘向了远处的山中，今夜山中何等光景？“想也有月，也有松”，所不同的，是山中“有更深的静”。故乘风归去，“去山中浮动”，仅仅渴望吹落一叶春来新碧的松针，让它轻轻掉落在你的窗前，伴一轮清辉款款地潜入你的梦境。徐志摩言此诗的写作心境：“继续的行动与北京的风光却又在无意中摇活了我久蛰的性灵。抬起头居然又见到天了。嫩芽的青紫，劳苦社会的光与影，悲欢的图案，一切的动，一切的静，重复在我的眼前展开，有声色的和有情感的世界重复为我存在。”一缕情思的波澜，一直颤动在他的灵魂里对徽因柏拉图式的情爱，包裹在一层温柔而体贴的心膜中，隔又不隔、蕴而不渲地表达得细腻入微，亦含蓄而隐忍地复现了1921年四五月间他们在剑桥指水为盟的两点誓言：创作诗歌和落实爱情。志摩欲往山中邀月同宿，遥约徽因——“你应该进入这一片静中了”，即“你应该开始创作诗歌了”，他一直鼓励她创作一种极高极纯粹的语言——诗，新诗。

林徽因写于1936年秋的同名诗《山中》，是与徐诗一样的创作心路，都导源于“宁静中回忆所得来的情感”，回忆更回应了志摩对于她的“inspiring friendship and love”，彼时斯人已去世五年了：

紫色山头抱住红叶，将自己影射在山前，
人在小石桥上走过，渺小的追一点子想念。
高峰外云在深蓝天里镶白银色的光转，

用不着桥下黄叶，人在泉边，才记起夏天！
也不因一个人孤独的走路，路更蜿蜒，
短白墙房舍像画，仍画在山坳另一面，
只这丹红集叶替代人记忆失落的层翠，
深浅团抱这同一个山头，惆怅如薄层烟。
山中斜长条青影，如今红萝乱在四面，
百万落叶火焰在寻觅山石荆草边，
当时黄月下共坐天真的青年人情话，相信
那三两句长短，星子般仍挂秋风里不变。

夏日香气薰薰，“林间萝茑交青影”，“青萝拂我衣”，待秋风乍起，兴了云与泉水的投影关系：流水已渐渐清冷，云浪将落到哪一处去投影？火焰般的红红落叶已在山中的石荆草边寻到了自己的落脚处。可怜冷落清秋节，“一个人孤独”！徽因写夏秋之比，再以虚实相生的方式写去年今日，情思跨越时空逼向了最深的诗意：“当时黄月下共坐天真青年人情话，相信/那三两句长短，星子般仍挂秋风里不变。”她坚定如此地说出了心里的话，承认他们当时共坐黄月下确曾彼此许下誓言！这诗的最奥妙处，正是诗中寄意最深之处。德国哲学家海德格尔1929年在《康德与形而上学问题》一书中，基于《纯粹理性批判》特别强调了人的认识能力中的想象力：想象力既能通向先验范畴又能通向经验对象。尤其对英国浪漫派诗歌创作而言，心灵的想象力简直就是一种无所不能的神秘力量！徐林之诗（尤其指“情诗”）是高度地、谨密地宗法于浪漫诗派的，他们常在当前的一片“宁静”之中，“通过回忆让心灵的想象力将自然的景致消融铸炼成主客合一的情思”（廖钟庆：《一寸相思一寸灰》），又在沉思想象中不断沉淀、凝结了深远的文化心理和审美底蕴，继而引向一个已经不复存在的完满世界，后出之日常语言，成诗自然而流畅，浅显但感人。

当徽因在志摩的影响和启蒙下开始写诗的时候，仿佛置身于由阳光触发而产生的系列联想中，饱尝从微小躯壳的肉体中脱离而出的精神的解放感。她称之“情绪的旅行”。在《究竟怎么一回事》中，徽因引用了徐志摩的文章尝试作些解释。志摩自称被一种不可思议的风吹拂，被月光沐照，而有了一种心的激烈震撼的体验，于是开始了他诗歌的创作——邂逅的偶然引发心灵的震颤，那是康桥的初恋。徽因渴望体味他体味过的那些“极端的、浪漫的或实际的”情感，经历过种种人生磨难之后，她感到了“生活本身原质是矛盾的”。她不因此而放弃，她“只要生活”，要体验更为“丰富的情感”。1936 年徽因致信沈从文，坦言了曾经体验到的“极端的愉快，灵质的、透明的、美丽的近于神话理想的快活”：

> 我不忘却我的幸福。我认为最愉快的事都是一闪亮的，在一段较短的时间内迸出神奇的——如同两个人透彻的了解：一句话打到你心里，使得你理智感情全觉得一万万分满足；如同相爱，在一个时候里，你同你自身以外另一个人互相以彼此存在为极端的幸福；如同恋爱，在那时那刻，眼所见，耳所闻，心所触，无所不是美丽，情感如诗歌自然的流动，如花香那样不知其所以。这些种种，便都是一生中不可多得的瑰宝。世界上没有多少人有那机会，且没有多少人有那种天赋的敏感和柔情来尝味那经验，所以就有那种机会也无用。

她对“情感”之钟情，与志摩的相关认知水乳交融般契合，理解得那么深邃，体验得那么丰厚，追求又那样执着！完全可用来勘察她内心的情感密码的。徽因认为“文艺绝不是蓬勃丛生的野草”，应是“内心所流动的情感穿过繁复的意象时，被理智所窥探而由直觉与意识分着记取的符录”；应一面跟着潜意识浮沉，又一方面顺着直觉、认识辩味，而“再一方面又追着理智探讨，剖析，理会这些不同的性质，不同分量，流转不定的情感意象所互相融会，交错策动而发生的感念”。在她的诗歌理念中，已注重用理性来约束内心流转不定的情感了，同时，理智与情感的古老冲突又达到了美妙的和谐统一："写诗，或又可说是自己情感的主观的所体验了解到的，和理智的客观的所体察辨别到的，同时达到一个程度，沸腾横溢，不分宾主地互相起了一种作用。""理智上进退有余，情感上横溢奔放，记忆与幻想交错相辅，到了真即是假，假即是真的程度。"这是徐志摩十年孜孜以求而未能实现的理想之境。于 30 年代新月派内部嬗变和现代派的发展壮大之际，女诗人林徽因以"回忆式"的新诗创作记下了他们情感的涟漪波澜，发掘了一个重要的区域，一个由三股涓涓细流汇集成的深潭："古典主义的理性与典雅，浪漫主义的热情与明朗，象征主义的含蓄与隐秘。"（黄心村：《论林徽因的诗》）

《谁爱这不息的变幻》是她香山"诗疗"而就的第一作，以笔名"徽音"发表在徐志摩主编的《诗刊》第 2 期。诗用比喻，写天地之间云霞、月亮、星光、日影不息地变幻，而"她"的心头也生了变幻的波澜，即将骄傲地放下人妻人母的荒唐使命："谁爱这不息的变幻，她的行径？""谁又能参透这幻化的轮回，谁又大胆的爱过这伟大的变幻？"清新的内容，欢快的语调，委婉的情韵，柔和而抑扬的节奏、音律，加上洋溢着的青春和活力，一切好像回到了 20 年代初期的康河之畔，一片包含着丰厚情绪的天空里，他们的初恋有一种无间的灵质程度，相辅相成地以较完整的古典主义形式传达出了浪漫主义的情绪。岂能无动于衷？又能大胆地迈出彼此久久期望的那一步吗？徽因觉得她必须给他一个"说法"：

谁爱这不息的变幻，她的行径？
催一阵急雨，抹一天云霞，月亮，
星光，日影，都是她的花样，
更不容峰峦与江海偷一刻安定。
骄傲的，她奉着那荒唐的使命：
看花放蕊树凋零，娇娃做了娘；
叫河流凝成冰雪，天地变了相；

都市喧哗，再寂成广漠的夜静！
虽说千万年在她掌握中操纵，
她不曾遗忘一丝毫发的卑微。
难怪她笑永恒是人们造的谎，
来抚慰恋爱的消失，死亡的痛。
但谁又能参透这幻化的轮回，
谁又大胆地爱过这伟大的变幻？

就在生命世界永不停息地变化着的大背景中，埋藏于心的歉疚化作迟来的感动和明悟，由于历经十来年轻重疏密各不相同的碰撞最后破土生出，被炽情和恋爱催促的女诗人诞生了！像离乡多年的游子终于回来了却情债，徽因作为诗人的问世是徐志摩用爱情缔造的幸运。她开始写诗，受志摩鼓动、因志摩而起、经志摩发表，同时也是针对志摩的，是他们之间异常动情的私人话语。非常欣喜的是，带着强烈的理性克制情感的特征，徽因创作于香山的早期诗歌，风格清丽，秀润天成，沾染了她的蕙质兰心与不惹凡尘的飘逸灵气，笼罩于文人雅士的淡淡轻愁，一亮相即超越嫩涩的初始阶段而臻于成熟。新月派晚期诗艺发生大变，由早期的浪漫感伤趋向形质的精致华美，对情感、个性的推崇渐渐被自我克制和理性取代，中西方古典主义的文学因子则在浪漫主义与现实主义的交锋中滋长起来……徽因登上诗坛的新篇章，洋溢着女性独有的纤敏气质和细腻心灵，感情浓烈，但有控制，文辞典丽，又带着优雅，成了此时最恰切的代言。

内心沉埋的波澜渐悟渐醒，所以香山静宜园生出的诗，都是爱情的诗，几乎全飘荡着志摩的影子。是怕来不及吧，徽因急切地用诗文交代了十年康桥之恋，反过来解读她的感情密码，亦必得追忆康桥诗意情趣的年代。如深夜里听到的乐声，那里有一个美丽灵魂正与万籁俱寂的夜契合，一个自我正与世界的本质打成一片，还有无形的神在默默倾听并深味着静谧中的一切声响、萌动：

这一定又是你的手指
轻弹着，
在这深夜里，稠密的悲思。
我不禁颊边泛上了红，
静听着，
这深夜里弦子的生动。
一声听从我的心底穿过，
忒凄凉，
我懂得，但我怎能应和？
生命早描定她的式样，
太薄弱，
是人们美丽的想象。
除非在梦里有这么一天
你和我，
同来攀动那根希望的弦。

徽因谱了一曲由对方弹奏引发情感波动的诗，细语如诉，幽怨缠绵，怅失深浓。听到乐声，内心激动——红火的“ong”韵，联想现实，徒然悲伤——低沉的去声“e”韵，期望未来，心绪波动起伏反用平声的“an”韵……也许是两人漫步在剑桥小径同听过的一支夜曲，是“星茫下，松影间”悲缓的月光琴音，是“瓦格纳”的乐剧，或者直接是那一袭“稠密的悲思”，一种怅惘的情绪，任凭光阴流逝，依旧生动如初。深夜里的乐声——琵琶之声，率先扣动了志摩的心弦，不过那时琵琶声传达出的，依旧是爱情的无望与悲凉，恍若“此恨绵绵无绝期”的悲叹：

又被它从睡梦中惊醒，深夜里的琵琶！
是谁的悲思，

是谁的手指，
像一阵凄风，像一阵惨雨，像一阵落花，
在这夜深深时，
在这睡昏昏时，
挑动着紧促的弦索，乱弹着宫商角徵，
和着这深夜，荒街，
柳梢头有残月挂，
啊，半轮的残月，像是破碎的希望，他
头戴一顶开花帽，
身上带着铁链条，
在光阴的道上疯了似的跳，疯了似的笑，
完了，他说，吹糊你的灯，
她在坟墓的那一边等，
等你去亲吻，等你去亲吻，等你去亲吻！

连起来聆听两位诗人遥隔多年的对语，颇有些今生来世之心音共振的意味，那钟声、琴声、琵琶声，声声携着撞击忧郁灵魂的余音，寒夜中飘荡散漾，如怨如慕，如泣如诉。徽因在香山，听到过一段当她还是个小姑娘时“在横渡印度洋回家的船上所熟悉的乐曲”：“好像那月光、舞蹈表演、热带星空和海风又都涌进了我的心灵，而那一小片所谓的青春，像一首歌中轻快而又短暂的一瞬，幻影般袭来，半是悲凉，半是光彩，却只是使我茫然。”乐音悠悠，无边无涯，想必这份情绪久难平静的“悲凉”与“茫然”中，也渗透着对初恋往事的感伤。她借诗向志摩倾诉无奈之情，“生活早描定她的式样”，希望之弦只能在梦里拨响，让彼此安命于现实，但求精神相依吧。徐志摩定是懂得的，因为懂得，所以慈悲、从容。

听林徽因的《中夜钟声》：“钟声/敛住又敲散/一街的荒凉”，“像哭泣/像哀恸/将这僵黑的/中夜/葬入/那永不见曙星的/空洞——”，“这摇曳的一声声/又凭谁的主意/把那余剩的忧惶/随着风冷——纷纷——掷给还不成梦的/人"，"钟鼓道志，琴瑟乐心"（《荀子·乐论》）。哀怨绝伦的心曲伴着凄凉的钟声缓缓流泻而出，仿佛对亡友的声声追悼，字字泣诉。到1936年创作《无题》一诗，她又在念想"昨天的静，钟声"，祈望："什么时候还能……登上城楼，更听那一声钟响？"他们的感情，用最严格的定义来衡量，也得叫作爱情。正是人间四月天的繁花，一生只开一次，伴着微微的水、青春的草和悠悠的乐声，绽放了无悔的光彩！

再来回忆他们的恋爱分定了方向的"那一晚"吧：

那一晚我的船推出了河心，
澄蓝的天上托着密密的星。
那一晚你的手牵着我的手，
迷惘的星夜封锁起重愁。
那一晚你和我分定了方向，
两人各认取个生活的模样。
到如今我的船仍然在海面飘，
细弱的桅杆常在风涛里摇。
到如今太阳只在我背后徘徊，
层层的阴影留守在我周围。
到如今我还记着那一晚的天，
星光、眼泪、白茫茫的江边！
到如今我还想念你岸上的耕种：
红花儿黄花儿朵朵的生动。
那一天我希望要走到了顶层，
蜜一般酿出那记忆的滋润。
那一天我要跨上带羽翼的箭，
望着你花园里射一个满弦。

那一天你要听到鸟般的歌唱，
那便是我静候着你的赞赏。
那一天你要看到零乱的花影，
那便是我私闯入当年的边境！

诗笔一开始即伸向遥远的过去，“船”的“追寻”内涵又把多个时空由远及近组接到一处，回忆里“牵手”“分手”的情景，执手相看泪眼，有对志摩《偶然》的回应：“你我相逢在黑夜的海上/你有你的，我有我的，方向/你记得也好/最好你忘掉/在这交会时互放的光亮。”新月朦胧的夜晚，密密的星召唤来了忧愁，是对志摩《两个月亮》的回答：“有时满天只见星点，没了那迷人的圆脸/虽则到时候照样回来/但这份相思有些难挨！/一轮完美的明月/又况是永不残缺！/只要我闭上这一双跟/她就婷婷的升上了天！”到如今固执地选择了方向的女诗人，却被“层层的阴影”包围染了一身肺病，她开始怀念他“岸上的耕种”——志摩创造的诗意以及思想的光辉，怀念一片美景，一片异常生动的花朵般绚烂的未来，和未能展开的美丽无比的种种可能。“星光、眼泪、白茫茫的江边”“红花黄花朵朵的生动”，恍若对《再别康桥》的重现，那一天“要走到顶层”重温旧梦，则暗应《情死》中“你已经登了生命的峰极”。徽因在康桥共同构筑的私密空间里，在记忆的世界里重温旧梦，是早已蓄积的浪漫而忧伤的恋爱自然流露，是别离之夜与康桥某一天的影像叠印，是“交会时互放的光亮”。她将物化为“带羽翼的箭”“鸟般的歌唱”和“零乱的花影”“私闯入当年的边境”“蜜一般酿出记忆的滋润”，郑重发表爱情诗的宣言。忆昔追今，丘比特的神箭再度飞翼，她要以自己特有的方式走进他的世界：在现实的土壤里各有根系，精神却是可以交相辉映的。他们真正地“两情相悦”了。

紧接着，志摩专门写了一首《你去》回答：

你去，我也走，我们在此分手；
你上那一条大路，你放心走，

你看那街灯一直亮到天边，
你只消跟从这光明的直线！
你先走，我站在此地望着你：
放轻些脚步，别教灰土扬起，
我要认清你远去的身影，
直到距离使我认你不分明。
再不然，我就叫响你的名字，
不断的提醒你，有我在这里，
为消解荒街与深晚的荒凉，
目送你归去……
不，我自有主张，
你不必为我忧虑；你走大路，
我进这条小巷。你看那株树，
高抵着天，我走到那边转弯，
再过去是一片荒野的凌乱；
有深潭，有浅洼，半亮着止水，
在夜芒中像是纷披的眼泪；
有乱石，有钩刺胫踝的蔓草，
在守候过路人疏神时绊倒，
但你不必焦心，我有的是胆，
凶险的途程不能使我心寒。
等你走远，我就大步的向前，
这荒野有的是夜露的清鲜；
也不愁愁云深裹，但求风动，
云海里便波涌星斗的流汞；
更何况永远照彻我的心底，
有那颗不夜的明珠，我爱——你！

全然一种温柔而神圣的爱，诗的最末几行，他则全然忘却了自我，表现出超然世外的飘逸与洒脱。爱情已凌然于世俗之上，与生命融为一体，升华成迎接凶险旅程的胆量——此诗面世刚一个半月，志摩即遭空难身亡，永远留在“愁云深里”，他的诗实现了对命运的预言，悲壮而潇洒。

一个细节，徽因发表《那一晚》用了笔名“尺棰”。“尺”，长度单位；“棰”，“鞭子”或“鞭打”之意，徽因以之表达“我懂得，但我怎能应和”，“我却仍然没有回答……永远守住我的灵魂”的曲意之痛。徐林在香山密切的交往，情感精神上已达到了爱的层面，月色下的山谷、松林、红叶俱为见证；徽因既能对爱情的本质清晰体认，又得忠实于客观的婚姻，表达上采用了浓烈与隐晦交叠的抒怀方式，节制的含蓄中潆洄着激越，凝练的哲思中洋溢着言情，悲远俊逸，典雅深丽，形成张力无限。后仍以“尺棰”发表《仍然》一诗：

你舒伸得像一湖水向着晴空里
白云，又像是一流冷涧，澄清
许我循着林岸穷究你的泉源：
我却仍然怀抱着百般的疑心
对你的每一个映影！
你展开像个千瓣的花朵！
鲜妍是你的每一瓣，更有芳沁，
那温存袭人的花气，伴着晚凉：
我说花儿，这正是春的捉弄人，
来偷取人们的痴情！
你又学叶叶的书篇随风吹展，
揭示你的每一个深思；每一角心境，
你的眼睛望着我，不断地在说话：
我却仍然没有回答，一片的沉静
永远守住我的魂灵。

开端几行分明应和《偶然》第一节:“我是天空里的一片云/偶尔投影在你的波心/你不必讶异/更无须欢喜/在转瞬间消灭了踪影。”志摩将自己与徽因的相知相爱比作云在波心里的投影,偶然而平常,唯美却现实;徽因还从“回忆”中徐徐道来,也以“云”“水”意象互喻,解释自己“百般的疑心”“仍然没有回答”,她把这份恋情当作“春的捉弄人”,“来偷取人们的痴情”,只好用“一片的沉静”,“永远守住我的魂灵”。对宋词优秀传统的创造性继承——在诗里“叙事”,在诗歌中讲述自己的爱情故事,和对这份爱情的怀疑、忧虑、思量,使林诗有了可能高出一般抒情写景的词调。那节奏低缓曲折,饱含怀旧的忧伤和惆怅,她欲说还休、欲进却退的矛盾心理如山谷里的一曲洞箫,在寂静的夜晚传递开了。

徽因1932年正月致信胡适言:“这几天思念他的很,但是他如果活着,恐怕我待他仍不能改的。事实上太不可能。也许那就是我不够爱他的缘故,也就是我爱我现在的家在一切之上的确证。志摩也承认过这话。”常言“艺术是光明磊落的隐私”,个人经验无疑属于隐私范畴,“光明磊落”则强调经验的公共性和精神性,感知徐林痴缠十年的情结,一开始即高潮,继而低沉,待香山重逢,都不可能“飞回”去的,只夜来倾心交谈,无悔初衷,他们把个人的生命体验,转化成了公众的爱情话语乃至诗性格言,把个人情怀的真实述诉,转化成了超越时空限制的艺术概括,彼此光明磊落地成就为诗人了。

有情人心有灵犀,对于徽因真诚的疑问和“解释”,徐志摩再以“涧水”自喻:“我又是绝对无意于名利的,所要的只是草青人远,一流冷涧。”他又甘心“游”于云一样哀婉又飘忽的感情,遂作《云游》(《献辞》)一诗回应,“在丰富中见隽永,在简单中见复杂,在无声中见博大与精微”:

那天你翩翩地在空际云游,
自在,轻盈,你本不想停留
在天的那方或地的那角,
你的愉快是无拦阻的逍遥。

你更不经意在卑微的地面
有一流涧水，虽则你的明艳，
在过路时点染了他的空灵，
使他惊醒，将你的倩影抱紧。
他抱紧的只是绵密的忧愁，
因为美不能在风光中静止
他要，你已飞度万重的山头，
去更阔大的湖海投射影子
他在为你消瘦，那一流涧水，
在无能的盼望，盼望你飞回。

据考证，徽因的《情愿》也为志摩创作《云游》提供了灵感和源泉，诗里大有一种心绪无望、超脱不得，而不惜走出恋人视野，挥笔斩情丝的苦痛决绝感，对于相爱无路、想忘不能的浓重情思表现得异常缠绵悱恻——陈梦家以为林之《情愿》已作为“奇丽的诗篇”出现，并对此表示了“酷爱的欢心”（《诗选·序》）：

我情愿化成一片落叶，
让风吹雨打到处飘零
或流云一朵，在澄蓝天，
和大地再没有些牵连。
但抱紧那伤心的标志，
去触遇没着落的怅惘
在黄昏，夜半，蹑着脚走，
全是空虚，再莫有温柔
忘掉曾有这世界有你
哀悼谁又曾有过爱恋

落花似的落尽，忘了去
这些个泪点里的情绪。
到那天一切都不存留，
比一闪光，一息风更少
痕迹，你也要忘掉了我
曾经在这世界里活过。

徽因的诗是抑郁的也是热情的，正像香山丹色的红叶，在隐晦里燃烧，升腾起熠目的光彩，形成了她爱情诗的特色——浪漫式的感伤、变幻和惊人心怀的悲剧内质，“不是无端悲怨深，直将阅历写成吟”（龚自珍《题红禅室诗尾》），这主要导源于对一段已逝的曲折恋情的感慨。“夫和平之音淡薄，而愁思之声要妙；欢愉之辞难工，而穷苦之言易好也。”（韩愈《荆潭唱和诗序》）处在与志摩情爱交流的苏醒、挣扎阶段，她知爱已重现，无缘相守，索性“化成一片落叶”，“或流云一朵”，任风吹雨打和大地不再有瓜葛，甚至怀着落泪的情绪，期望忘掉对方，也希望对方忘掉自己！真忘得掉吗？徐言“你记得也好/最好你忘掉”（《偶然》），怕是最不想忘的。就这样基于生命本体的情感体验，感伤的意象、感伤的语言“触遇没着落的怅惘”，形成了排解不开的理性与情感的内心冲突。

缪塞以为：“最美丽的诗歌是最绝望的诗歌，有些不朽的篇章是纯粹的眼泪。”（《五月之诗》）把徐林爱情诗互读互解，观察他们诗歌创作的发生与意象书写，存在着深刻的关联，在一种“互文性”的亲缘关系里，轻易地捕捉到了他们“此情可待成追忆，只是当时已惘然”的恋爱，和潜藏在爱情背后的深沉的忧伤，或含蓄，或直白，或矛盾，或理智，句句皆是深挚隽永的爱的和弦。一份超越于世俗之上的纯净，一份心领神会的默契，一份相互之间的懂得和慈悲，令人感佩，却不容企及。两位诗人互为灵感，互相激发，可以说是“现代唱和诗”的典范。有情人难成眷属，并不妨碍以文学为知音、知己互相交往，他们的情诗唱和因之具有了辉映于艺术与现实之间的深情悲婉、含蓄沉郁的张力。

一般认为写于1933年岁终的《忆》一诗，划开了徽因前中期诗歌的界限，也是她情感的重要节点：发现了心内既存的初衷，重新面对了徐的诚挚真情，于是一系列怀念、孤独、内疚、自责、伤心、绝望等等情形，在她中后期的诗歌中重重复复地展现出来。有了念想，心里敞亮，徽因没有愧对真情！来读《忆》吧，一首纪念爱情的诗。自问："哀悼谁又曾有过爱恋?"（《情愿》），能够两心相知地以诗对话的人走了，才发现她的确爱恋着并感到难以忘怀，还能再说什么，再写什么？"一年，又是一年辛苦"（《年关》）之后，只剩下一句痴情话、"勇敢话"——"我不曾忘，也不能忘"，或者单纯一句告白、承诺：

新年等在窗外，一缕香，
枝上刚放出一半朵红。
心在转，你曾说过的
几句话，白鸽似的盘旋。
我不曾忘，也不能忘
那天的天澄清的透蓝，
太阳带点暖，料照在
每棵树梢头，像凤凰。
是你在笑，仰脸望，
多少勇敢话那天，你我
全说了，——像张风筝
向蓝穹，凭一线力量

这些"勇敢话"不是一个人在独自呓语，而是两情相悦的年轻人的情话！爱如一泉甘甜的鲜露，让我们的女诗人豪放从容，灵魂清醒，挥动思想的利剑，斩断了"时间的缠绵/和猥琐网布的纠纷"——全是性情流露，却没了强有力的现实保障，"风筝"的意象在此处象征了爱情的飘逝和摇摆不定。当向来温婉、节制的徽因开始“激昂”地宣告更加明了的心意了，那么动情投入的情感呈现、精神驰游和情思奋扬，同时也暴露了直指人心最隐秘地带的隐痛：

我要借这一时的豪放
和从容，灵魂清醒的
在喝一泉甘甜的鲜露，
来挥动思想的利剑，
舞它那一瞥最敏锐的
锋芒，像皑皑塞野的雪
在月的寒光下闪映，
喷吐冷激的辉艳；——斩，
斩断这时间的缠绵，
和猥琐网布的纠纷，
剖取一个无瑕的透明，
看一次你，纯美，
你的裸露的庄严。
……
然后踩登
任一座高峰，攀牵着白云
和锦样的霞光，跨一条
长虹，瞰临着澎湃的海，
在一穹匀静的澄蓝里，
书写我的惊讶与欢欣，
献出我最热的一滴眼泪，
我的信仰，至诚，和爱的力量，
永远膜拜，
膜拜在你美的面前！

徽因都是使用对话的语境说诗情的，她善于营造极致的宁静氛围，揭示潜在的心理秘密与情绪。朱光潜认为："对话的好处就在于反复问答，逐渐鞭辟入里，辩论在生发也就是思想在生发……所以对话不仅现出一种事理的全面相，而且也绘出它所由显的过程用生物学术语来说，它不仅是一种'形态学'，而且是一种'发生学'，它也可以说是思想的戏剧，把宾主的思想都摆在台上表演，一幕接一幕，从始以至于终。"(《谈对话体》)林的"对话体"情诗是此，却非犀利的辩论或"思想的戏剧"，更多表现为一种抒情式的诉说，一种自我情感的深度开掘和敞露。徐志摩十年爱情的守望与引导，无形中炙烤着她，调动着她，她本身就是一个被真情铸就的诗人；而出于对徐的某些诗作的酬答，女诗人运用"你—我"对话的亲密抒情方式，缓缓倾吐隐秘情感与思想的递进过程，为其诗平添了几分生动和新鲜活泼的美学韵致。"感动和说服的力量强大也是构成艺术完美的重要成分"，"人与人之间，有交感共鸣的需要"。(朱光潜:《谈文学》)徽因不单在与爱情的另一主人公对话，也向我们敞开了心扉。

众多情诗中的抒情者集合，是否就是俗世中真实的徽因？她最终对徐志摩产生俗世中真实的爱了吗？在短短半年养病期间，她以不到十首的诗篇亮相而引起瞩目，真是奇迹，不断地分享来自心灵深处的情感体验，发而为诗成超现实的爱情对话，是其真实心迹的艺术化的塑造与升华，是对自我的忠诚、爱情的忠诚——与徽因至真至诚的文学观也相一致。香山时期的爱情还停留在心灵和精神层面，并在后面永远失去了其他可能，而女诗人爱的心路历程却无法回避、无法忽略和抹杀，她诗中所体现出来的身陷情感歧路的内心矛盾、彷徨、困惑，是具体可触的。1932 年 2 月，因散佚的"康桥日记"惹了纠纷，徽因写信给胡适谈及自己和徐志摩的因缘关系：

据实说，我也不会以诗人的美谀为荣，也不会以被人恋爱为辱。我永是"我"，被诗人恭维了也不会增美增能，有过一段不幸的曲折的旧历史，也没什么可羞惭。……我觉得这桩事，人事方面看来真不幸，精神方面看来，这桩事或为造成志摩为诗人的原因，而也给我不少人格上、知识上、磨炼修养的帮助，志摩 in a way 不悔他有这一段苦痛历史，我觉得我的一生至少没有大堕入凡俗的满足，也不算一桩坏事，志摩警醒了我，他变成一种 stimulant 在我生命中，或恨、或怒、或 happy、或 sorry、或难过、或苦痛，我也不悔的，我也不 proud 我自己的倔强，我也不惭愧。我的教育是旧的，我变不出什么新的人来，我只要"对得起"人——爹娘、丈夫（一个爱我的人，待我极好的人）、儿子、家族等等，后来更要对得起另一个爱我的人，我自己有时的心，我的性情，便弄得十分为难，前几年不管对得起他不，倒容易——现在结果也许我谁都没有对得起，您看多冤！

已不再掩饰什么。对并不两相同步的未果恋爱，志摩隐喻以"在这交会时互放的光亮"（《偶然》），徽因则以"亘古到今情感的矛盾做成了嘶哑"（《当我去了，还有没说完的话》）做注解，前者毕生等候、求之不得，后者也身陷或痛或怒、或难过或幸福的情感漩涡，而悲剧性地成就了他们为诗的重要原因——尤其林徽因把毕生绝大部分精力连同自己脆弱的健康奉献给了中国古建筑研究事业，诗歌绝谈不上她的全部艺术生命，却赋予她现实之外的另一空间，是她呼吸的另一形式，生命存在的另一种姿态。其父林长民有诗句"万种风情无地着"，对照女儿无法应和、无以回报的爱情。徽因背负了常人难以想象的情感负荷，唯有写出诗来"静候着你的赞赏"，试图用艺术的手段在现实之外为满溢的情感找一处安然的理想栖所，求释放"灵感"，珍藏"记忆"，抑或"空想"，抑或"冥思"，和纯粹的精神之恋的永恒实现。不过精神相恋本身包裹着某些梦幻与虚无的成分，何况是在诗歌之中建构，徐林生前身后的诸多情诗，实为不愿被导向遗失、遗忘的爱情态度。

再读徽因作于 1936 年的《记忆》一诗：

断续的曲子，最美或最温柔的

夜，带着一天的星。
记忆的梗上，谁不有
两三朵娉婷，披着情绪的花
无名的展开
野荷的香馥，
每一瓣静处的月明。
湖上风吹过，头发乱了，或是
水面皱起像鱼鳞的锦。
四面里的辽阔，如同梦
荡漾着中心彷徨的过往
不着痕迹，谁都
认识那图画，
沉在水底记忆的倒影！

记忆里都是怀念。初见时永远的康桥月夜，水面皱起鱼鳞似的锦，水底倒映斑斓的星辉、香馥的野荷，爱的记忆在那一瞬间复活，就如美丽的花朵盛开在心里，宁静而安详。对志摩而言，这迟来的爱，是最后的温柔。幸好他在生前已察觉到了微许，不负一生诗意的信仰。曾经他在情感的重重烦扰之下，一再来到康河的柔波里求同，返回自然，呼唤神灵，洗濯尘烟和忧愁。徽因也写了这歌颂自然的诗，充分透显出人与自然圆融地相即相入的和谐性，但她还没来得及沉醉，已分明地意识到"梦"和"倒影"似有实无，而记忆缥缈虚幻，只能退回到冥思的沙漠中细品丝丝缕缕的愁思。

一改浪漫主义诗歌的直线型抒情模式，徽因表达情感的消逝不与情感的升腾一般火热了，颇带现代主义风格的艺术格局出现在她笔下，如《别丢掉》：

别丢掉
这一把过往的热情，

现在流水似的，
轻轻
在幽冷的山泉底，
在黑夜在松林，
叹息似的渺茫，
你仍要保存着那真
一样是月明，
一样是隔山灯火，
满天的星，
只使人不见，
梦似的挂起，
你问黑夜要回
那一句话——你仍得相信
山谷中留着
有那回音

朱自清先生分析这首经典爱情诗的技法，认为是错杂的诗句添重了逝情的渺茫与零落："第一、二行和第八行本来是一句话的两种说法，只因流水，那个长比喻，又带着转个弯儿，便容易把读者绕住了。"类似的例子还可举《一串疯话》，据说当年徽因刚学着写诗，就拿了这首去给志摩看的："好比这树丁香，几枝山红杏，相信我的心里留着有一串话/绕着许多叶子，青青的沉静/风露日夜，只盼五月来开开花！/如果你是五月，八百里为我吹开/蓝空上霞彩，那样子来了春天/忘掉腼腆，我定要转过脸来/把一串疯话全说在你的面前！"以急不择言、颠三倒四的语言结构贯串首尾，好像不可抑制的感情的回环跌宕，通过语言、意象的错落有致的颠倒安排，更显出女诗人在热情驱动下的纯真、炽热、缠绵悱恻、如痴如醉。徐诗人定然极欣悦地聆听着这回肠荡气的"一串疯话"，以至受到夸奖的徽因念念不忘，写《别丢掉》一诗沿用了他喜欢的样式。

当然,这现代诗艺成就的新诗还以饱满密实的意象构成了生动丰沛的情境。庞德定义意象是"在一刹那的时间里表现出一个理智和情绪复合物的东西",徽因将之与传统情景交融、借物抒情的手法交织在一起,例如"隔山灯火"本身具有感性、理性的双重魅力,其境界已扩伸入抒情主体的灵魂深处,既是"那一把过往的热情" 的具象化、知觉化,又作为一个独立的意象,情意浓重,自备风采;又将"那一把过往的热情"描绘成"流水似的/轻轻/在幽冷的山泉底/在黑夜,在松林/叹息似的渺茫",正是兼有现代主义的意象联络的托物言情。更重要的,她是强调主体情意与客观物象之间的交往、交流的:"诗中意象多不是寻常纯客观的意象。诗中的云霞星宿,山川草木,常有人性的感情,同时内心人性的感触反又变成外界的体象,虽简明浅显隐奥繁复各有不同的。"(《究竟怎么一回事》)从《别丢掉》中离离落落散布的意象群里,即可听见情感的深层流动,仿佛每一个景致都有千愁万绪:流水,山泉,黑夜,松林,明月,隔山灯火,满天星斗,山谷中的回音……所谓"以我观物,故物皆著我之色彩",徽因的诗是意象的也是情感的,是健旺的情感化生的庄严玲珑的意象,经过了艺术的立体化处理,不再给人以单一的、表层的启示,当意象本身成为直抒情热的倾诉者,至上神秘的"无我之境"也就自然形成了。属于香山夏夜的意象景致,朦胧氤氲,空空无痕,"如羚羊挂角,无迹可求,故其妙处在莹澈玲珑,不可凑泊,如空中之音,若闻若寂,相中之色,似见似灭,水中之月,非有非无,镜中之象,亦存亦亡"(严羽:《沧浪诗话》)。"流水似的""叹息似的""梦似的",呈现一个情景结合、虚实相生的意境,如蓝田日暖,良玉生烟,可望而不可置于眉睫之前。回忆与存在之间,"只使人不见",留下声声缠绵但执着的爱情呼唤,徒增万般悲思。

此诗作于徐志摩去世的后一年(1936 年发表于《大公报 · 文艺》),最末一句的"回音"谐音"徽因","山谷中留着"的"那一句话"则指徐诗《你去》中"我爱——你"的句子,林诗暗示的答案是这样:"你的话还是要不回的,我还恋着你。"似乎对着大山深情呼喊而产生的回响,又像一个音符重复两次后再向空中播撒，意韵绵绵，余音袅袅——这分明在与已逝的志摩对话！说给他听“你仍要保存着那真”，同时也敦促自己“别丢掉这一把过往的热情”，她在精神上坚守承诺，要保持他生前“那不可信的纯净的天真”和对理想的“愚诚”。朱自清《中国新文学大系·诗集·导言》曾引闻一多的话：“中国缺少情诗，有的只是‘忆内’‘寄内’，或曲喻隐指之作，坦率的告白恋爱者绝少，为爱情而歌咏爱情的更是没有。”“严格地讲，只有男女间恋爱底情感是最热烈的情感，所以是最高最真的情感。”“五四”以后爱情诗创作进入了新阶段，徐林唱和的大部分情诗，是可以拣出来的“高峰性的悠久性的作品”，代言了这一时期的经典文学话语。单看徽因的爱情诗，写得含蓄温婉，也节制着动摇、激动，不失身份，纯净得体，“她那清丽的深藏的抒情，她那些清新流动的意象，她把传统与现代结合的感受，使她成为诗坛的一颗令人神往的明珠”（蓝棣之：《新月派诗选·序》）。

纯粹写景的《山中一个夏夜》又如何呢？香山之夜，月影星辉，一草一树，一丘一壑，也都是女诗人灵想之所独辟，“意象在六合之表，荣落在四时之外”。清方士庶《天墉庵随笔》言：“山川草木，造化自然，此实境也。因心造境，以手运心，此虚境也。虚而为实，是在笔墨有无间，——故古人笔墨具此山苍树秀，水活石润，于天地之外别构一种灵奇。或率意挥洒，亦皆炼金成液，弃滓存精，曲尽蹈虚揖影之妙。”徽因深谙古典诗画意境的创造，实有其物，或想象之景，皆为表达情感的需要，表达酷爱自然之美的欣喜满怀。和志摩对自然的顶礼膜拜一样，她对一切关于虚实相生的景感受真切，此刻置身空山灵谷，耳畔雅乐传来，有远处对山的灯光，身边松林的黑影，远处流水的汩汩，身边草叶的沙沙等等，交织成远近更迭的时空意识，和“‘俯仰自得’的节奏化的音乐化了的中国人的宇宙感”（宗白华：《美学散步》）。

山中有一个夏夜，深得
像没有底一样，
黑影，松林密密得；周围没有点光亮。

对山闪着只一盏灯——两盏
像夜的眼,夜的眼在看!
满山的风全蹑着脚
像是走路一样,
躲过两各处的枝叶
各处的草,不响。
单是流水,不断的在山谷上
石头的心,石头的口在唱。
均匀的一片静,罩下
像张软垂的幔帐。
疑问不见了,四角里
模糊,是梦在窥探?
夜像在祈祷,无声地在期待,
幽馥的虔诚在无声里布漫。

时、空构成了自然系统的经纬。独处宇宙之下观万象丛生,静听造化自然的一切声响,寂寞也像黑夜悄悄地把我们敏感多情的女诗人包围了。徽因一定记起来志摩《鬼话》中面对"慧珈"的倾心叙述,那也是一个诗人的灵魂对自然、人生的感慨和爱恋。他从爱自然起笔,放任思绪在宇宙中漫飞,其独特、高伟之处,全在于对夜晚之"幽秘"审美的崇拜:"我爱夜,我爱星夜,我爱无星之夜,我爱黑暗中之微茫,我爱星茫下之黑夜。"这"夜"是"尤为赋予生命之原素",是志摩寄托真情性的立身之所,里面有浓浓的爱,有可爱的女神,可爱的涧声,可爱的月,可爱的云……同时"夜"暗示了一种毁灭的境界,一种纯粹"伟秘"的无奈,一旦身置如此冷漠、空旷、寂灭的天地之间,除了爱恋,哪里还有别的可以用来取暖的东西?

秋风红叶的1931年9月,林徽因病愈下山,11月徐志摩命殒开山,香山月夜的星辉黯了。

之后“行有余力，则以学文”，徽因重新定位其诗歌以“回忆志摩”为主轴的调子，建立在对过往种种相思痴痴的重述、重塑上，若隐若现地剖述着内心苦痛的点滴，真正寻找回了已失去的爱恋，然后形成精神生活的根。她的每一诗都“忠于情感，又忠于意象，更忠于那一串刹那间内心整体闪动的感悟”(《究竟怎么一回事》)，有专诚致意，而无惨淡经营，完全尊重灵感的突如其来，尊重个人情感的波澜起伏；她集古典、浪漫与现代诗艺于一身，自由融合了新月派、京派和现代派的美学趣味，出之以文字，既涌动着海水般深深的情感，又能理性引导这水流顺着一定渠道流淌。“在文艺创造的努力和信仰方面”，志摩的回光返照，一直照着作为诗人的徽因，对她而言“间接地是一种力量”，他仍活在她心中，“继续着生的理想”。

四　人间四月轻轻地走了

徐志摩很崇拜英国诗人雪莱，尤其奇怪的是他竟一天到晚羡慕他海上覆舟的死况：“我希望我将来能得到他那样刹那的解脱，让后世人谈起就寄予无限的同情与悲悯。”这位新诗人本身却常常被誉称为中国的“济慈”，也热烈赞颂一只天教歌唱的痴鸟，为了他的单纯信仰，不吝用无限美丽的比喻和一泻千里的流利语言表达对爱、美和自由世界的深深向往。他一直想飞，像夜莺，或一朵翩翩在空际作逍遥游的云，《偶然》《云游》等诗都有涉及，尤其《爱的灵感》中，他托身于“白朗宁夫人的鬼魂”，幸福地长眠在恋人的怀抱：“我就像是一朵云，一朵/纯白的，纯白的云，一点/不见分量，阳光抱着我/我就是光，轻灵的一球/往远处飞，往更远的飞/什么累赘，一切的烦愁/恩情，痛苦，怨，全都远了……”而徽因不禁为他的理想魅力哭了：“也就是为这‘诗意的信仰’他硬要借航空的方便达到他‘想飞’的夙愿！”(《悼志摩》)

1931年11月19日，徐志摩乘飞机由南京北上，要听林为外国使节演讲“中国建筑艺术”报告，并留下最后的文字给她：“下午三点准到南苑，请派车接。”大雾中飞机误触济南开山坠落，34岁的诗人完成了他最充满浪漫特质的死亡预言："我们最初就是飞了来的，有的做完了事还是飞了去。"——散文《想飞》里，满是先知一样的文字，甚至精确到了自我幻灭的刹那："同时天上那一点子黑的已经迫近在我的头顶，形成了一架鸟形的机器，忽地机沿一侧，一球光直往下注，砰的一声炸响——炸碎了我在飞行中的幻想。"就算志摩预先能知道飞机出事，他答应了她的，他还是会赶来。

蔡元培有挽联如下：

谈话是诗，举动是诗，毕生行径都是诗，诗的意味渗透了，随遇自有乐土；

乘船可死，驱车可死，斗室生卧也可死，死于飞机偶然者，不必视为畏途。

梁思成特意从空难地点带回一块木质飞机残骸，徽因悬挂床头，这富有仪式感的举动，直持续到她也离开人世。想那飞机残骸的焦木，见证了生的高蹈和死的决绝，亦曾为彼树，覆深荫、映繁花、凝风露，或邀月明、疏云影，或曾在人间四月天，引来数声啼鸟，也学相思调，悲吟着"三分春色二分愁，更一分风雨"，春去秋来了：

这是秋天，秋天，
风还该是温软；
太阳仍笑着那微笑，
闪着金银，夸耀
他实在无多了的
最奢侈的早晚！
这里那里，在这秋天，
斑彩错置到各处
山野，和枝叶中间，

像醉了的蝴蝶,或是
珊瑚珠翠,华贵的失散,
缤纷降落到地面上。
这时候心得像歌曲,
由山泉的水光里闪动,
浮出珠沫,溅开
山石的喉嗓唱。
这时候满腔的热情
全是你的,秋天懂得,
秋天懂得那狂放,——
秋天爱的是那不经意
不经意的凌乱!
但是秋天,这秋天,
他撑着梦一般的喜筵,
不为的是你的欢欣:
他撒开手,一掬璎珞,
一把落花似的幻变,
还为的是那不定的
悲哀,归根儿蒂结住
在这人生的中心!
一阵萧萧的风,起自
昨夜西窗的外沿,
摇着梧桐树哭。——
起始你怀疑着:
荷叶还没有残败;
小划子停在水流中间;
夏夜的细语,夹着虫鸣,

还信得过仍然偎着
耳朵旁温甜；
但是梧桐叶带来桂花香，
已打到灯盏的光前。
一切都两样了，他闪一闪说，
只要一夜的风，一夜的幻变。
冷雾迷住我的两眼，
在这样的深秋里，
你又同谁争？现实的背面
是不是现实，荒诞的，
果属不可信的虚妄？
疑问抵不住简单的残酷，
再别要悯惜流血的哀惶，
趁一次里，要认清
造物更是摧毁的工匠。
信仰只一细炷香，
那点子亮再经不起西风
沙沙的隔着梧桐树吹！
如果你忘不掉，忘不掉
那同听过的鸟啼；
同看过的花好，信仰
该在过往的中间安睡。
……
秋天的骄傲是果实，
不是萌芽，——生命不容你
不献出你积累的馨芳；
交出受过光热的每一层颜色；

点点沥尽你最难堪的酸怆。
这时候,
切不用哭泣;或是呼唤;
更用不着闭上眼祈祷;
向着将来的将来空等盼;
只要低低的,在静里,低下去
已困倦的头来承受,——承受
这叶落了的秋天
听风扯紧了弦索自歌挽:
这秋,这夜,这惨的变换!

徽因的72行长诗《秋天,这秋天》专为纪念徐志摩逝世两周年而作,她在当年给沈从文的信中坦言:"十一月的日子我最消化不了,听听风知道枫叶又凋零得不堪,只想哭。"1935年所写《纪念志摩去世四周年》一文,又透露了写作动机:"……今年又轮到今天这一个日子!世界仍旧一团糟,……我并不在瞎说,当我写:信仰只一细炷香/那点子亮再经不起西风/沙沙地隔着梧桐树吹!……如果是你现在坐在我这位子上,迎着这一窗太阳:眼看着菊花影在墙上描画作态;手臂下倚着两叠今早的报纸;耳朵里不时隐隐地听着朝阳门外'打靶'的枪弹声;意识的,潜意识的,要明白这生和死的谜,你又该写成怎样一首诗来,纪念一个死别的朋友?"

徽因效仿志摩常被比拟的诗人济慈,写了一首给秋天的诗,也把"秋天"拟人化,变成"他","你"则专指徐,却再不是热情的季节时颂,她笔下的秋天指向黑夜与死亡。自古逢秋悲寂寥,草木摇落、白露凝结,生命由盛转衰,而这秋天最使人伤感的,莫过于落花似的残忍幻变:"还为的是那不定的/悲哀,归根儿蒂结住/在这人生的中心。"人生的中心竟是不期而至的幻变带来的悲哀!可怜这幻变,其实不过起自西窗外沿的"一阵萧萧的风",吹过一夜之间,拂向梧桐树发出阵阵凄然的哭泣声,斯人已去!当"夏夜的细语"散落在秋天里，成为惆怅的记忆，现在只是“渺小的追一点子想念”罢了。诗的结尾写：“这时候/切不用哭泣；或是呼唤/更用不着闭上眼祈祷/向着将来的将来空等盼/只要低低的，在静里，低下去/已困倦的头来承受，——承受/这叶落了的秋天听风扯紧了弦索自歌挽/这秋，这夜，这惨的变换！”一个季节的距离断送一世情缘，是不是哭泣、呼唤、甚至祈祷皆属枉然？谁导致了这“流血的哀惶”？被冷雾迷住的双眼错失了什么？是不是再无法享受世间美好而只为死亡的阴影追逐？难道只许默默地“在静里”低下疲乏不堪的头，来承受残酷的造物之最后宣判而不能反抗？是不是在落叶的秋天里，萧萧西风仅是女诗人为自己奏起的挽歌？是不是没有任何变奏而任凭主旋律在黑夜与死亡两者之间交替鸣响？

“别了，如果是永远的；那就永远地，别了！”（莱蒙托夫：《哀歌》）

在徐逝世十六年后的1947年5月，徽因在生命后期被迫离开北平，又作《给秋天》一诗，沿用英国民谣的抒情体式，还是送予他的秋诗。她仍然感觉他像被一阵秋风卷走的。情感力量产生意象，尤其渗入徐志摩诗的意象，随着秋天里微风漾水、淡霭凄林和红枫落叶等事物再次出现，在步步惊心的客观景致之描写中诗思情怀正慢慢剥落出来，显现了徽因失去恋人和知音的无限悲戚以及深深的自责、悔恨。“好像只是昨天，你还在我的窗前”，酬答着徐志摩为她所写的《山中》：“我想攀附月色/化一阵清风/吹醒群松春醉/去山中浮动/吹下一针新碧/掉在你窗前/轻柔如同叹息/不惊你安眠！”自女诗人的文学生命诞生的1931年春夏，她“从来没有停止说话来思念他”——在情诗里说情话。这时志摩已完全等同于“秋天”，晴空下赫然映着他大男孩般的脾气，璀璨的笑竟将林叶染红，如金子般散发出迷人的光芒，充满热情和理想。徽因坦白承认了自己在与“秋天”相恋，并且“爱得多么疯狂”：

正与生命里一切相同，
我们爱得太是匆匆；
好像只是昨天，

你还在我的窗前!
笑脸向着晴空
你的林叶笑声里染红
你把黄光当金子般散开
稚气,豪侈,你没有悲哀。
你的红叶是亲切的牵绊,那零乱
每早必来缠住我的晨光。
我也吻你,不顾你的背影隔过玻璃窗!
你常淘气的闪过,却不对我忸怩。
可是我爱的多么疯狂,
竟未觉察凄厉的夜晚
已在你背后尾随,——
等候着把你残忍的摧毁!
一夜呼号的风声
果然没有把我惊醒
等到太晚的那个早晨啊
啊。天!你已经不见了踪影。
我苛刻的咒诅自已
但现在有谁走过这里
除却严冬铁样长脸
阴雾中,偶然一见。

真一首秋的悲伤恋曲,深沉又热烈、幽怨而缠绵,仿佛是由哭泣的大地孕育出来的!忧郁贯穿其中,有点儿古希腊悲剧的无望感、宿命感,又似乎没那般沉重难耐;诗中"稚气,豪侈"的美感形态,以流动的意象通向了一个形而上的意蕴空间。

志摩坠机身亡的"秋天",超越"人间的季候永远在转变"(《时间》)中的常在，成为徽因悼诗中一再出现的意象，香山有过的“缤纷的花雨”，落下来延伸成无可奈何但凭落去的惆怅，对于徐志摩之死的震痛、扼腕，对韶华光阴早去人间的幽幽感叹，对逝情的追忆或思索，占据了林诗的情感天空。一系列“秋诗”创作，是她怀念死者的最恰当、充分的方式。

有时节性的安身——

《八月的忧愁》：收揽了山水田园的风华，想起生命沉浮起落、困顿烦琐：

黄水塘里游着白鸭，
高粱梗油青的刚高过头，
这跳动的心怎样安插，
田里一窄条路，八月里这忧愁？
……
从没有人说过八月什么话，
夏天过去了，也不到秋天。
但我望着田垄，土墙上的瓜，
仍不明白生活同梦怎样的连牵。

《九一八闲走》：徘徊在黄叶铺满的幽径，跟着凉风兜兜转转、迷迷惘惘：

我问秋天，秋天似也疑问我：
在这尘沙中又挣扎些什么，
黄雾扼住天的喉咙，
处处仅剩情绪的残破？
但我不信热血不仍在沸腾；
思想不仍铺在街上多少层；
甘心让来往车马狠命的轧压，
待从地面开花，另来一种完整。

《十月独行》:坐一条“自己拉纤”的寂寞小船,看过去来回、熙熙攘攘:

像个灵魂失落在街边,
我望着十月天上十月的脸,
我向雾里黑影上涂热情
悄悄地看一团流动的月圆。
……
我像哭,像自语,我跟自己抱歉!
自己焦心,同情,一把心紧似琴弦,——
我说哑的,哑的琴我知道,一出曲子
未唱,幻望的手指终未来在上面?

到了“最消化不了”的十一月,孤独而沉思地漫游,眼睛穿透门窗、院墙的屏障,观众生如流,和一己以外的有情世界:“十一月的小村外是怎样个去处?”“是什么做成这十一月的心,十一月的灵魂又是谁的病?”

无论我坐着,我又走开,
我都一样心跳;我的心前
虽然烦乱,总像绕着许多云彩,
但寂寂一湾水田,这几处荒坟,
它们永说不清谁是这一切主宰
我折一根柱枝看下午最长的日影
要等待十一月的回答微风中吹来。
(《十一月的小村》)

再如地点式的着眼,《城楼上》,城楼远望,神经兮兮、哀泣连连的自言自语:

对了，
也是秋天！
你也曾去过，
你？那小树林？
还记得么；
山窝，红叶像火？
映影
湖心里倒浸，
那静？
天！……
（今天的多蓝，你看！）
白云，
像一缕烟。
谁又啰唆？
你爱这里城墙，
古墓，长歌，
蔓草里开野花朵。
好，我不再讲
从前的，单想
我们在古城楼上
今天，———
白鸽，
（你准知道是白鸽？）
飞过面前。

《静院》，离离落落的满院子里“月圆了残”，分不清楚夏夜或秋夜：

又是多少年前,——夏夜。
有人说:
“今夜,天,……”(也许是秋夜)
又穿过藤萝,
指着一边,小声地,
“你看,星子真多!”
草上人描者影子;
那样点头,走,
又有人笑,……
静,真的,你可以相信
这平铺的一片——
不单是月光,星河,
雪和萤虫也远——
夜,情绪,进展的音乐,
如果慢弹的手指
能轻似蝉翼,
你拆来开看,纷纭,
那玄微的细网
怎样深沉的拢住天地,
又怎样交织成
这细致缥缈的彷徨!
……

“悲秋”,这一中国古诗“哀伤的美德象征”,非悲壮之叹,“而偏及柔和之美”,表达的不是人因执着于死和逝所迸发出的悲剧般的“崇高”之美,而是因领悟到死乃命定生出的“阴柔之美”。空难已降,成徐林二人最后的“别离”,只等季节轮换,香山再遇后仿佛打破了所有阻碍的“初心”浮现,秋日里完满了“此恨绵绵无绝期”的精神之恋。“求你将我放在你心上如印记，带在你臂上如戳记，因为爱情如死之坚强，嫉恨如阴间之残忍，所发的电光是火焰的电光。”（《圣经·雅歌》）他不可信地走后，徽因十六年不曾停歇地对秋天的倾诉，谁不相信她深爱着他？“……春时你留下多处残红，翩然辞别/本不想回来时同谁叹息秋天！/现在连秋云黄叶又已失落去/辽远里，剩下灰色的长空一片/透彻的寂寞，你忍听冷风独语？”（《时间》）秋天是徐的同义语，与秋天的苦恋就如生命的吊诡，痴缠哀怨，不忍断绝，又清醒克制，摆脱不得！徽因基于志摩之死唤醒了写作灵感，“会悟了从青年的 idealistic phase 走到了成年的 realistic phase”，难得有情人深谙“悲秋”之意，能跳出季节变更所引起的忧伤情感和年岁状况的惆怅，开始了对生命与生活的智性思索。

当时《新月》《诗刊》等均辟“徐志摩纪念专号”，刊发许多亲友的悼亡诗文、挽联——他真得到了“刹那的解脱”和“无限的同情与悲悯”。林徽因发表散文《悼志摩》：“突然的，他闯出我们这共同的世界，沉入永远的静寂，不给我们一点预告，一点准备，或是一个最后希望的余地……”解读十年生死间的理解和心灵认同，徐的同情心、脱俗的胆量、广泛的兴趣等，都溶解在徽因真情真爱的悲绪里。她以沉郁、凄切的笔调倾诉了对一个“特殊朋友”的特殊哀悼，在深切哀悼中透露出生的无常和疑惑，“生与死一样的不可解，不可懂”（《纪念志摩去世四周年》），都是超越人的智慧的秩序和存在：

> 我们不迷信的，没有宗教地望着这死的帏幕，更是丝毫没有把握。张开口我们不会呼吁，闭上眼不会入梦，徘徊在理智和情感的边沿，我们不能预期后会，对这死，我们只是永远发怔，吞咽枯涩的泪；待时间来剥削着哀恸的尖锐，痂结我们每次悲悼的创伤。
>
> ……
>
> 我们中间没有绝对信命运之说的，但是对着这不测的人生，谁不感到惊异，对着那许多事实的痕迹又如何不感到人力的脆弱，智慧的有限。世事尽有定数？世事尽是偶然？对这永远的疑问我们

什么时候能有完全的把握?

……

志摩我的朋友,死本来也不过是一个新的旅程,我们没有到过的,不免过分地怀疑,死不定就比这生苦,“我们不能轻易断定那一边没有阳光与人情的温慰”,但是我前边说过最难堪的是这永远的静寂。我们生在这没有宗教的时代,对这死实在太没有把握了。这以后许多思念你的日子,怕要全是昏暗的苦楚,不会有一点点光明,除非我也有你那美丽的诗意的信仰!

徽因纤细之文笔回忆了诗人徐志摩“雨中等虹”的“完全诗意的信仰”,是和“他那像小孩般的精神和认真”“那不可信的纯净的天真”连在一起的。她写于1936年的诗《藤花前——独过静心斋》,还细腻地保留着志摩“认真”“天真”的诗情意趣:

紫藤花开了
轻轻地放着香,
没有人知道……
紫藤花开了
轻轻地放着香,
没有人知道。
楼不管,曲廊不做声,
蓝天里白云行去,
池子一脉静;
水面散着浮萍,
水底下挂着倒影。
紫藤花开了
没有人知道!

蓝天里白云行去,
小院,
无意中我走到花前。
轻香,风吹过
花心,
风吹过我——
望着无语,紫色点。

紫藤轻轻地、悄悄地开花了,没有人知道吗?还在北平香山时,志摩前去探望生了病的徽因,黄昏的斜阳拂落在双清林家的断墙上,微风飘过断墙一带的紫藤花,带来阵阵轻香,他静静凝神默视良久,过后告诉她,“想要描写那墙上向晚的艳阳和刚刚入秋的藤萝”。徽因《悼志摩》一文提及这番细腻异常的动作,知道他还牵记着她家矮墙上的艳阳,知道他比任何人都热心,都更能静心领略,如徐诗《悲思》:“悲思在庭前——/不;但看/新萝憨舞/紫藤吐艳/蜂恣蝶恋——/悲思不在庭前。”《在病中》:“院中有阳光暖和/一地的衰草,墙上爬着藤萝/有三五斑猩的,苍的,在颤动。”这样忠实于“生”的一个人走了:“这样早地永远地离开我们另投一个世界,永远地静寂下去,不再透些许声息!”不再有人注意花开花谢、云卷云舒,正像这诗里藏着“没有人知道”的哀伤和怀念。要注意,点点的紫色里,又出现了云水交影的重要意象,正是想象中的诗人徐志摩,对着“沐到光照而映现在墙上的花影入迷”的林徽因,她把自己安排在一种不知道在哪一个方向吹来的“怪异的”风下,“风吹过花心,风吹过我”,独向小院无意识地靠近了紫藤花,模仿他的习惯,最后在静默关照中与紫藤花浑然合一,徽因就是紫藤花,紫藤花就是徽因……

徽因的诗里总有意无意地、隐隐约约地重叠着志摩坠机身亡的踪迹:看到一枚透明的菩提叶子从树上飘落,感觉“那一天一闪冷焰/一叶无声的坠地/仅证明了智慧寂寞/孤零的终会死在风前”(《题剔空菩提叶》);听见墙上时钟滴滴答答地传来声响,感慨“当我去了,还有没说完的话/ 像钟敲过后,时间在悬空里暂挂/ 你有理由等待更美好的继续/ 对忽然的终止，你有理由惧怕”（《当我去了，还有没说完的话》），《吊玮德》一诗描绘诗人之死的意象，艺术性地涵括了隐在背后的徐志摩，是最美的悼亡诗：

……是不是那样，
你觉得乏了，有点儿
不耐烦，
并不为别的缘故
你就走了，
向着那一条路？
玮德你真聪明；
早早地让花开过了
那顶鲜妍的几朵，
就选个这样春天的早晨；
挥一挥袖
对着晓天的烟霞
走去，轻轻地，轻轻地，
背向着我们。
春风似的不再停住！

分明来自《再别康桥》中“轻轻地我走了/ 正如我轻轻地来”“我挥一挥衣袖/ 不带走一片云彩”的断肠绝唱！淡淡的、轻轻地忧愁背后隐藏着深切的悲哀。哀悼方玮德，同时渗透对徐的怀念，以“想飞”的死亡凝聚感情，负载了更丰富、广泛的情感内容，怀人的意念超越外显的沉重语词，不乏深刻的诗意情感：“志摩，你这最后的解脱未始不是幸福，不是聪明，我该当羡慕你才是。”（《悼志摩》）

1934 年再逢徐的忌日，梁林夫妇至南方考察由浙南路过硖石（徐志摩故乡），停车的几分钟里，徽因下了车，在昏沉的夜色里独自站在车门外，“凝望着幽暗的站台，默默地回忆许多不相连续的过往残片，直到生和死间居然幻成一片模糊，人生和火车似的蜿蜒一串疑问在苍茫间奔驰……”生者和死者，如同平行的铁轨，永不相交了，“如果那时候我的眼泪曾不自主地溢出睫外，我知道你定会原谅我的”。第二年写作《纪念志摩去世四周年》，徽因把他的诗《火车擒住轨》抄进了自己的文章：

火车擒住轨，在黑夜里奔：
过山，过水，过陈死人的坟：
……
过冰清的小站，上下没有客，
月台袒露着肚子，像是罪恶。
这时车的呻吟惊醒了天上
三两个星，躲在云缝里张望；
那是干什么的，他们在疑问，
大凉夜不歇着，直闹又是哼，
长虫似的一条，呼吸是火焰，
一死儿往暗里闯，不顾危险，
就凭那精窄的两道，算是轨，
驮着这份重，梦一般的累坠。
累坠！那些奇异的善良的人，
放平了心安睡，把他们不论
俊的村的命全盘交给了它，
不论爬的是高山还是低洼，
不问深林里有怪鸟在诅咒，
天象的辉煌全对着毁灭走；
只图眼着过得，裂大嘴打呼，

明儿车一到，抢了皮包走路！
这态度也不错！愁没有个底；
你我在天空，那天也不休息，
睁大了眼，什么事都看分明，
但自己又何尝能支使运命？
说什么光明，智慧永恒的美，
彼此同是在一条线上受罪，
就差你我的寿数比他们强，
这玩艺反正是一片湖涂账。

她献给徐志摩的不仅是一篇悼文，也是“一颗种子在石缝里砰然绽苞的声音，是灵魂被锯着的诗人的歌哭”（林杉：《林徽因传：一代才女的心路历程》）。徽因“中肯或诚实地论评”了志摩作为诗人的基本品格，认为他诗意地活在世界上，爱、自由和美是全部艺术的魂灵，呈现出来的写诗态度则诚实、勇敢而倔强：“你在这上面单纯的信仰和诚恳的尝试，为同业者奋斗，卫护他们情感的愚诚，称扬他们艺术的创造自己从未曾求过虚荣，我觉得你始终是很逍遥舒畅的。如你自己所说‘满头血水’你‘仍不曾低头’，你自己相信‘一点性灵还在那里挣扎’，‘还想在实际生活的重重压迫下透出一些声响来’。”散文体式为怀人而产生了诗的深邃意境，徽因极力寻求着生与死的结界，“你应当相信我不会向悲哀投降，什么时候我都相信倔强的忠于生的”。虽死犹生，同为爱的至高境界，而灵魂最深处的相守，慰藉了现实中难以抚平的情感创痛。

死是悲剧的一章，生则更是一场悲剧的主干！我们这一群剧中的角色自身性格与性格矛盾；理智与情感两不相容；理想与现实当面冲突，侧面或反面激成悲哀。日子一天一天向前转，昨日和昨日堆垒起来混成一片不可避脱的背景，做成我们周遭的墙壁或气氲，那么结实又那么缥缈，使我们每一个人站在每一天的每一个时候里都是那么主要，又是那么渺小无能为！

……

你仍立在我们烟涛渺茫的背景里，间接的是一种力量，尤其是在文艺创造的努力和信仰方面。间接的你任凭自然的音韵，颜色，不时地风轻月白，人的无定律的一切情感，悠断悠续地仍然在我们中间继续着生，仍然与我们共同交织着这生的纠纷，继续着生的理想。你并不离我们太远。你的身影永远挂在这里那里，同你生前一样的心旋转。

事实上诗人徐志摩始终把生、爱和死当成生命过程中相连续的阶段，尤其视死为富有创造并具备灵性的东西，“爱是实现生命的唯一途径/死是座伟秘的洪炉/此中凝练万象所从来之神明”（《哀曼殊斐儿》）。他在游欧旅途中对佛罗伦萨的墓地情有独钟，又多次沉溺于对文艺复兴艺术家的缅怀悼念之中，可见其对生命创造的玄思与领悟。而从情感角度看，死在徐诗中体现的正是一种理想爱情的再生，是爱的最高形式，是真正生命永恒的延续：“我可以，我是准备，到死/不露一句，因为我不必/死，我是早已望见了的。/那天爱的结打上我的/心头，我就望见死，那个/美丽的永恒的世界；死/我甘愿的投向，因为它/是光明与自由的诞生。/从此我轻视我的躯体/更不计较今世的浮荣/……无可思量，呵，无可比况/这爱的灵感，爱的力量”，“现在我/真/真可以死了/我要你/这样抱着我直到我去/直到我的眼再不睁开/直到我飞，飞，飞去太空/散成沙，散成光，散成风/啊苦痛，但苦痛是短的/是暂时的；快乐是长的/爱是不死的/我，我要睡……”（《爱的灵感》）他从容而毫不畏惧地对待生死，初时即乐观地赞叹：“到死里去实现更绝对的爱，伟大极了，猖狂极了，真是‘惊天动地’的概念，‘惊心动魄’的音乐。”从最初的痴痴追寻、求之不得到不受时空限制、自由忘我的恋爱，为诗的整个过程一直伴随着对生的无限遐想和对死的独特感受。这样思辨、超脱的理解，徽因定是明白了。

她那哀悼亡友的情诗都笼罩着源于生命本体的忧郁思考，如卓有成就的年轻诗人离开了，是聪明地“早早地让花开过了那鲜艳的几朵”（《吊玮德》）；与朋友相聚说出许多勇敢的话，像风筝向着高高的蓝天飞去，“凭一线力量”（《忆》）；面对挂满秋实的树木，却恍然领悟“生命不容你/不献出你积累的馨芳/交出受过光热的每一层颜色/点点沥尽你最难堪的酸怆”（《秋天，这秋天》）等，原来生命和生命中最诱人的爱情，本就是在死亡的关照下平静地发生着。林诗中不乏哲学之光照耀下迸发出来的智慧火花，是和那些擅长哲理论辩的艺术家们说出的共同的话。

后来干脆有诗曰《死是安慰》：

个个连环，永打不开，
生是个结，又是个结！
死的实在，
一朵云彩。
一根绳索，永远牵住，
生是张风筝，难得飘远，
死是江雾，
迷茫飞去？
长条旅程，永在中途，
生是串脚步，泥般沉重，
死是尽处，
不再辛苦。
一曲溪涧，日夜流水，
生是种奔逝，永在离别！
死只一回，
它是安慰。

诗的开头飘来“一朵云彩”,“溪涧”则在结尾处日夜奔流,这云水偶然交会的倒影,从1921年起就一直支配着两颗悲伤的诗魂,早已转变为一幅永恒的图画,同时也成了现代诗歌中“完全诗意的信仰”之真实的具体化。“枢始得其环中,以应无穷”(庄子:《齐物论》),俨然真钟情之人的理想结局。可徽因对终极爱情精神的迷恋,是否即生命中永不可解的连环?现实的有情世界里,真存在着一个能冲破生与死、你与我的“对偶性”的人吗?1930年志摩作最后的长诗《爱的灵感》,忆起康桥初见的瞬间,徽因“闪亮得如同一颗星”,不禁满心欢喜地追问:“有时候/我自己也觉得真奇怪/心窝里的牢结是谁给/打上的?为什么打不开?”“还为的是那不定的/悲哀,归根儿蒂结住/在这人生的中心!”能在诗人的心窝打上牢牢的结,难道不是造物之神奇?恋爱于他而言,“无是无非,故能应夫是非,是非无穷,故应亦无穷”,彼处可怕的死亡当然也不在话下!

当1932年徽因旧病复发了,再上香山疗养,志摩已没法前来探视,只留独影徘徊山野,又见旧景:松林静默,月华凄照,红叶飞绚,天上人间永诀,黯然相思绵长,悲感的意象适应于徽因之追怀逝情,写下的一首首诗里,深透出绮丽幽邃的挽歌意蕴。6月间致信胡适,祈求通达的哲理赐予:

> 我今年入山已月余,触景伤怀,对于死友的悲念,几乎成个固定的咽梗牢结在喉间,生活则仍然照旧辗进,这不自然的缄默像个无形的十字架,我奇怪我不曾一次颠扑在那重量底下。有时也还想说几句话,但是那些说话似乎为了它们命定的原因,绝不会诞生在语言上,虽然它们的幻灭是为了忠诚,不是为了虚伪,但是一样的我感到伤心,不可忍的苦闷。整日在悲思中挣扎,是太没意思的颓废。

后来她自己不就发现了生死命题的奥秘么?难忘于志摩的“富于启迪性的友谊和爱”,徽因经过“反复地在敲问心同心”,不停留在流动的伤悲情绪之中了,而对导向黑夜与死亡的生命旅程,真切地作浪漫主义的确切体证,为

“更要对得起另一个爱我的人”,已然成为一种精神上的砥砺。她正面定位十年间的恋爱故事,“再低着头去寻觅那已失落了的浪漫”,真正面对自己幽深丰富的感情世界,在对逝去的徐志摩的种种回忆上,发掘悲情价值,体验时间哲学,重新找回了诗歌创作的原动力,确定“哀而不伤”的思念里一股鲜活的、昂扬的基调,与思想和感情经过沉淀的难得的冷静和节制,逐渐形成其精神生活、诗歌世界的根基。

先来解读徽因的以个体生命为本位的时间性思索:

如果我的心是一朵莲花
正中擎出一支点亮的蜡
荧荧虽则单是那一剪光
我也要它骄傲的捧出辉煌
不怕它只是我个人的莲灯
照不见前后崎岖的人生——
浮沉它依附着人海的浪涛
明暗自成了它内心的秘奥
单是那光一闪花一朵——
像一叶轻舸驶出了江河——
宛转它漂随命运的波涌
等候那阵阵风向远处推送
算做一次过客在宇宙里
认识这玲珑的生从容的死
这飘忽的途程也就是个——
也就是个美丽美丽的梦

时空宏大浩渺,飘在波面一盏盏玲珑的莲灯的荧荧之光,穿透了悠长的历史隧洞,穿透了语言的遮蔽,在女性千年沉睡的混沌幽暗的月夜星空熠熠闪烁——这是一个聪慧的知识女性对生命存在的感悟和言说:“莲灯”里并不供奉什么,“正中擎出”的“一支点亮的蜡”,却照亮了生命存在的“辉煌”,和澄明的性灵之光。《华严经》上讲“一切智明为世界灯,普照众生”。莲灯缓缓流动出了生命的过程,携带着涌动不息的生命精神,只是难得玲珑、从容,被灯烛照亮着的女诗人恰到好处地协调了顺应自然与承受人生,在生命美学与理性之光中间,是比夏花之绚烂或秋叶之静美更加真正的厚积而薄发、厚积而迟发的力量。在这里,30年代“中国第一才女”的诗意的生命光辉,越过一些前代或同代作家由于才华早露、情感乏善而致的浮躁之气,越过热情宣泄和恣意抒情阶段,表现出了难得的艺术上的节制和宁静。古典主义的矜持、含蓄,浪漫主义的明朗、率真,她有分寸地做到了二者相融相汇,以便容纳现实人生矛盾在“胸前心跳里五色的绚影”。

林徽因清楚注明《莲灯》写于“二十一年七月半香山”,是徐志摩去世后第二年再次来到香山养病期间。她对一种预料不到、突如其来的生命的断绝有过强烈的困惑和遗憾,以“苛刻地咒诅自己”(《给秋天》)来“慰藉自己,解放自己”(《纪念志摩去世四周年》),勉强维持了精神的安宁之后,希冀借助艺术力量构建人间天堂,拓展艺术境界以臻于诗化的、美化的人性。这中元时节的“悼亡诗”里,铸造完美独立艺术王国的理想或文化融通境界的信念,是志摩之死赠予的深哀巨痛之后的彻悟,和徘徊在死亡边缘的生的超然。诗的最后渗入徐志摩的意象,消解生死、现实与梦幻的界线,死和生都变成了一个“美丽的梦”。

体现了唯美的时间观。徽因对生命本体的思考开始于病卧床榻之时,首作《谁爱这不息的变幻》勾勒一幅生生不息的宇宙万汇川流不息的变幻图景,已触摸到偶然的恒常性。和徐志摩一样,她的诗着力书写“水的映影,风的轻歌,云的流痕,浪的柔波”,那“愉悦的心声,轻灵的心画,常如啼鸟落花,轻风满月,夹杂着情绪的缤纷;泪痕巧笑,奔放轻盈,若有意若无意地遗留在各种言语文字上”。(《究竟怎么一回事》)多次呈现冲决了时间拘束的“刹那”美,或“忠于那一刹那间内心整体闪动的感悟”,如《六点钟在下午》“以像唐人绝句或宋人小令那样寥寥几笔，捕捉并表现了诗人主体感受跟客体光影相交流、相契合的一瞬”。（邵燕祥：《林徽因的诗》）人生迟暮的伤感浓缩进短短两节诗中，像一张写意画，淡然简约。亲友间接的死亡经验，尤其诗人徐志摩翱翔式的理想终结方式，促使林诗超越了小我的时间纬度，把握到生命深一层的脆弱倏忽和原始脉动，接续起一种导源于民族文学的自信力，如系列秋诗篇章，“在一种禅寂淡远的情韵中呼吸传统艺术的芳沁，使诗篇呈现出含蓄蕴藉的古典风致，托出一颗富有现代色彩的精神内核，以意象收敛感情，使情感获得含蓄、曲折的表达，体现出克制的宁静，幽婉而又灵动，在物象与情感的交融中托出一片丰盈的诗意”（刘思谦：《林徽因：澄明的生命之灯》），至写作《莲灯》，已能够随着命运的流动而转，在宇宙里从容地做一次过客了。这类立足于生命本体的时间、死亡或历史命题的思考，构成林徽因诗歌（或情诗）独特的思想意蕴，也是她区别于一般现代女诗人的重要标志。

当然，“昨天又昨天，美/还逃不出时间的威严/相信这里睡眠着最美丽的/骸骨，一丝魂魄月边留念——”（《题剔空菩提叶》），具体到一个生机勃勃的生命从生到死，一个美的魂灵畸变和毁灭，感情上悲辛无尽，如何还能以节制、理性甚至于快乐、鲜活的诗句出之？必不可少一些浪漫的、理想的理念支撑，一些超验的责任承担与情感负荷，华兹华斯的“浪漫”哲学：“快乐是心灵对自身活动的肯定与回报，而心灵直接以隐喻的方式加以表达。”（《抒情歌谣集序》）徽因既能严格遵循，把内心的孤寂、神伤、愧疚、责难和刻骨相思痛全在文学上通过想象的情绪意境，音乐地刻画出来，无疑逆流回溯、背风飞翔，更显得勇气可嘉。

最典型的属《你是人间的四月天》！

整首诗是“一句爱的赞颂”，关于悼念亡故或庆贺新生的争议，实在囿于生死大限，忽略了古今同情。曾经的悼念诗文里志摩“笑脸向着晴空”，在众多寄寓了秋天意味的生意盎然的意象里，徽因已经把痛苦伤心转化，“她相信徐志摩已经是一个自由的精灵了”（蓝棣之：《文学创作的有意识与无意识》）！四月，该如东坡笔下的江南春景，鹅黄嫩绿，草长莺飞，有春燕剪影在透明的蓝天，更少不了牧童短笛吹出生动空灵之曲声。而勇敢、活泼、天真，和总那么嘹亮地带来勇气的“笑”，是徽因曾举出的徐志摩最动人的生命特点，是人间四月天的特点。这样一种形象转换的由来，应着他们“愚诚”的、单纯的写诗动机：“……是为着他情感来得比寻常人浓富敏锐，而为着这情感而发生的冲动更是非实际的——或不全是实际的——追求。而需要那种艺术的满足而已。”（《纪念志摩去世四周年》）且把春景比作心中的“你”，调动新月诗派的美学原则：优美的意境、纯净的内容，还有纯熟的形式和华美的语言，配合重叠摇曳的比喻、密集错落的韵字，衬出清新自然的心中的爱恋。徽因再为早已缺席的志摩写出了动人的情诗：

我说你是人间的四月天；
笑响点亮了四面风；轻灵
在春的光艳中交舞着变。
你是四月早天里的云烟，
黄昏吹着风的软，
星子在无意中闪，
细雨点洒在花前。
那轻，那娉婷，你是，
鲜妍百花的冠冕你戴着，
你是天真，庄严，
你是夜夜的月圆。
雪化后那片鹅黄，你像；
新鲜初放芽的绿，你是；
柔嫩喜悦，
水光浮动着你梦中期待的白莲。
你是一树一树的花开，
是燕在梁间呢喃，

——你是爱，是暖，是希望，
你是人间的四月天！

诗本身已在说话。值得注意划线部分的诗句：天上行云与远近村舍成丝成缕成卷的炊烟交织着，最艳丽的黄昏中吹过一阵阵柔软的春风，入夜后浮动了河面波光粼粼，满天的星就开始眨眼睛。雨后的岸上呢，"鲜妍百花"如铃兰、莲馨、石水仙、克罗克斯、蒲公英与雏菊等等，欣欣然地倾吐各种讯息，争相宣告春光已烂漫在人间！这是康桥四五月晚春的景致呀，是徐志摩写诗最初灵泉的滥觞，透过女诗人的妙笔全收摄在抒情的主体上，全像他的性灵所展现出来的！志摩曾保守着天真烂漫的诚实，感到最强烈的喜悦的事便是守候着春回大地、鲜花盛开——"你是一树一树的花开"特别指向诗的创作，胡适《追悼志摩》说："我们一班朋友都替他高兴，他这几年来用心血浇灌的花园也许是枯萎的了；但他的同情，他的鼓舞，又在别的园地里种出了无数的可爱的小树，开出了无数可爱的鲜花。他自己的歌唱有一个时代是几乎消沉了；但他的歌声引他的园地外无数的歌喉，嘹亮地唱，哀怨地唱，美丽的唱，这都是他的安慰，都使他高兴。"志摩就在"最有希望的复活时代"离开，去往青天深处与天使同飞，凡被他用最清澈、最柔情的诗心呵护的人，都在继续写作。

最难能可贵的是，徽因的诗和充溢在她诗中的笑，是志摩非常愿意期待的。

笑的是她的眼睛，口唇，
和唇边浑圆的漩涡。
艳丽如同露珠，
朵朵的笑向
贝齿的闪光里躲。
那是笑——神的笑，美的笑；

水的映影，风的轻歌。
笑的是她惺忪的鬈发，
散乱的挨着她耳朵。
轻软如同花影，
痒痒的甜蜜
涌进了你的心窝。
那是笑——诗的笑，画的笑；
云的留痕，浪的柔波。

三月春风中迷人的笑靥，“一瞥多情的痕迹”（《一首桃花》）洒落在徽因明星般闪亮的眼睛里，耳边惺忪的鬈发间和唇边浅浅、圆圆的梨涡中。志摩《春的投生》：“桃花早已开上你的脸/我在更敏锐的消受/你的媚，吞咽/你连珠的笑……”《她是睡着了》：“可爱的梨涡/解释了处女的梦境的欢喜/像一颗露珠/颤动的，在荷盘中闪耀着晨曦！”《两个月亮》：“虽则不提有多么艳/她也有她醉涡的笑/还有转动时的灵妙……”徽因一笑，唇边的梨涡即呈现出来，连理并生，连珠相串。曾经润华绝艳、顾盼生辉的女性容姿被寄寓了婚恋的理想幸福之境，“巧笑倩兮，美目盼兮”（《卫风·硕人》），眼前这独特的笑，是一种来自自然和回归于自然的纯美，经由诗人徐志摩的再次“发现”——林诗中的《笑》，也只能被爱情的和风催放、被恋人的眼睛欣赏，方表而为曼妙的诗歌。它美丽迷人得像花影般涌进了“你”的心窝、让“你”甜滋滋地、暖洋洋地，完全地盘踞着“你”整个心头，至于“神的笑，美的笑”与“诗的笑，画的笑”之确切意旨如何贞定住，答案隐藏在两节诗的各自最后一行：“水的映影，风的轻歌”，“云的留痕，浪的柔波”，又一个云水之喻！山水寄情，星月相伴，诗里跳动着的节律脉搏，活跃如波澜，难以想象竟是生了病的人儿笑出来的，才使多情伤怀的徐志摩也“摇醒了性灵”吧，并表示“认清方向，再别错走了路”。

是志摩“发现”了徽因纯美的笑，而他纯真的笑也被徽因发掘出来，她这样书写独属于他的“深笑”：

是谁笑得那样甜，那样深，
那样圆转？一串一串明珠
大小闪着光亮，迸出天真！
清泉底浮动，泛流到水面上，
灿烂，
分散！
是谁笑得好花儿开了一朵？
那样轻盈，不惊起谁。
细香无意中，随着风过，
拂在短墙，丝丝在斜阳前
挂着
留恋。
是谁笑成这百层塔高耸，
让不知名鸟雀来盘旋？是谁
笑成这万千个风铃的转动，
从每一层琉璃的檐边
摇上
云天？

璀璨的笑声如清泉涌出水面，闪着串串明珠的光亮，灿烂而分散，竟然又化为朵朵鲜花，甜、深、圆转而又天真，是诗人徐志摩所独具的。几乎每一个朋友都描写过他"天真"的、纯情的笑，梁实秋："像是一把火炬把每个人的心都点燃，他有说，有笑，有表情，有动作。"（《关于徐志摩》）郁达夫："他的那种轻快磊落的态度，……笑起来的时候，可还是同十几年前的那个顽皮小孩一色无二。"（《志摩在回忆里》）韩湘眉："笑语先闻，特殊的生气。"（《志摩最后的一夜》）……却没有像徽因一样，写得那么传神与唯美的，并且反复地比喻、称美！林之至情至美的诗篇最深微处，在于最后：志摩的笑成就了"百层塔高耸/让不知名鸟雀来盘旋”，开创一种潮流，形成一个中心，吸引许许多多的作家也加入新诗创作的行列，正像在一座高耸的百层塔之每一层的琉璃檐边挂上了万千个转动的风铃，从塔的下端，层层往上盘旋，直探云霄。徐之为诗：“给人的理想和理想上/铺香花，叫人心和心合着唱/直到灵魂舒展成条银河/长长流在天上一千首歌！”（《灵感》）这是最大的恩赐。

体现了生命存在的纯美、纯真的“笑”，经由情感的辩证历程发展成“深笑”，凸显两个纯粹的人格世界。尤其通过女诗人轻灵的妙笔重塑，一个已逝去的原始和谐的真实生命，经历自身的破裂、消亡，充分展现出精神的再度和谐。平时生龙活虎般、天真纯厚、才华惊世的一代诗人，“为天所忌”，真和拜伦、雪莱命运相似，只在人世间流转三十多个年头，就突然在一次偶然事故中与世长辞。徽因认为“失掉的不只是一个朋友，一个诗人，我们失掉的是一个极难得可爱的人格”（《悼志摩》），这“难得可爱”的人格，在于“他那种潇洒与宽容，不拘迂，不俗气，不小气，不势利，以及对于普遍人生方汇百物的热情，人格方面美丽放光处”，俨然柏拉图的理想国里一个至真至纯至美的典型理念。至少依据林诗，在现实世界充分地实现与体现的人就是徐志摩，更有可能转化为一种普遍性的存在。受着志摩欣赏和提拔的沈从文就生出真切的感慨：“人的生命会忽然泯灭，而纯挚无私的友情却长远坚固永在，且无疑能持久延续，能发展扩大……既然有许多朋友爱他崇敬他，这些人一定会把那种美丽人格移植到本人行为上来。”

特录林徽因长诗《红叶里的信念》，成于同一个秋天，有丰盈盎然的诗意，也有凝神静思的时间意识。时抗日战争即将爆发，徐去世很久了，写到这里：“夜夜/风像利刃削过大土壤/天亮时沉默焦灼的唇/忍耐的仍向天蓝，呼唤/瓜果风霜中完成，呈光彩/自己山头流血，变坟台！”还无法控制泪水肆意，而且面向西山，红叶依然，爱的叮嘱再次回荡开来：“别忘记，今天你，我，红叶/连成这一片血色的伤怆！”她经受了真实平淡的日子，也饱尝悲欢离合，此刻带着感伤的余绪向“西山”（即香山）凄迷的红叶丛中“寻梦”，祈求“多一点勇敢”，寻到艰难地挺过战乱的生存力量。徽因病而不弱，战争背景下毅然走出闺阁，扶老携幼，持家顾国，对抗着内忧外患的流亡生活。一颗现代知识分子人文关怀的本心，让她一改早期诗歌的婉约格调，“开始发出某种悲怆、沉郁，甚至是苦涩的音响，诗中也不再限于捉摸个人心绪的沉浮变幻，而渐渐出现了更多社会乃至政治的主题”（梁从诚：《建筑家的眼睛诗人的心灵》）。之后徽因转向自己的建筑事业，纪念与徐志摩恋爱的抒情创作随之戛然而止了。

年年不是要看西山的红叶，
谁敢看西山红叶？不是
要听异样的鸟鸣，停在
那一个静幽的树枝头，
是脚步不能自已的走——
走，迈向理想的山坳子
寻觅从未曾寻着的梦：
一茎梦里的花，一种香，
斜阳四处挂着，风吹动，
转向白云，小小一角高楼。
钟声已在脚下，松同松
并立着等候，山野已然
百般渲染豪侈的深秋。
梦在哪里，你的一缕笑，
一句话，在云浪中寻遍
不知落到哪一处？流水已经
渐渐的清寒，载着落叶
穿过空的石桥，白栏杆，
叫人不忍再看，红叶去年
同踏过的脚迹火一般。
好，抬头，这是高处，心卷起

随着那白云浮过苍茫，
别计算在哪里驻脚，去，
相信千里外还有霞光，
像希望，记得那烟霞颜色，
就不为编织美丽的明天，
为此刻空的歌唱，空的
凄恻，空的缠绵，也该放
多一点勇敢，不怕连牵
斑驳金银旧积的创伤！
再看红叶每年，山重复的
流血，山林，石头的心胸
从不倚借梦支撑，夜夜
风像利刃削过大土壤，
天亮时沉默焦灼的唇，
忍耐的仍向天蓝，呼唤
瓜果风霜中完成，呈光彩，
自己山头流血，变坟台！
平静，我的脚步，慢点儿去，
别相信谁曾安排下梦来！
一路上枯枝，鸟不曾唱，
小野草香风早不是春天。
停下！停下！风同云，水同
水藻全叫我，说梦在
背后，蝴蝶秋千理想的
山坳同这当前现实的
石头子路还缺个牵连！
愈是山中奇妍的黄月光

挂出树尖，愈得相信梦，
梦里斜晖一茎花是谎！
但心不信！空虚的骄傲
秋风中旋转，心仍叫喊
理想的爱和美，同白云
角逐；同斜阳笑吻；同树，
同花，同香，乃至同秋虫
石隙中悲鸣，要携手去；
同奔跃嬉游水面的青蛙，
盲目地再去寻盲目日子，——
要现实的热情另涂图画，
要把满山红叶采作花！
这萧萧瑟瑟不断的呜咽，
掠过耳鬓也还卷着温存，
影子在秋光中摇曳，心再
不信光影外有串疑问！
心仍不信，只因是午后，
那片竹林子阳光穿过
照暖了石头，赤红小山坡，
影子长长两条，你同我
曾经参差那亭子石头前，
浅碧波光老树干旁边！
生命中的谎再不能比这把
颜色更鲜艳！记得那一片
黄金天，珊瑚般玲珑叶子
秋风里挂，即使自己感受
内心流血，又怎样个说话？

谁能问这美丽的后面
是什么？赌博时，眼闪亮，
从不悔那猛上孤注的力量；
都说任何苦痛去换任何一分，
一毫，一个纤微的理想！
所以脚步此刻仍在迈进，
不能自已，不能停！虽然山中
一万种颜色，一万次的变，
各种寂寞已环抱这孤影；
热的减成微温，温的又冷，
焦黄叶压踏在脚下碎裂，
残酷地散排昨天的细屑，
心却仍不问脚步为甚固执，
那寻不着的梦中路线，——
仍依恋指不出方向的一边！
西山，我发誓地，指着西山，
别忘记，今天你，我，红叶，
连成这一片血色的伤怆！
知道我的日子仅是匆促的
几天，如果明年你同红叶
再红成火焰，我却不见，……
深紫，你山头须要多添
一缕抑郁热情的象征，
记下我曾为这山中红叶，
今天流血地存一堆信念！

五　不是清泉，是天上虹

1948年2月，《经世日报·文艺周刊》登载了林徽因写于30年代中后期三组六首“旧作”，把《一串疯话》《你来了》两首颇具浪漫神韵的情诗合为一组，冠名“年轻的歌”，很有一番身世之叹。徐志摩曾把诗称作“一个时代最不错误的声音”：“由此，我们可以听出民族的精神，充实抑空虚，华贵抑卑琐，旺盛抑消沉。一个少年人偶尔的抒情的颤动，竟许影响到人类终古的情绪；一支不经意的歌曲，竟许可以开成千上万人热情的鲜花，绽出瑰丽的英雄的果实。”（《新月诗刊》创刊号）为此他用尽“所有活泼的热心”鼓励她尝试写诗，甚至鼓励“时代”起来尝试！看已人过中年的徽因燃烧的诗火：热烈辉煌、妖媚动人的《一串疯话》，倾吐早就埋在心底的一串“恋爱”，她几乎忘掉了格律、章式，忘掉了矜持、庄重，一任心曲洒脱奔放、肆意流淌！当人间四月轻轻地走了，徽因还盼着五月的春风，吹蓝天空，吹开丁香，吹红枝头的山红杏的时候，再现他的笑颜——《你来了》，写爱情晓梦般的闪烁，感情线索所连缀着一个个含蓄蕴藉的意象，柔和明快的音韵，袒露淋漓的热情，明朗清纯的色调等等，依稀映现着勃朗宁夫人十四行诗的绰约风姿：

> 你来了，画里楼阁立在山边，
> 交响曲由风到风，草青到天！
> 阳光投多少个方向，谁管？你我
> 如同画里人，掉回头便就不见！
> 你来了，花开到深深的深红；
> 绿萍遮住池塘上一层晓梦，
> 鸟唱着，树梢交织起细细枝柯，白云
> 却是我们，悠忽翻过好几重天空！

这两性之间超越于爱情与婚姻的率真纯粹的感情呼唤，是挣脱了理性式样的绚丽的精神之光，把疲惫的心从凡俗琐屑的日常生活中拯救出来，直接领略到年轻的生命形态和宇宙的无限力量，和灵魂至深神秘处的真美。

尽管有情人未成眷属，也难得情真，难得情长！

他们从江南多情之地走出来，只有古老典雅的康桥学府给得起美丽的相逢。在雨雾之都，一个青年才俊满足了一个妙龄少女对浪漫爱情所有的幻想，填补了她对诗意生活的所有渴望，可共享一帘幽梦。一个世纪前错综复杂的社会境遇，一众族亲、至亲的牵扯关联，让一对家世显赫的才子佳人有了交集，又不得不各自分离而去——从一段初恋里仓皇潜逃，徽因怅然心痛，悄然落泪，徒留风流才子在康桥上只影徘徊，忧郁失魂；作为诗人丰富敏锐的感觉，和个体生命中相异的成分——激情与理智，更几番生离死别，在匆匆的短暂生命里遽急地结束了。无论英伦或北京城，一把油纸伞如何挡得住俗世烟雨？徐林的感情注定只能依靠信仰和诗意结成连理，而无法在现实中寻求世俗婚姻的成全。在精神领地寻找皈依，在彼此的诗文中永存，是最好的必然选择。他们应该庆幸自己英姿勃发、才华横溢，能够互为彼此而开始写诗，“完美的遗憾，动人的悲伤”，最终成就了共同“诗意的信仰”。

从林徽因诗文的素质里，总可以获得反观徐志摩的合理性质。他们有太多东西是相契合的，灵动、纤巧、个性、韵味，生命的实现、本真的思索和美的发现，也都喜欢把诗的旋律埋在记忆深处……徐诗更多青春艺术的内涵，强调新的生命活力、爱的激情澎湃，表现理想化、个性化的灵魂情状和一颗积极活泼的心在爱与美面前的颤动、欣悦。徽因则更多关注灵魂的沉静状态和死亡的极终思索，她对个体生命的感悟，包含着比志摩更多的理性与智慧——很大意义上是基于他的死亡馈赠。徐是一涧“跳着溅着不舍昼夜的”的瀑流，徽因则像一条唱歌的小河：“人生/你是一支曲子/我是歌唱的/你是河流/我是条船，一片小白帆/我是个旅行者的时候/你，田野，山林，峰峦。”（《人生》），飞瀑入河，最终殊途同归，相汇于海。

无论怎样，
颠倒密切中牵连着
你和我，
我永从你中间过。
我生存，
你是我生存的河道。
理由同力量。
你的存在
则是我胸前心跳里
五色的绚彩
但我们彼此交错
从未彼此留难。

时在1926年元旦后不久，徐志摩在北师大附中讲演，向孩子们展示了凌淑华赠送的一幅小画：一个小孩子在海边沙滩上独自玩耍，赤脚穿着草鞋，右手提着一枝花，使劲把它往沙里栽，左手提一把浇花的水壶，壶里的水正一滴滴地往下掉着，不远处，就看得见海里翻动着的波澜：

画里的小孩拿着有限的几滴淡水想维持花的生命，我们一群梦人也想在现在比沙漠还要干枯比沙滩更没有生命的社会里，凭着最有限的力量，想下几颗文艺与思想的种子，这不是一样的绝望，一样的傻？想在海沙里种花，想在海沙里种花，多可笑呀！

……

在我们看来海沙里种花是傻气，但在那小孩自己却不觉得。他的思想是单纯的，他的信仰也是单纯的。他知道的是什么？他知道花是可爱的，可爱的东西应得帮助他发长；他平常看见花草都是从土地里长出来的，他看来海砂也只是地，为什么海沙里不能长花他没有想到，也不必想到，他就知道拿花来栽，拿水去浇，只要那花在地上站直了他就欢喜，他就乐，他就会跳他的跳，唱他的唱，来赞美这美丽的生命，以后怎么样，海沙的性质，花的运命，他全管不着！我们知道小孩们怎样的崇拜自然，他的身体虽则小，他的灵魂却是大着，他的衣服也许脏，他的心可是洁净的。

……

这个象征不仅美，并且有力量；因为它告诉我们单纯的信心是创作的泉源——这单纯的烂漫的天真是最永远最有力量的东西，阳光烧不焦他，狂风吹不倒他，海水冲不了他，黑暗掩不了他——地面上的花朵有被摧残有消灭的时候，但小孩爱花种花这一点“真”，却有的是永久的生命。

在新诗的沙滩上，种花的孩子不就是徐诗人本身么？他甚至列举耶稣被钉十字架视死如归的坦然情景，以为不可动摇的信心正像在海沙里种花的孩子一样，一个单纯的信仰，一点烂漫的童真，“这里面连着来的就是精力与勇敢与灵感”……徽因多次称赞与志摩个人性情紧密相关的“那不可信的纯净的天真”“单纯的浪漫的天真”和“心中之所诚”：他对“单纯的信仰”的追求和“诚恳的尝试”，“对理想的愚诚”，对艺术欣赏的认真、体会情感的切实，他“写诗的动机是坦白不由自主的”，他“写诗的态度是诚实，勇敢而倔强”，他那“认真的诗情，绝不含有丝毫矫伪”，他“为同业者奋斗，卫护他们的情感的愚诚，称扬他们艺术的创造，自己从未曾求过虚荣”等等。徽因走进现代新诗的圣坛，是受了徐志摩的感召和引领，用情诗抒写恋爱、袒露心声，或含蓄蕴藉，或大胆迫切，皆是对内心真实情感的护佑，是对徐那富于启迪性的友谊和爱的回赠，也是对徐之精神人格的继承、发展：“写诗，或又可以说是自己情感的，主观的，和所体验了解到的和理智的客观的所体察辨别到的，同时达到一个程度，沸腾横溢，不分宾主地互相起了一种作用，由于本能的冲动，凭着一种天赋的兴趣和灵巧，驾驭一串有声音，有图画，有情感的言语，来表达这内心与外物息息相关的联系，及其所发生的悟理与境界。”（《究竟怎么一回事》）徐林之写诗具有天生的契合，他们的艺术选择，体现诗歌“本质的醇正”，是“在政治派系和文学思想激荡奔腾之际，在远离政治漩涡的北方学府，以静观的眼光谛视社会风云，在吟咏人性的常态变态中，建构自己高雅的艺术神庙”（《杨义文存》）的京派文学风气。

这得回向彤霞满天、柳姿妩媚的康桥。昔年于此见娇娆，当绿油油的参差荇菜从河底的软泥浮起在水面，色泽光润而轻灵地摇晃，晚照余晖洒落下来，于水的回流中共舞，迷人的舞姿，逍遥的韵致，不禁催促诗人许下重愿：“我甘心做一条水草！”当然，水草摇曳起舞的彩色波鳞，它“不是清泉”，而是立下永约的神圣之所，“是天上虹”。当初徐林共同地热爱着英国的浪漫派文学，尤其对华兹华斯式的抒情诗歌理论、创作有一种痴情的迷恋，在百年前的剑桥诗人们吟咏自然、人生的美妙歌谣之地，他们热切希望发挥横溢才华，尽心竭力地去开创一脉属于“五四”之后的中国的浪漫诗歌风潮，甚至可能具体到了模仿湖畔诗人的友爱情怀，出版一本他们的诗歌合集——中文版的“抒情歌谣集”！这就是他们的临水誓盟，《圣经》之中作为永约标记的“虹”，也成了他们的梦的符号。

他乡遇知音，志摩从一开始就信任徽因有惊人诗才，十六岁的纯情少女，一弯笑眼，能动能语，诗人独到的慧眼读出了她与生俱来的美丽和灵性，是爱，是暖，是希望，是人间四月天，才信誓旦旦地约她去共同创造中国未来的浪漫诗派。在20年代的剑桥大学，作为理想的与现实的灵感女神，徽因唤醒了徐飘逸、灵动的诗意和纯真、和谐的人生范式，成为诗人心里永恒的素材、梦想的寄托，他甘做她裙边的一株小花，在康河，即在她的盈盈秋波间做一条水草，为此写下无数动人心弦的情诗；到30年代的北京香山，爱的灵感又催生了一位生于李清照埋骨之所的杭州女诗人，在女性沉寂千年的诗词长空，她同样擅长于纤微细巧的角度去观照人世情景，风格清新、文心细密而情思真挚，把真实人生的悲伤和喜悦安排在一个回忆的世界中，体验辗转于时间洪流中的生命挚言。可见十年生死间，徐林确曾齐心合力地为“彩虹似的梦”奋斗过。柯勒律治曾归纳过的华兹华斯诗歌的六大优点：一、语言极度纯粹；二、思想感情明智而强烈；三、每个诗行、诗节，既有独到之处，又有力量；四、忠实于自然的形象；五、沉思之中包含同情，深刻而精致的思想中带有感伤；六、想象力丰富；透视他们的诗，尤其志摩诞生于康桥时期的作品，竟完全合得上！一切仿佛宣告了中国的浪漫主义的来临……昙花一现。1924 年林徽因彻底斩断了与徐志摩的感情纠缠，而与梁思成远赴美国求学，劳燕分飞，重洋远隔，1931 年后随着徐志摩突然地“飞”走了，更隔蓬山一万重，中国新诗圣坛上刚刚喷涌而起的浪漫热流渐渐地冷下去、静下来，很少有后继者。

徽因还坚持着、继续着，也只有她，经历了十年情爱潮汐的绵长郁积，于香山月影星辉中发而为诗，为康桥榆阴下的写诗承诺，也以“情人”身份写信给秋天漫游的云朵。一个建筑教授为什么在自己家的客厅持续地举办文学座谈、聚拢学界精英，并不断地奖掖、提携新人？虹霓旧梦不空留。“这是一个长方形的房间……靠窗放着一个大沙发，在屋中间放着一组小沙发”，“靠西墙有一个矮书柜，上面摆着几件大小不同的金石佛像”，“家具都是旧的，但窗帘和沙发面料却很特别，是用织地毯的本色坯布做的”，“在窗帘的一角缀有咖啡色的图案，沙发的扶手及靠背上都铺着绣有黑线挑花的白土布，但也是旧的，我一眼就看出这些刺绣出自云南苗族姑娘的手”（林洙：《梁思成、林徽因与我》）。这样朴素而高雅的客厅里，徽因就是一个高级文化沙龙的女主人，当她侃侃而谈的时候，“常是有学识，有见地，犀利敏捷”的“纯学术的批评”（萧乾：《才女林徽因》），爱慕者们总为天马行空般的灵感中迸发出的精辟警语而倾倒，她那极具逻辑和富有思想的话，充满机巧，饶有风趣，只“述而不作”。

建筑大师林徽因毕生最精彩的设计，堪称徐志摩一生的爱恋，和应生于其理想信念之下的系列情诗，由于他的文学引领，兼具中西之美、中西之学的林家才女也写得一手情感至纯、音韵极美的新诗，成了蜚声文坛的女作家，像一股巨大的“凝结力量”，她连接的，甚至是整个“京派的灵魂”。徐空难以后，读徽因的作品还像置身她的沙龙聆听谈话，多变而欧化的句法，水平极佳的中英语词，诗歌体裁融传统和现代于一炉，内容上既吟咏一己情怀，也用幽深悲怆的诗笔关怀天下；不过徽因保持一种肃穆平和的创作姿态，所写情诗深蕴悲剧基底，已带了古典的曲深和象征的含蓄，表达出深邃久远的灵思，不是康桥彩虹之梦最初的色调了。严格来说，徐诗晚期也偏离了纯粹浪漫的情感轨道，正像沐浴在夕阳晚照下的香山之恋，热烈、灿烂中总伴随伤怀、隐晦、哀怨和黑夜将临的惶恐、凄怆，他痴情如昔，永不放弃，面对理想之终不可得而又永不甘心的求索，却时不时露出了彷徨、迷茫、疑虑、颓废之类的情结。

海德格尔曾引他素来推崇的德国诗人荷尔德林的诗句："在贫困时代里诗人何为？"而著《诗人何为》一书，所谓"贫困时代"，社会一片混乱，正义与灵光黯然熄灭，世界丧失了基础而达于深渊，黑夜至于夜半，存在濒于虚无，因此就急切需要甘愿进入暗夜和深渊的人，推动世界秩序发生转向。"五四"新文化运动后现身的徐志摩，携带火焰性格与突围精神，在新旧文化交替的过渡期，通过"诗性精神向存在和语言的冒险突围"，通过语言向"贫困时代"的切入，自然而然成为中国的"贫困时代的诗人"。他在《猛虎集·序》的结尾写道："……有一种天教歌唱的鸟不到呕血不住口，它歌里有它独自知道的别一个世界的愉快，也有它独自知道的悲哀与伤痛的鲜明；诗人也是一种痴鸟，他把他的柔软的心窝紧抵着蔷薇的花刺，口里不住地唱着星月的光辉与人类的希望，非到他的心血滴出来把白花染成大红他不住口，他的痛苦与快乐是浑成的一片。"奠基于康桥的单纯信仰过于理想、纯粹，单靠一只痴吟的鸟儿，能够让它在古老沉厚的中华大地生根发芽吗？柏拉图《斐多篇》记录先师苏格拉底临终前听到了一曲天鹅之歌，当死亡迫近，或鲜红的心血刺透胸膛，诗人们不约而同继续咏唱一个纯粹而净化的永恒的理念世界，没有经过音乐训练的耳朵是听不懂的，更感受不到那醉人声音里撼荡心灵的共鸣。

在春风不再回来的那一年，
在枯枝不再青条的那一天，
那时间天空再没有光照，

只黑蒙蒙的妖氛弥漫着
太阳,月亮,星光死去了的空间;
在一切标准推翻的那一天,
在一切价值重估的那时间:
暴露在最后审判的威灵中
一切的虚伪与虚荣与虚空:
赤裸裸的灵魂们匍匐在主的跟前;——
我爱,那时间你我再不必张皇,
更不须声诉,辨冤,再不必隐藏,——
你我的心,像一朵雪白的并蒂莲,
在爱的青梗上秀挺,欢欣,鲜妍,——
在主的跟前,爱是唯一的荣光。

在《最后的那一天》,志摩用诗的语言形式重写"末日审判"的典故,在永远不及到来的理想情境里,寄托对于纯洁、自由爱情的向往和赞美。他以为的爱,是"潜在的生命活动的证据",是"新道德新个性无所不包的象征",可以"使人灵魂和知觉复苏",使人"恢复了独立和尊严,恢复了对理智和想象的事物的爱,恢复了更自由美好的构想童话的渴望,使人们感觉自身,使那些有这种愿望的人探求一个又一个理智享受和想象享受的意义,引导他们不仅去发现这种享受的旧的和已被遗忘的源泉,而且去预言新的源泉——新的经历,新的诗歌主题,新的艺术形式"(《艺术与人生》)。这是15世纪意大利文艺复兴带给人类的美好礼物,古老而宁静的康桥恰到好处地将之展示给了风华正茂、心高气盛的中国才子。当徐志摩在英国遇到林徽因时,爱情促使其进入人生与艺术共时觉醒的阶段,其由政治转向新诗写作就有了必然的思想逻辑,他重新张开眼睛看宇宙、看人生,形成爱、美、自由的单纯信仰,并深信那是可以用纯洁的心血培养出来的。从此即牢牢站于精神意识的高端,旨在以诗文为火焰,将民主自由的爱情歌颂作用于幽暗深邃的社会深处,向着"贫困时代”的思想根源突围，他的短暂人生和大量情诗，正因“自觉地承担与决断”（加缪：《西西弗斯神话》）而绚烂无比。

假如我是一朵雪花，
翩翩地在半空里潇洒，
我一定认清我的方向
飞飏，飞飏，飞飏，
这地面上有我的方向。
不去那冷漠的幽谷，
不去那凄凉的山麓，
也不上荒街去惆怅
飞扬，飞扬，飞扬，
你看，我有我的方向！
在半空里娟娟地飞舞，
认明了那清幽的住处，
等着她来花园里探望
飞扬，飞扬，飞扬，
啊，她身上有朱砂梅的清香！
那时我凭借我的身轻，
盈盈的，沾住了她的衣襟，
贴近她柔波似的心胸
消溶，消溶，消溶
溶入了她柔波似的心胸！

《雪花的快乐》是一首瓦雷里（Paul Valery）提出的“纯诗”，诗人理想的情人——“她”，更是升华了的神圣的爱情追求，住在清幽之地，出入雪中花园，浑身散发朱砂梅的清香，心胸恰似万缕柔波的湖泊，典型地担当了现代美学时期永恒的影像。诗人把意念填充于雪花，令其不断“飞扬，飞扬，飞扬”，坚定地向着美丽的“她”而去，织出一幅深邃的灵魂图画，充分享受着选择的自由、热爱的快乐。雪花的旋转、延宕和最终归宿与诗人内在气韵相吸相连，完全是自我精神的物化。或许写诗的徐志摩面对窗外飞扬的雪花热泪盈眶，或许独身漫步于雪花漫舞的天地间，灵魂正在深受囚禁之苦，沉重的现实和肉身折磨着他。为要避开俗世藩篱，清醒的诗人把一切展开建筑在“假如”之上，其中的热烈和自由无不笼罩于淡淡的忧伤的光环里，“星月的光辉与人类的希望”令他唱出了《雪花的快乐》。“不是徐志摩，作不出这首诗！”（茅盾：《徐志摩论》）四节诗行，隐含着很深的个人对象因素——针对徽因的苦苦思念，但诗人身处其中而加入了新世纪的曙光找寻，将现实的感情基础提炼、升华，呈现的是面对爱本体时那“欢喜的心和灵魂的觉醒”，写情之细腻微妙，状态之逼肖生动，风格之轻灵优雅，内在韵脉之纯净和清晰，激情起伏的思路之神奇巧妙，皆堪为绝唱。

这是“雪满山中”拥被独卧的高士吧，才拥有这个世界上最伟大的力量和最干净的孤独，毕生保持柏拉图式的精神恋爱，激情又理智，无私且坦荡。

志摩一切以林徽因为原型抒写的“灵魂旋律”般的情诗，爱首先就是一种生命的觉悟和精神的追寻，是最有尊严和自由的人生行动，是灵魂之安慰；以陆小曼为原型的世俗生命韵动的诗，多写官能之爱，用词之大胆，情欲之浓烈则大不相同的。当初他对徽因的感情来得迅疾而强烈，无非爱的意识刚刚苏醒的状态，欣欣然，浩浩然！出于道德的勇敢，合乎人性的理念和新时代的精神宿命，对她的追求成了理想的最高体现。他希望能和心目中的女神产生一段浪漫的爱情，并缔结永恒的婚姻，一场以爱情为基础的婚姻；不仅要和一个美丽聪慧的女子相结合，而且要把她作为实现生命事业的助手，从而设想了白朗宁夫妇的模式，夫妻相助相携于文坛之上大显身手。这样看来，徐对林萦绕一生的魂梦，就如“五四”文学中那来自于意大利文艺复兴时期的维纳斯情结——志摩始终坚定地把“五四”新文化运动称为中国的“文艺复兴”，也结合了神圣之爱和人间之爱的探询，是绝对忠实地实践了灵肉相谐一致的爱情理想的。他出于艺术的志向追求恋爱，有意或无意地忽略道德评判的价值，从新的艺术倾向、新的艺术语汇、新的艺术主旨看，其进行的新的艺术探索，呈现了一种全新的艺术精神和超越世俗生活的深度模式。

从一个时代的爱情诗里，正可以得着"一把文明程度和人性解放的尺度"（勃兰兑斯：《十九世纪文学主流》）。诗于徐志摩，是"生命受了一种伟大力量的震撼"的结果，是爱的灵感和梦的理想催生出来的结晶，尤其想把个人情感和文艺神经的灵性心得，实现一个彻底的痛快！他毫不掩饰自己从留学而培养的浪漫心灵，把感受美、呵护美的西方绅士风度和企求圆满的、健康的婚恋热情酣畅地写进了诗文。显示灵魂的真正感情、内心生活的奥秘以及热情的理想世界，正是徐诗人的气度所在！

志摩一生周折之作为，大都寻得出感情的线索，他不是天生的情感达人，却历尽坎坷，付出了代价。追慕徽因而不得的忧伤，求学罗素而不成的遗憾，寻访泰翁而不遇的惆怅，以及爱子生而早折的哀痛，二次婚姻垂危的苦涩等，"单纯的信仰"很快在严酷的现实面前碰壁、委顿。"我们见到他永远见到的是恬静若无忧虑的气度，永远见到的是若庄若谐的愉快的笑语与风趣盎然的谈吐。其实在志摩的心头，他是深蕴着'不足与外人道'的苦闷的。……他只是将黄连似的苦楚向腹中强自咽下，他决不向人前诉过一句。也亏得他的性情本来是乐天的，所以常只是以'幽默'来替换了他的'无可奈何的轻唱'。"（郑振铎：《悼志摩》）林徽因《年关》一诗也仿佛道出志摩的疑难："这噪聒中/为什么又凝着这沉静/这热闹里，会是凄凉？"在世时的生之短暂、生之艰难，他更多地感觉到了，只将理想的探寻过程中产生的复杂沉厚的感受，再度回归最初的、亦从未离开过的爱情启蒙，不断询问自己"恋爱到底是什么一回事"——情诗，作为理想主义的人生信念以及这一信念不得实现的真诚痛苦的告白，其重要的精神价值含量已经体现出来。1931 年 3 月的《残破》一诗，真算得上徐诗人的长歌当哭：

深深地在深夜里坐着：

当窗有一团不圆的光亮，
风挟着灰土，在大街上
小巷里奔跑：
我要在枯秃的笔尖上袅出
一种残破的残破的音调，
为要抒写我的残破的思潮。
深深地在深夜里坐着：
生尖角的夜凉在窗缝里
妒忌屋内残余的暖气，
也不饶恕我的肢体：
但我要用我半干的墨水描成
一些残破的残破的花样，
因为残破，残破是我的思想。
深深地在深夜里坐着，
左右是一些丑怪的鬼影：
焦枯的落魄的树木
在冰沉沉的河沿叫喊，
比着绝望的姿势，
正如我要在残破的意识里
重兴起一个残破的天地。
深深地在深夜里坐着，
闭上眼回望到过去的云烟；
啊，她还是一枝冷艳的白莲，
斜靠着晓风，万种的玲珑；
但我不是阳光，也不是露水，
我有的只是些残破的呼吸，
如同封锁在壁椽间的群鼠

追逐着，追求着黑暗与虚无！

在全诗暗淡的背景中，唯有莲的意象雅姿清逸，遥远而又清晰。相传徽因写诗的时候，"要点上一炷清香，摆一瓶插花，穿一袭白绸睡袍，面对庭中一池荷叶，在清风飘飘之中，吟哦酿制佳作"。莲之淤泥不染、清涟不妖，可远观而不可亵玩焉，正像他们之间可望而不可即的爱情。徐诗《她是睡着了》中，"星光下一朵斜欹的白莲"摹拟了浅眠中的女孩玉洁冰莹，姿态如凌碧波，表达对恋人的温情与呵护；《爱的灵感》中，"她脸上浮着莲花似的笑"，认识了"爱你，但永不能接近你/爱你，但从不要享受你"的层次和境界；在此诗最后又透出的白莲信息，带露初开，卓然独立："她还是一枝冷艳的白莲，斜靠着晓风，万种的玲珑。"回忆性地感叹着唯美的遗憾与爱而不得的感伤。当他离开了，这"在水一方"的意象在徽因的诗中，幻化成了《你是人间四月天》里那朵"梦期待中白莲"，寄托于星垂河面上推开心房、点亮爱火的盏盏"莲灯"，算是遥答吧。

徐志摩罹难前几年从精神到肉体遭遇了压迫，诉诸笔端，仅用十年的时光，便依次走完了两百年左右的英国文学历史："浪漫主义的影响主要集中在徐志摩早期诗歌中，它适应了徐氏当时所特有的反现实、摆脱现实束缚、热烈期盼光明与美好未来的浪漫情绪。进入创作中期以后，由于失望的情绪难以排遣，徐志摩开始返回自身。于是维多利亚诗人世纪以来的英国作家的影响乘势而入，占了主导地位。当现实的逻辑把诗人逼向绝境时，哈代的诗便成了徐志摩的楷模。"（毛迅：《徐志摩论稿》）正如他曾指出的，诗人中间很少能寻得出一个圆满快乐的人，有的甚至于一生不得志。一生苦苦求索恋爱的徐诗人，在今昔无常、可伤可叹的国难家仇的困境中，也被"爱"束住缚住，甚至将自己逼到困窘落魄的境地；俨然新文化里没落的贵族，他的后期诗歌再没有力量鼓起拜伦式的高蹈昂然，热烈转向低婉，激情化作哀怨，只能在深深的失望与惆怅、含蓄的悲哀与冷漠、超然的阴冷与宁静里，发出哈代那种幽冷的笑声与悲惨的呼声了。

这本是一个成熟的心灵对人生、人性丰富的复杂性和悲剧性认知、体验、反刍的必然结果，是一个现代诗人重新审视自我、重新追寻自我、重新定位自我的苦难历程。志摩《在病中》一诗的最终成型，恰恰像个见证，真实传达“一个曾经单纯信仰的，流入怀疑的颓废”（《猛虎集·序》）的诗人的心路历程：由“一九三一年五月续成七年前残稿”，当是1924年前后，徽因毅然赴美，此岸翘首以盼的人儿相思成病，病中呜咽呻吟，断断续续不能成行，经过在香山的“旧梦重温”，似雾蒙花，如云漏月，一点幽情动早，之后烂漫诗情混杂了唯美或象征主义的影响，歌咏恋爱的思念亦开始歌咏人生的残缺。他浸染着现代艺术的成果，在相思不眠的夜，听钟声缓奏带来往事的记忆，表露了向往城外西山的“病中心情”：“又如远寺的钟声，随风吹送，/在春宵，轻摇你半残的春梦。”1931年时，生病的徽因正在此处等待康复：

我是在病中，这恹恹的倦卧，
看窗外云天，听木叶在风中……
是鸟语吗？院中有阳光暖和，
一地的衰草，墙上爬着藤萝，
有三五斑猩的，苍的，在颤动。
一半天也成泥……
城外，啊西山！
太辜负了，今年，翠微的秋容！
那山中的明月，有弯，也有环：
黄昏时谁在听白杨的哀怨？
谁在寒风里赏归鸟的群喧？
有谁上山去漫步，静悄悄的，
去落叶林中捡三两瓣菩提？
有谁去佛殿上披拂着尘封，
在夜色里辨认金碧的神容？

这病中心情:一瞬瞬的回忆,
如同天空,在碧水潭中过路,
透映在水纹间斑驳的云翳;
又如阴影闪过虚白的墙隅,
瞥见时似有,转眼又复消散;
又如缕缕炊烟,才袅袅,又断……
又如暮天里不成字的寒雁,
飞远,更远,化入远山,化作烟!
又如在暑夜看飞星,一道光
碧银银地抹过,更不许端详。
又如兰蕊的清苍偶尔飘过,
谁能留住这没影踪的婀娜?
又如远寺的钟声,随风吹送,
在春宵,轻摇你半残的春梦!

何幸拥有诗人牵肠的深情,她知足地嫁与他人妇,在俗世婚姻中实现了恋爱时期的蓝图。徽因紧紧追随她建筑学家的丈夫开始清苦的学者生涯,诗香长久相伴,经年之后,反而能心地清白坦荡地,望着“他”的心灵花园射一个满弦,或对着香山夏夜的残枝诉说哀愁,安慰失意人的心伤:

梅花你这些残了后的枝条,
是你无诉说的哀愁!
今晚这一阵雨点落过以后,
我关上窗子又要同你分手。
但我幻想夜色安慰你伤心,
下弦月照白了你,最是同情,
我睡了,我的诗记下你的温柔,

你不妨安心放芽去做成绿荫。

“当所有的情感/都并入一股哀怨/如小河，大河，汇向着/无边的大海”（《展缓》），思绪的潮水滚滚而来，有往事如烟的凄喟：“四面里的辽阔，如同梦/荡漾着中心彷徨的过往/不着痕迹，谁都/认识那图画/沉在水底记忆的倒影！”（《记忆》）有知音难觅的凄苦：“多余的理性还像一只饥饿的野狗/那样追着空罐同骨肉/自己寂寞的追着/咬嚼人类的感伤！”（《恶劣的心绪》）有魂灵不归的自责：“我苛刻的咒诅自己/但现在有谁走过这里/除却严冬铁样长脸/阴雾中偶然一见。”（《给秋天》），甚至试图改变自然法则，逆流而上：“稍稍/迟缓；拖延时间，——/拖延理智的判断——/会再给纯情感一种希望！”（《展缓》）更为激荡人心的、发自肺腑的，是她对爱的声声回应：“别丢掉/这一把过往的热情……/你问黑夜要回/那一句话——你仍得相信/山谷中留着/有那回音。”（《别丢掉》）……徽因以自然而从容的风姿论释着爱的自由与尊严，为挣脱时间和死亡的拘牵，常用香山飘零的红叶、游荡的云天，拟人的秋语和流动的回忆来对抗，最极致的在《你是人间的四月天》里，寓哀情于乐景，寄理智于美象，几乎将大自然中一切充满活力的景致揽于诗行，轻灵鲜妍，清新而淡雅，是人间四月春天的颜色，爱情的颜色。她让已在天国的徐志摩坚信彼此灵魂相拥，一段幽曲无望的康桥之初恋，终于具有了凤凰涅槃的悲剧意味。

曾经漫天开放的快乐的雪花呢，“飞扬，飞扬，飞扬”，“消溶，消溶，消溶”，吹走了徽因余生“恶劣的心绪”：

我病中，这样缠住忧虑和烦扰，
好像西北冷风，从沙漠荒原吹起，
逐步吹入黄昏街头巷尾的垃圾堆；
在霉腐的琐屑里寻讨安慰，
自己在万物消耗以后的残骸中惊骇

又一点一点给别人扬起可怕的尘埃！
吹散记忆正如陈旧的报纸飘在各处彷徨，
破碎支离的记录只颠倒提示过去的骚乱。
……
我希望：风停了；今晚情绪能像一场小雪，
沉默的白色轻轻降落地上；
雪花每片对自己和他人都带一星耐性的仁慈，
一层一层把恶劣残破和痛苦的一起掩藏；
在美丽明早的晨光下，焦心暂不必再有，——
绝望要来时，索性是雪后残酷的寒流！

于是，她怀念剑桥湛蓝的天空，康河柔波里斑斓的星月和图书馆外女贞树下曾经弯起嘴角微笑的爱人："他站在雨中等虹，他甘冒社会的大不韪争他的恋爱自由；他坐曲折的火车到乡间去拜哈代，他抛弃博士一类的引诱卷了书包到英国，只为要拜罗素做老师，他为了一种特异的境遇，一时特异的感动，从此在生命途中冒险，从此抛弃所有的旧业，只是尝试写几行新诗——这几年新诗尝试的运命并不太令人踊跃，冷嘲热骂只是家常便饭——他常能走几里路去采几茎花，费许多周折去看一个朋友说两句话；这些，还有许多，都不是我们寻常能够轻易了解的神秘。"(《悼志摩》)回到爱最初的地方，志摩愉快起来快乐的翅膀可以碰得到天，他忧伤起来，悲戚又深得没有底，"……其说话多出于狂叫暴跳之间，乍愁乍喜，愁则天崩地裂，喜则叱咤风云。……故此人出游，疑神疑鬼，尝闻黄鹂惊跳起来曰此雪莱之夜莺也。"(林语堂:《谈徐志摩》)梁实秋则这样描述他的无拘无束、青春昂扬："他一赶到，像一阵旋风卷来，横扫四座，又像是一把火炬把每个人的心都点燃。"徽因认识到这正是"志摩的最动人的特点"，热情、跳跃、活力四射、永不止息地歌唱，胸腔里满溢澎湃的爱、昂然的志向和凌凌的正气，他是"五四"精神的载体。后来他清醒地看到存在的苦难和国人生活的无奈，"对现实的世界，广漠地仿佛有十分不满意的态度”（于成泽：《评〈志摩的诗〉》），并使用了许多文字来抵抗这类重荷、复杂，在现实世界的摧毁面前，最终只保持了“雪花的快乐”“康桥的梦”及“我不知道风在哪个方向吹”的思虑惆怅，终不愿意暴露灵魂的隐秘和短处。志摩最后选择“插上翅膀——飞”，一下子抛开了所有的过去，撒去全部的忧愁，眼前只带着美好的希望，翩翩在空际云游。

由聒噪看出沉静，由热闹看出凄凉，是一种视感，也是一种悲悯，是体察入微的心对生命深层情绪的睿智体验。徽因有《小诗》一首，轻轻揭开现代主义诗人的苦涩忧伤，当能体恤他的苦痛之心和善良的用意：

感谢生命的讽刺嘲弄着我，
会唱的喉咙哑成了无言的歌。
一片轻纱似的情绪，本是空灵，
现实上面全打着拙笨补丁。
肩头上先是挑起两担云彩，
带着光辉要在从容天空里安排；
如今黑压压沉下现实的真相，
灵魂同饥饿的脊梁将一起压断！
我不敢问生命现在人该当如何
喘气！经验已如旧鞋底的穿破，
这纷歧道路上，石子和泥土模糊，
还是赤脚方便，去认取新的辛苦。

再引徽因在《纪念志摩去世四周年》一文对志摩诗艺的精彩注解：

你在《猛虎集》序中说“世界上再没有比写诗更惨的事”，你却并未说明为什么写诗是一桩惨事，现在让我来个注脚好不好？我看一个人一生为着一个愚诚的倾向，把所感受到的复杂的情绪尝味到的生活,放到自己的理想和信仰的锅炉里烧炼成几句悠扬铿锵的语言(哪怕是几声小唱),来满足他自己本能的艺术的冲动,这本来是个极寻常的事,那一个地方那一个时代,都不断有这种人。轮着做这种人的多半是为着他情感来得比寻常人浓富敏锐,而为着这情感而发生的冲动更是非实际的——或不全是实际的——追求。而需要那种艺术的满足而已。说起来写诗的人的动机多么简单可怜,正是如你序里所说:"我们都是受支配的善良的生灵!"

我承认写诗是惨淡经营,孤立在人中挣扎的勾当,但是因为我知道太清楚了。你在这上面单纯的信仰和诚恳的尝试,为同业者奋斗,卫护他们情感的愚诚,称扬他们艺术的创造自己从未曾求过虚荣,我觉得你始终是很逍遥舒畅的。如你自己所说"满头血水"你"仍不曾低头",你自己相信"一点性灵还在那里挣扎","还想在实际生活的重重压迫下透出一些声响来"。

你的诗据我所知道的,它们仍旧在这里浮沉流落,你的影子也就浓淡参差的系在那些诗句中,另一端印在许多不相识人的心里。朋友,你不要过于看轻这种间接的生存,许多热情的人他们会为着你的存在,而加增了生的意识的。

诗人徐志摩始终是个真诚的生命的信徒。他朝向一生信仰的新诗创作,虽织构出一个纷繁的文学世界,而其中曲折的足迹需追随至终点方恍然大悟:这位"五四"新生代的知识分子穿越现实苦难去获取内心清白、坚守理想高贵,其求美求真的心路历程从浪漫诗派出发,经过了理想尚未破裂的古典时代,到达现代主义阶段。于他而言,象征和唯美诗派的灵感不仅作为一种艺术手段,更是一种思维方式。为始终不变地追求音乐的激情、理智的亢奋、圣洁崇高的爱,以及美学上的极乐瞬间的生命情状,徐志摩像他的哈代崇拜者一样,"在不懈不弛的真纯经验里,像春蚕吐丝制茧似的,抽绎他最微妙最轻灵最可爱的音乐,纺织他最缜密最鲜艳最经久的诗歌"(《谒见哈代的一个下午》)。最值得感激的,还是康桥文化把他塑造成了一个单纯的浪漫的理想主义者,沉浮世事之中总能在层冰般严封的心河底部,涌起汩汩热流,涌起“感美感恋最纯粹的一俄顷之回忆”(《哀曼殊斐儿》),顷刻间消融了厌世的冰晶,消融了烦闷的苦冻。当志摩尝试用“爱的哲学”向着“贫困时代”突围时,尽管坐立不安,忧思难解,但心中“总像绕着许多云彩”,是“于浩歌狂热之际中寒,于天上看见深渊。于一切眼中看见无所有,于无所希望中得救”(鲁迅:《野草》),亦如裴多菲“绝望之为虚妄,正与希望相同”。

且看这“生的意识”“爱的灵感”,在志摩远游前后如何化作艺术的启迪,影响于徽因的建筑事业吧。从20年代回国起,他就一直希望新诗上“单纯的信仰和诚恳的尝试”能冲破学派偏见或学科藩篱,导向文学创新,导向思想沟通、启蒙,导向一种多向度交融的文化品格,这是诗人重要的突围方式之一。

还是在康桥,徐志摩听到来自19世纪初的浪漫派文学家中间流传的一句话:“建筑是凝冻着的音乐。”最初出自德国哲学家谢林之口,歌德以为这是一个美丽的思想。后来音乐作曲家姆尼兹·豪普德曼把它倒转过来,在他的名著《和声与节拍的本性》里称“音乐是流动着的建筑”,指出音乐内部的间架结构像建筑物一样具有极严整的形式。而诗形的构建正以诗歌和谐的音乐节奏为依据,将诗行的排列与诗歌语言的音律、节奏联系起来,便可发现诗形构建的奥秘。徐志摩对此作了详细阐述:“一首诗应分是一个有机的整体,部分与部分相关联,部分是对全体有比例的一种东西正如一个人身的秘密是他的血脉的流通,一首诗的秘密也就是它的内含的音节的匀整与流动……明白了诗的生命是在他的内在的音节的道理,我们才能领会到诗的真的趣味……行数的长短,字句的整齐或不整齐的决定,全得凭你体会到的音乐的波动性。”(《诗刊放假》)这个陶冶于浪漫派灵光之下的中国才子,一直是忠实的新诗“体制的输入和实验者”,朱自清称赞“他尝试的体制最多,也译诗;最讲究用比喻……他让你觉着世上一切都是活泼的,鲜明的”(《中国新文学大系·诗集·导言》),却忽略了志摩在现代新格律诗史上的贡献。其实他较早地集中讨论了诗歌的节奏和格律问题:“思想的结构与意匠,那又是一件事。我们得同时做两种工分:一面造匀整的瓦料,一面打算将来建筑的图样。”在短促而艰难的文学生命后期,还把象征主义、唯美主义“用诗里内蕴的节奏与声调,状拟诗里所表现的情感与神态”的新艺术美学引入进来,补充他关于诗歌音乐美的追求。

徽因领略徐志摩刻苦勤奋的审美追求,独一无二,从偶然踏上诗坛开始,她即怀念他的一切,信任他的一切,向往他的一切。如别出心裁的诗形构建:《谁爱这不息的变幻》《笑》《记忆》一类的十四行诗,《那一晚》《情愿》《莲灯》一类严谨整饬的诗,《中夜钟声》等曲径通幽的诗,《山中一个夏夜》等九曲回廊似的诗,《雨后天》那样像小桥或凉亭一般的诗,《深笑》那样如飞檐银铃一般的诗;如新诗音乐节律的坚持,《深夜里听到乐声》凡五节三行,为低回曲调、放慢节奏,长句之间皆独立三字短语,听到琴声的矜持、羞涩又无从应和的微妙心理缓缓流泻出来;如字词的叠用、诗节的回环、押韵的变幻等等,“以现代汉语为基础的格律诗,在这里,在林徽因手里运用得游刃有余,在艺术上与徐志摩、闻一多、冯至、卞之琳写得最好的格律诗相比并,也是没有愧色的”(邵燕祥《林徽因的诗》)。

1931 年 11 月,在志摩来不及参加的中国古典建筑美学讲座上,徽因眼眶含泪、嘴唇颤抖着朗诵了他的散文诗《常州天宁寺闻礼忏声》,称赞诗中宗教情感与建筑美学的浑然天成,强调建筑与诗的密切交融关系。徐诗人先在一片礼忏声中“听”见各种生灵的喧哗骚动,又“在表象与本真、遮蔽与敞开、物性与诗性之间的维度上”,“看”见爱与美,肃穆而庄严,罪恶向其忏悔,云翳因之洗涤,如海德格尔阐明的诗性言说:“将天空之景观与声响和不同于神的东西之黑暗与沉重寂聚为一体,神以此景观使我们惊讶不已。在此奇特之景观中,神宣告他稳步到来的近。”(《人诗意地栖居》)志摩则在高度集中的感知和想象中,通过语言的命名与恰当的技巧安排,迎候了它的出场,并促使其与人类生存发生紧密的关联,构造无数“冲突的波流、相反的色彩和现世的高低等浑浊的、渴求救赎的现世世界”,然后一同将它们带入净化静定的澄明之境:

有如在火一般可爱的阳光里，偃卧在长梗的，杂乱的丛草里，听初夏第一声的鹧鸪，从天边直响入云中，从云中又回响到天边；

有如在月夜的沙漠里，月光温柔的手指，轻轻地抚摩着一颗颗热伤了的砂砾，在鹅绒般软滑的热带的空气里，听一个骆驼的铃声，轻灵的，轻灵的，在远处响着，近了，近了，又远了……

有如在一个荒凉的山谷里，大胆的黄昏星，独自临照着阳光死去了的宇宙，野草与野树默默地祈祷着，听一个瞎子，手扶着一个幼童，铛的一响算命锣，在这黑沉沉的世界里回响着；

有如在大海里的一块礁石上，浪涛像猛虎般的狂扑着，天空紧紧地绷着黑云的厚幕，听大海向那威吓着的风暴，低声的，柔声的，忏悔它一切的罪恶；

有如在喜马拉雅的顶巅，听天外的风，追赶着天外的云的急步声，在无数雪亮的山壑间回响着；

有如在生命的舞台的幕背，听空虚的笑声，失望与痛苦的呼答声，残杀与淫暴的狂欢声，厌世与自杀的高歌声，在生命的舞台上合奏着；

我听着了天宁寺的礼忏声！

这是哪里来的神明？人间再没有这样的境界！

这鼓一声，钟一声，磬一声，木鱼一声，佛号一声……

乐音在大殿里，迂缓的，漫长地回荡着，无数冲突的波流谐合了，无数相反的色彩净化了，无数现世的高低消灭了……

这一声佛号，一声钟，一声鼓，一声木鱼，一声磬，谐音盘礴在宇宙间——解开一小颗时间的埃尘，收束了无量数世纪的因果；

这是哪里来的大和谐——星海里的光彩，大千世界的音籁，真生命的洪流：止息了一切的动，一切的扰攘；

在天地的尽头，在金漆的殿椽间，在佛像的眉宇间，在我的衣袖里，在耳鬓边，在官感里，在心灵里，在梦里……

在梦里，这一瞥间的显示，青天，白水，绿草，慈母温软的胸怀，是故乡吗？是故乡吗？

光明的翅羽，在无极中飞舞！

大圆觉底里流出的欢喜，在伟大的，庄严的，寂灭的，无疆的，和谐的静定中实现了！

颂美呀，涅槃！赞美呀，涅槃！

并排的比喻，复沓抒情；散文的体式，展开细节。诗人的心灵，配上建筑家的耳朵，听觉转化成了视象，并由动而静，由外入内，开启"灵视"，在礼忏声中聆听到天地人神交感的和谐音乐，大音希声、"大美无言"。"是故乡吗？是故乡吗？"毋庸置疑，那是人的源初，也是人的未来。

志摩深谙诗文的建筑艺术特性，"内涵是它的骨骼，辞藻是他的外表；一座最牢的房子外面没来一些现代美的彩色和轮廓，仍不能算定成它建筑上的艺术"（《悼志摩先生》）。徽因创作诗歌更在践行着她的建筑美学，探寻一种诗形与诗质相吻合的、承载了丰富文化内涵的艺术世界，用她自己的话说，即一种"建筑意"。"研究建筑和写诗，不过是两种相互贯通的生命形式，严谨的科学性和充沛的感情在这两种形式中相得益彰，融会贯通于她对人类生命存在的诗意倾听和感悟。"（刘思谦：《林徽因澄明的生命之灯》）文艺与建筑交融，科学精神与灵感思维的交融，让她听到了不会说话的巍峨的城楼、倾斜的殿堂无声的诉说，年代久远、风剥雨蚀的古建筑经过性灵的融会、生气的灌注，仿佛重新获得了生命。据梁从诫先生回忆母亲林徽因，"她的诗本来讲求韵律，比较上口，由她自己读出，那声音真是如歌"。由她读出的志摩的诗，该是怎样的情状？

他们都是在新诗格律上默默探索最为执着的诗人，深谙诗是时间的艺术，是拿来听的。

《礼记·乐记》言："凡音之起，由人心生也。人心之动，物使之然也。感于物而动，故形于声。声相应，故生变，变成方，谓之声。比音而乐之，及干戚羽旄，谓之乐。”又曰：“声成文，谓之音。”诗歌音乐的酝酿，叶芝以为满足了“陶醉”与“清醒”的心理需求：“这是睡与醒交融的时间，一边用变化来保持我们的清醒，一边用单调的感觉诱导我们到出神的状态，使我们的心智在其中从意志的压力下获得解放，以种种象征的姿态显露出来。”更为了有效地传达诗人心灵最深处的情调和律动。徽因说写诗是“在我们所习惯的语言中，编缀出一两句近于音乐的句子来，慰藉自己，解放自己，去追求超实际的真实”，同时使读者“由音乐的愉悦，接触到一些生活的底蕴掺和着美丽的憧憬……”（《纪念志摩去世四周年》），类似于志摩的观点：“音节的本身还在起源于真纯的‘诗感’。再拿人作比，一首诗的字句是身体的外形，音节是血脉，‘诗感’或原动的诗意是心脏的跳动，有它才有血脉的流转。”（《诗刊放假》）当年新月社的撰稿人致力于新格律诗的创作和诗艺的探讨，在由文言转白话的过渡期，孜孜不倦地“钩寻中国语言的柔韧性，乃至探检语体文的浑成，致密，以及别一种单纯字的音乐的可能性”（《诗刊·前言》），到了失去徐志摩主导的后期，这条研讨新诗美学范式的“连索”没中断，但太囿于唯美的格律形式的束缚，表现情感的力度已大打折扣。30年代之后登上诗坛的林徽因从不认为自己属于“新月诗派”，也不喜欢人家这样称呼她，大概是忠实于情感、忠实于理想和信仰的“愚诚”之故吧。

她要在建筑的浪漫憧憬里，领会诗歌的性灵心声，注入丰富驰骋的想象，调和鲜活纯粹的语言，使感情的表达更亲切细腻，更真挚动人。如一曲《灵感》的乐章，轻出画舫、淡出雅阁，意象如缤纷花语，气韵似春归芳菲，寓情于景，化抽象为具体，创作上无法碰触捉摸的奇思妙悟竟与声色光影融为一体，显出一种点化日常生活与自然景致的神奇力量。这类艺术构思，是在“五四”之后的第一个十年，巩固了新诗阵地的：

是你，是花，是梦，打这儿过，
此刻像风在摇动着我；
告诉日子重叠盘盘的山窝；

清泉潺潺流动转狂放的河；
孤僻林里闲开着鲜妍花，
细香常伴着圆月静天里挂；
且有神仙纷纭的浮出紫烟，
衫裾飘忽映影在山溪前；
给人的理想和理想上
铺满香，叫人心和心合着唱；
直到灵魂舒展成条银河，
长长流在天上一千首歌！
是你，是花，是梦，打这里儿过，
此刻像风，在摇动着我；
告诉日子是这样的不清醒；
当中偏响着想不到的一串铃，
树枝里轻声摇曳；金镶上翠，
低了头的斜阳，又一抹光辉。
难怪阶前人忘掉黄昏，脚下草，
高阁古松，望着天上点骄傲；
留下檀香，木鱼，合掌
在神龛前，在蒲团上，
楼外又楼外，幻想彩霞却缀成
凤凰栏杆，挂起了塔顶上灯！

徽因以精彩的华章所描摹的霎时间涌现的“灵感”，仿若朝花带露，典雅清妍，如梦似幻融化在青春朝晖、万物萌新里，一切景致还是当初的笑模样，没有被深深的哀伤所盘踞，空幽禅寂的山林、潺潺流动的清泉、“静天”悬挂的圆月、掠过耳边的清风、无意“忘掉”的黄昏、精心织幻的彩霞等等，都只为回荡爱情的回声，悟得灵感的神秘而存在。不自禁地，想起了人间的四月天，她穿一袭素色白裙，优雅地行走，等待一树又一树的花开："花竟开了，开了/零落的攒集/从容的舒展/一朵，那千百瓣！/抖擞那不可言喻的/刹那情绪/庄严峰顶——/天上一颗星……"（《昼梦》）当秋风吹红香山枫叶，春天早已远去，她还在。

此刻康桥暮色里的笙箫之曲悄悄再起，是到了该结束的时候了。古今别离最难，洞箫轻吹总关情，多年来两位诗人心间的康桥追思不息不灭，总在依依不舍的万般柔情里把爱的心曲、诗的乐章反复呈现，一唱而三叹，"沉淀着彩虹似的梦"，成为独独属于他们的具有宿命意味的象征。情深缘浅是永恒的悲哀吗？生命里无梦也无歌的地步才真悲哀之极。今夜的康桥想必也荡漾着临别忧伤，幻现伊人丽影，那柳丝千缕染金，婆娑斜辉，长裙照水，姗姗盛装，一如美人初嫁，烟柳断肠处，又一轮纤月取代斜阳暮色孤悬深天，夜夜清辉，映着徐志摩沉入水底的诗情——似真似幻，依约星辉、依约芬芳、依约鸟啼、依约钟声，都凭晚风轻拂漫溯回青草更深处。若万里寻梦的伤心人，再向着天上的银河吹笙求援，"湘瑟秦箫自有情"（李商隐:《银河吹笙》），也许"向着将来的将来"不一定就是"空等盼"了。

还有没说完的话

徐林之恋是两情相悦抑或一厢情愿，由于世俗因素的干预、例证文献的缺失和当事人的讳莫如深等，悬疑数十载，争论数十载。太长天高地阔的时空阻隔，太深凄婉缠绵的离别相思，那个时代的人情练达、情性疏阔，如长风霁月，只有真正理解了他们的情感，才能深入地理解他们的诗。于徐林的生命体验而言，爱情诗写作都是对彼此无法兑现、不能应和的苦涩爱恋的补偿、提升或重塑，诗中自由张扬的爱之纯净与坚韧，与自我性灵的审慎正视和深刻剖白一样独一无二，两位"今之伤心人也"！如诗如画的康桥，"那同听过的鸟啼/同看过的花好"，是初恋形式上的浓缩外化；星辉斑斓的香山，那跳出云头的明月，艳若血染的枫叶，是十年生死情缘的客观节点。"埋骨成灰恨未休"，既然相遇、相识、相恋，又心灵相契、志趣相投，为何交臂而失之？徐志摩在生命的最后一年认识到，是“天不叫我遂理想的愿”，忘不掉、理不清，而信仰不在“过往的中间安睡”。长久以来，他遵从情感的真实与自然，敢于在一个怯懦的世界以身试法，不顾世俗地义无反顾里对爱情的绝对忠诚和执著却成了文坛风流韵事，不为每个人所接受，传闻非议不断。事实上，基于纯真爱恋的感情早已升华，仁兄一般鼓励关怀，爱人一样呵护备至，只在有限的时空无限地求索，以精神恋爱的形式共育理想和信仰之花，热烈而伤情，忧郁而灿烂，现代的诗情和诗道，成全了他们的恋爱到最完全、最圆满的程度，这是一种非常不巧的“传奇”。

徐志摩在《爱的灵感》一诗，就替已嫁作人妇的徽因表达了难得的心有灵犀：“我或许要反抗，假如我/对你的爱是次一等的。”他们以全身心的爱为基础而引申到另一个与世俗相对的世界，情感上升到了一种神灵的境界，自然不屑于肉体的、实在的、无常的现实存在。更珍贵的，这份隐曲达情的艺术效果里，没有狂飙突进的革命豪情，也没有随后对于现实责难、攻击的恶劣心绪，浪漫的人生激情既已退居主位，苦难的泥土还没深陷进去，这时黄金时代展现于诗人面前，只有从从容容、坦坦荡荡地对待生死的情怀：

> 但我
> 总得感谢你，因为从你
> 我获得生命的意识和
> 在我内心光亮的点上，
> 又从意识的沉潜引渡
> 到一种灵界的莹澈，又
> 从此产生智慧的微芒
> 致无穷尽的精神的勇。

那么一个刚刚从“五四”新旧文化裂缝中挣脱出来的女诗人，又需要经历哪些困惑和矛盾、挣扎，才能够与男性平起平坐地、心安理得地表达“我愿”和

“我爱”？若论志摩激情饱满的创作，和短暂的人生旅途中表现出的天真和浪漫，哪怕忧伤、颓废，读来亦痛快淋漓，决无缠绵于泥淖之感，正因为对于人生情感内涵惊天地、泣鬼神式的锻造，而成为中国白话新诗之魂，继起者未见有能与之并驾齐驱的；这份执着和狂热，发挥自生命内部最根源的丰富性和原创性，也正是沉静克制的林诗里所欠缺的。尤其永远年轻的诗人追随最有内涵的梦境而去了，徽因一身愁病，万千别恨向谁言？夫唱妇随、专注于建设的学者生涯，是志摩逝后其全部的人生轨迹。她还抽空读诗、写诗，在身心疲惫、条件艰苦的李庄，全靠“雪莱和拜伦的诗伴她挨过沉默、孤寂的时光”，却不再吟唱悲剧爱情和欢愁相思，只有“中国的悲怆永沉在我的心底”（《哭三弟恒》）。经历了战争流亡、政治沿革，经历了亲友远逝、事业颠簸，徽因的诗才终究未能充分地、彻底地显发出来——尽管前面已经展现了难得的诗意玲珑。

她耗尽脆弱的健康与夫君梁思成用现代科学方法研究中国的古建筑，成为这个学术领域的开拓者，基于一种高尚人格对事业的尊重、包容、疼惜，建国之初梁林夫妇几度与政治考量下的功利因素发生冲突，为“护卫”四朝古都仅存的牌楼街，徽因病情急剧恶化，最后拒绝吃药救治，傲气凛然，志不可夺。1955 年，熬过二十余载病痛和思虑纠缠，51 岁的林徽因在四月之初告别了人间。她曾设计的一方汉白玉花圈浮雕的刻样移来做了墓碑，上书：“这里长眠着林徽因，她是建筑师、诗人和母亲。”思成设计的墓体，则是最朴实、简洁的造型，体现她一生追求的民族形式。金岳霖为之撰挽联：“一身诗意千寻瀑，万古人间四月天。”读来真挚、凄婉、恰切。而徽因曾为徐志摩写诗，称他是人间的四月天。

女诗人林徽因毕生保留着一个精神上的、“永远纪念着”的情人，并且对于他的“inspiring friendship and love”常怀感激，这无损于她的伦理形象，亦不能减现实之婚恋正剧的真挚与坚贞。为了一切难以言表的苦涩情恋，“会唱的喉咙哑成了无言的歌”，她口里没说完的和说不出来的话，全化作对生与情感、与思想的留恋和淡然：

当我去了，还有没说完的话，
好像客人去后杯里留下的茶
说的时候，同喝的机会，都已错过。
主客黯然，可不必再去惋惜它。
如果有点感伤，你把脸掉向窗外，
落日将尽时，西天上，总还留有晚霞。
一切小小的留恋算不得罪过，
将尽未尽的衷曲也是常情。
你原惊我有一堆心绪上的闪躲，
黄昏时承认的，否认等不到天明
有些话自已也不曾说透，
他人的了解是来自直觉的会心。
当我去了，还有没有说完的话，
像钟敲过后，时间在悬空里暂挂，
你有理由等待更美好的继续
对忽然的终止，你有理由惧怕。
但原谅吧，我的话语永远不能完全，
亘古到今情感的矛盾做成了嘶哑。

临终思量，徽因要对当年闯入徐郎灵府，无意造成的徐张家庭破裂，作出宗教情怀的了结。张幼仪携志摩长子赶往北平，病榻上的徽因凝望他们良久：“她虚弱得不能说话，只看着我们……她此刻要见我一面，是因为她爱徐志摩，也想看一眼他的孩子。”幼仪捕捉到一线深情而略带歉意的目光，释怀了隐衷，明白了她对他的爱。

在20年代的英德两地，徐志摩即知道张幼仪“是个有志气有胆量的女子”，却为找一个想飞的理由而散了夫妻缘。幼仪以有孕之身独陷欧洲，后失爱子，始终没放下独立自主的尊严和与人为善的情意。她从夫从子，离婚不离家，成就上海滩第一代职业女性，威风八面，又主编、出版了《徐志摩全集》。梁实秋说："凡认识她的，没有不敬重她的，没有不祝福她的。"过尽人生千帆，这个通达温婉的好女子，诚恳注解着她的执拗难解的诗人情缘："我没办法说什么叫爱，我这辈子从没跟什么人说过'我爱你'。如果照顾徐志摩和他家人叫作爱的话，那我大概是爱他的吧。在他一生当中遇到的几个女人里面，说不定我最爱他。"就像一个依靠勤奋取得好成绩的学生，远兜远转，厚积薄发，嘴上谦逊着，无意中还是渗透出一种内里磅礴的自信。

和一代绝艳佳丽陆小曼的婚姻伴了志摩最后一程，也常被责难为诗人报恨以终的苦果。志摩的最后人生困在这里，梦想幻灭，诗吟枯竭，她给了他一个爱情的答案，又设下一个生命的大问号。世人都懂的事理她怎么会不明白？"一生半累烟云中"！她只不解释，不辩白，绝艳服，杜宾客，不涉娱乐场所，卧室悬挂徐的大幅遗像，终年供放鲜花，床案压着白居易长恨词，"天长地久有时尽，此恨绵绵无绝期"，老来更倾资辑录志摩旧作，"遗文编就答君心"，或曰悔悟？

当初康河之畔一场春梦无痕，让"在梦的轻波里依洄"的徐诗人进退维谷，十年间几番风雨，当他"在梦的悲哀里心碎"（《我不知道风是在哪一个方向吹》，也明白了徽因于康桥的不辞而别，乃至后来的执手他人、理性拒绝的背后，有一种肃穆的高雅，一种无言的孤寂。难得日后竟成知交，与作为模范夫君的梁思成，与爱慕着她的金岳霖——金正是通过徐认识林的："她是灵动的飞檐，又是精致的雕刻，举手投足间，整个人儿都诗化了。她是中国近代无人可及的有才有德之人，无人出其右者。"爱得心明眼亮，无论和平年代，或流亡岁月，孑然一身，逐林而居。徐诗人俨然一个维多利亚时代的美学布道者了，心无旁骛，只把灵魂中最高贵的爱情因素传递给生活周遭。

志摩 1931 年空难逝世后，徽因从来没有停止关于他的言说。她不时对朋友谈起他，常常援引他的诗，自己创作的意象、意境也与之存在非常高的重叠部分；她对着秋天絮语十六年，把一首首悼亡挽歌写成爱的情语，更习惯了使用"你"作称谓构建对话性空间，朴素中包蕴凄怆；当年为了苦觅理想的爱和美，他远去万里、皈依康桥，她则踏着香山红叶寻梦，追忆当初黄月轻笼、两情相悦的山中旧事，了悟天命大戒、生死真谛；她怀念他独上兰舟、在康桥柔波里撑篙的身影，喜欢他雨中等虹的诗意信仰，模仿他紫藤花下观日落……徐林的诗意情恋绵延多年，真正相聚的时间却太短，“遥远是你我的距离”（《爱的灵感》）、“任何的痴想与祈祷，不能缩短一小寸你我的距离”（《我等候你》），爱得太是匆匆！

又何必一定要求终究飞不出茫茫海域的蝴蝶之翅，去穿越蓬山万重？当徽因也走了，还留下一串串好听的诗情画语。再读这样的句子：

当所有的情感
都并入一股哀怨
如小河，大河，汇向着
无边的大海，——不论
怎么冲急，怎样盘旋，——
那河上劲风，大小石卵，
所做成的几处逆流，
小小港湾，就如同
那生命中，无意的宁静
避开了主流；情绪的
平波越出了悲愁。
停吧，这奔驰的血液；
它们不必全然废弛的
都去造成眼泪。
不妨多几次辗转，溯洄流水，
任凭眼前这一切缭乱，
这所有，去建筑逻辑。
把绝望的结论，稍稍

迟缓；拖延时间，——
拖延理智的判断，——
会再给纯情感一种希望！

1967年的时候，67岁的张幼仪回到英国剑桥、德国柏林故地重游，站在曾和徐志摩居住过的小屋外，没法相信自己那么年轻过："我是秋天的一把扇子，只用来驱赶吸血的蚊子。当蚊子咬伤月亮的时候，主人将扇子撕碎了。"过往婚姻的主人徐志摩，短短35岁的人生，不能忘情于1921年的康桥初恋，他的目光投向斑斓星夜，"愿逐月华流照君"，映出一代才女16岁的浅浅笑颜，不染别离的凄艳霞色。天意让幼仪终得享高寿，为围绕徐林的所有情结做最后见证。多年以后，他们皆心存圣洁，胸怀坦白，恩怨消泯。

"爱是恒久忍耐，又有恩慈；爱是不嫉妒，不自夸，不张狂，不做害羞的事，不求自己的益处，不轻易发怒，不计算人的恶，不喜欢不义，只喜欢真理，凡事包容，凡事相信，凡事盼望，凡事忍耐。爱是永不止息。"（《哥林多前书》13:4-8）

哪知道

——与李溢结婚30周年纪念

房方

哪知道
你我都选择了兰大作为母校
哪知道
是你为我们新生作第一次学习报告
一个下午一场演讲
引来多少同学的赞赏叫好

哪知道
你来我们宿舍
女生们主动向你请教
唯有我
只跟你笑了笑
却从此成了你追求的目标

哪知道
一封求爱信即是我们的月老
102 教室
你把信递给我匆匆而去
我却再也没能逃脱你爱的魔爪

哪知道
为了你的“长篇小说”（情书）
我放下了校花的骄傲
你偷偷领了结婚证
说是给我一个毕业惊喜
其实是你拴住我的妙招
哪知道
一晃三十年
我一直是你手心的宝
你用你的爱
你的宠
宽容着我的过错
证明着你对我的好

哪知道
爱情成了我们人生最炫美的写照
你的理想
我的追求
都因为爱情变得渺小
如今
已过半百的你我
虽然还拥有外面的世界
可我们却只眷恋家的味道

这是怎样的一份爱
是天意
是缘分
哪知道

磨砚记

姜国钧

老张是个玩家，根雕、木刻、书画、金石什么都玩。一天，老张告诉我，长沙近郊产砚石，还拿出几页从网上下载的资料给我看。看到米芾《砚史》上说，“潭州谷山砚，色淡青，有纹如乱丝理。慢扣之无声。得墨快，发墨有光”，我来了兴趣，提议说：“去考察考察？”两人一拍即合，当天晚上分头查资料确定砚矿的具体位置，第二天就出发去探砚矿了。没走一点弯路就把车开到了矿山下。找了两个老人打听，就找到了通往砚矿的山路。

山路原有两米来宽，长期没人走，长满了灌木和杂草。中间有一条小道，是羊倌李老头砍开的。这老头在山下搭了羊圈和鸡棚，养了一群羊一窝鸡，后来认识他之后，我们没少吃他的土鸡。矿洞在半山腰上，露天的，整齐的凿痕清晰可见。从宋朝开始就有人在这里开砚矿，到上世纪60年代才废弃，大约开出了五六千方石头。

石头捡回来后，老张在网上买了钨钢条，做了两套雕砚的凿子，送了一套给我。无师自通，照着《诗经》里“如切如磋，如琢如磨”的治玉工序做起了砚来。

首先是切。砚工从山里开出大料后要切成砚台大小的小料。谷山砚矿的周围堆满了碎石，估计就是凿切小料时形成的。捡回来的石头是从河道中、碎石堆中挑选出来的边角料。石质良莠不齐、大小形状各异。省去了开料的工夫，如何切却更费工夫了。捡回来的边角料上有一些砚工留下来的凿痕，都是斜纹直边，大约那时是将大料凿成一个个砚台大小的方块。能见到的谷山砚图片，也都是方形的。切成方形比较简单，不费思量。我没有把捡回来的边角料切成小方块，而是随石头的形状做成随形砚。

随形砚并非不再切割，而是随石造型，尽量保持石头的原样，只对石头进行最简单的切割。随石造型首先要读懂石头。每一块石头都有它的石性。"天命之谓性"，石头天生的形状、大小、肉色、纹理就是石头的天性。"率性之谓道"，顺着石头的天性构思造型，让石头最美好的自然本性显现出来，让石头所包含的丰富的特征相互搭配，构成和谐的整体，只切去那些不美观的、不能纳入和谐整体中的部分，这就是切石之道。一块石头在手中把玩好几天，读出了石头美好的天性，才可以动刀切割。对于我来说，没有不好的石头，只有没有读懂的石头。

然后是磋。磋是磋去粗皮和棱角，使切割后的砚石外形变得光洁圆润。外圆内方是中国人对理想人格的追求，所以工匠们最喜欢把器物的外表弄得光洁圆润。这是文明的规范对人和器物的形塑。本真的质朴被改变之后，自然的天趣就没有了，这不符合率性之道。夫子曰："质胜文则野，文胜质则史，文质彬彬，然后君子。"纯然天性的质朴显得粗野，文饰过多又死板无生气，文和质和谐地结合在一起才是最好的。因此，既要磋去一些扎手扎眼的粗皮和纹角，又要保留那些自然形成的和留着历史记忆的石皮和纹理。扎不扎手，扎不扎眼，是一种主观判断，取决于个人的价值观和审美观，文人砚与工匠砚的不同，主要在手感和眼光的不同。在我看来，石头上的古代砚工留下的凿痕是要全部保留的，摩挲那一道道凿痕，仿佛能听到回响在山间的凿石声。粗皮要留得巧，稍加雕饰，与砚面相映成趣。切割的地方如明显留有现代电动工具的痕迹，是最难看的，需要处理得自然一点。处理的办法是敲边加粗磋。有些石缝中有苔痕，那是自然的包装，当然要保留。有些石头经过河水长年的冲刷，已经变得光洁圆润，自然天成。这些石头不但不需要切磋，反而还是切磋所要师法的对象。水是自然界中最伟大的雕刻家。"上善若水"，人文并不是与自然相对立的一套法则，人文的本原是自然。

然后是琢，即雕琢出砚池来。砚池有两个基本功能，磨墨和聚墨。光具备砚的功能还不够，还要方便和美观。综合考虑四个方面的要求，古人创制出了几种砚的基本形制。有辟雍砚。西周天子的大学叫辟雍，四面环水。辟雍砚作矮圆柱形，砚面琢圆堂，堂外环凿墨池。辟雍砚寓涵文教之义，文人多喜之。有凤字砚。砚的外形如“凤”字，上窄下宽，尾部有二足，砚面作淌池。有箕形砚。作箕斗状，前首稍狭而俯，后尾稍阔而翘，砚面作淌池，砚底两侧留跗足。有抄手砚。作长方形，砚面平正，砚首深凿横条状墨池，砚背凿斜坡，两侧留跗足，便于插手拿砚，故称“抄手”。基本的形制之外还有很多的样式，但无论怎么变化，都在方圆之间。

毛笔是古人主要的书写工具，古人日常写字以小字居多，故古代的砚台大都是磨墨的砚堂宽大，聚墨的墨池浅小。现在的人以钢笔和圆珠笔为主要书写工具，写毛笔字主要是练习书法、艺术创作，是为了修身养性，写大字的居多。墨也很少自己磨了，大都用现成的瓶装墨。所以墨海对当今的书法爱好者来说，显得更加实用。墨海的形制比较简单，大都像只圆柱形的钵。这种钵形的海有一个缺点，添墨不方便，笔端多余的墨刮不干净，容易将墨弄出海外。适合现代人的要求，我做的砚大都可以兼作墨海。墨池深，池底再起一个磨墨的砚堂，再开一个聚墨的浅池。单独的墨海则在海中起一个小平台，或是凿一个斜坡，以便添墨。由于是随形砚，砚池不是标准的圆形或方形，而是在方圆之间，求得与石头外形的和谐。凿池的工具原来用的就是老张送给我的一套大大小小、功能各异的钨钢凿。后来陆续添置了一些电动工具和磨头。不必迷信所谓纯手工的艺术品。电动工具能减轻体力，提高效率，何乐而不用呢？任何工具，只要我们把它当成工具，而不是让它来代替人的创造力，都是可以在创造性的劳动中使用的。运用机器复制的东西只值机器加工的成本费，运用先进的工具创造的东西其价值主要是人的创造力本身的价值。

然后是磨。磨是对砚台做最后的抛光。有水砂纸和各种抛光磨头，抛光的工作比较简单。先用粗砂纸和磨头去掉电动工具的痕迹，再用600目的砂纸和磨头打磨一遍就行了。砚是用来磨墨的，不宜做镜面抛光，特别是砚堂。

砚边和砚背粗磋时有意保留的自然纹理和历史痕迹一般不再作抛光。但有些细致的纹理抛光后显得更美，就需要抛光。有些花纹只有薄薄的一层，磨得好能磨出意想不到的图案来；稍不留意，花纹全没了。所以说，抛光的工作看似简单，却要十分用心。先把自己磨得雍容大雅、心平气和，然后才能磨出自然天成的大器来。

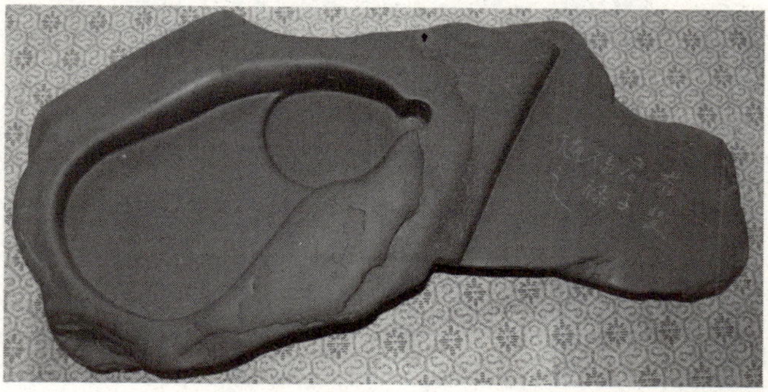

350＊180＊38mm

最早做的一方纯手工砚。作一葫芦，砚边藤叶相抱，象征子孙长发，福禄绵长。取《诗》“有斐君子，福履将之”“瓜瓞绵绵”之意，铭之曰：“有斐君子，福禄随之。”

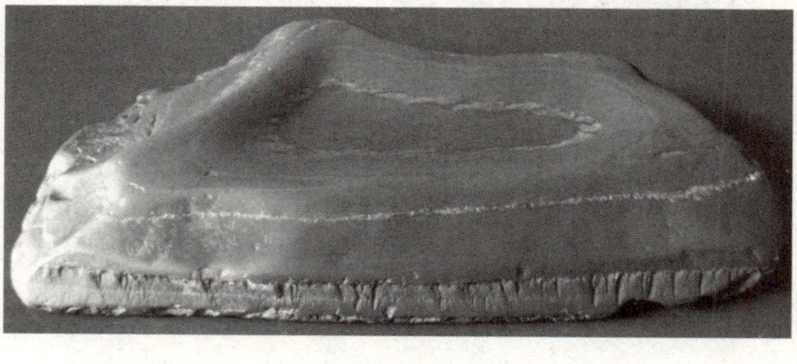

330＊180＊35mm

这也是最早做的一方纯手工砚。石质温润如玉。经数百年河水冲刷，石边圆润光滑。不知被置于河滩多少年，苔痕入于石理，极有岁月感。凿一浅池，有高山潢海之意境。

190 * 150 * 42mm

这是一块自然天成的石头。留石皮作五朵菊花，作一浅池亦如花。铭曰："菊花开，鸣草虫，洗了手砚当酒盅。君莫笑，非我穷，酒带墨香味不同。"

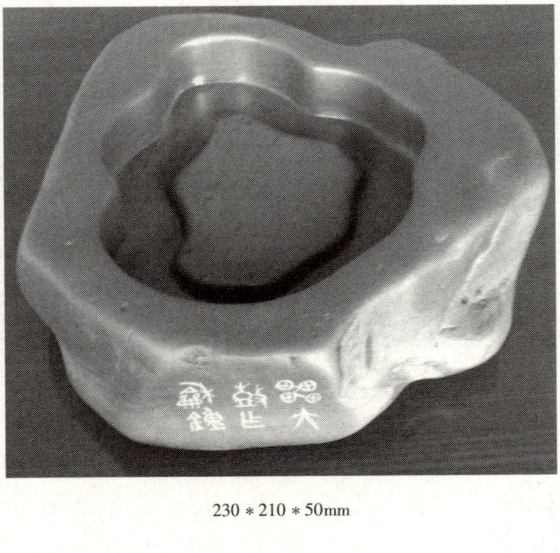

230 * 210 * 50mm

此石青灰相叠，深凿一海，中间起岛，可磨墨，亦便于起墨。形似铜鼓，铭集石鼓曰："擂大鼓，作和钟。"

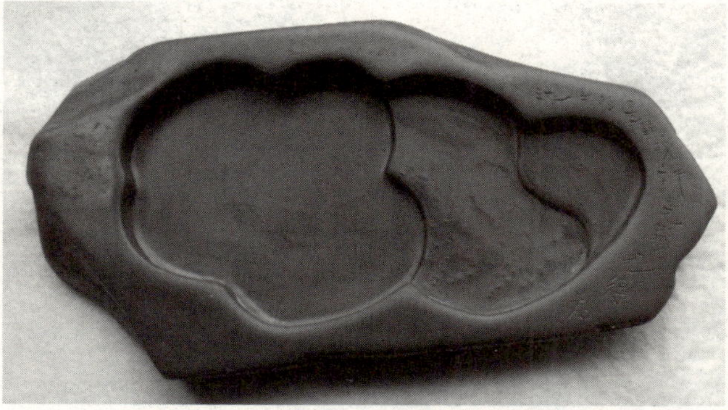

25 * 13 * 20mm

此石铁灰，夹层中有砂亮如星，凿池似葫芦。记曰："池中的星点，或许是铁砂，待考。"

200 * 160 * 30mm

此石灰白温润，中有薄层金彩，制成辟雍砚，砚堂如明月，若有彩云追。

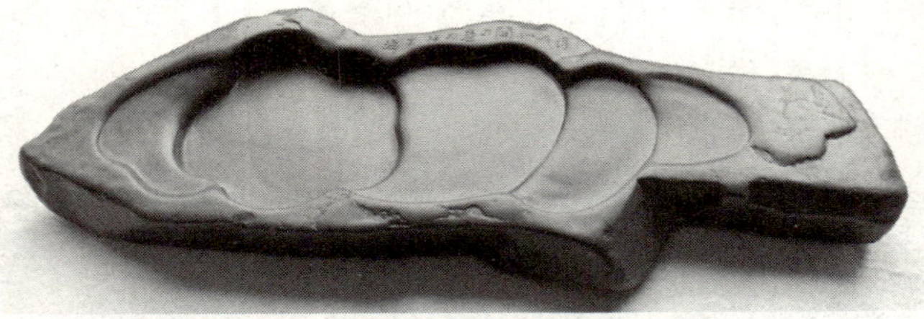

590 * 180 * 50mm

此石色青而质坚，形似青龙偃月刀，凿池似祥云，以和其刚猛，铭曰："得石似关刀，凿为祥云海。"

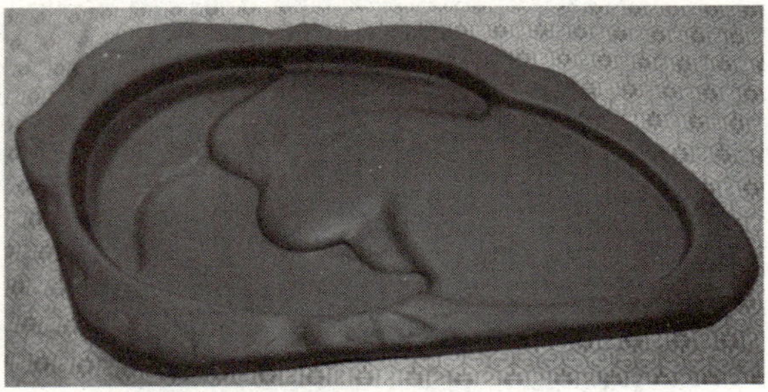

420 * 210 * 35mm

此石色淡青，凿为海，亦可作砚，池中作莲花荷叶，略似而已。名曰"青莲海"。

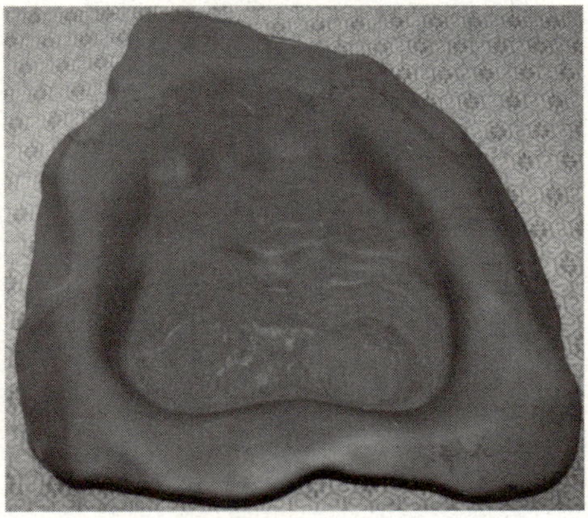

300 * 280 * 35mm

此石淡青而温润,池中有花如五彩涟漪,名曰“五花海”。背面有铭曰:“此石陂陀不平,颇费琢磨。待其成砚,大有可观者,他砚所无。所谓怪材,桀骜难驯,待其成才,亦非庸常可比。”

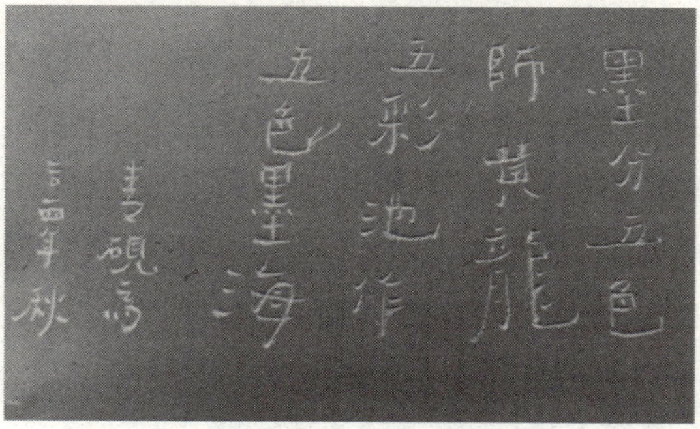

480 * 260 * 45mm

五彩池。其意如砚背所铭。

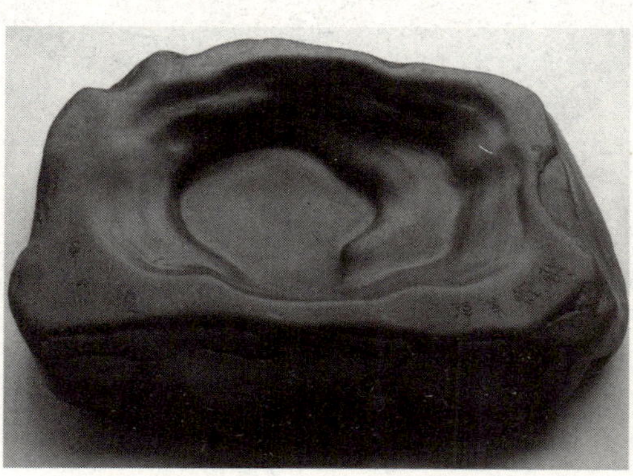

320 * 250 * 45mm

左刻“淖渊海”，右铭“鰋鲤其游”，皆取石鼓。自珍自爱，妙处难说。

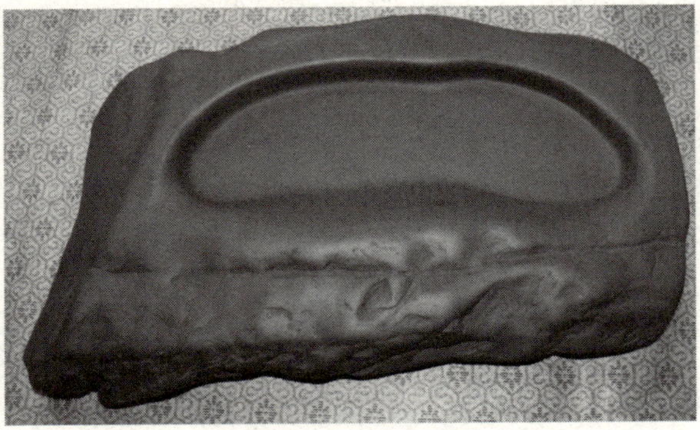

320＊180＊35mm

此砚石质非上品，然有可美之处。砚背有记曰：“此石有三条凿痕，或深或浅，歪歪斜斜，当是学徒练习之作。此石四边光滑无锐角，当经过多年风化与溪水冲刷。石头上的凿痕，或许是明清以前留下的。”

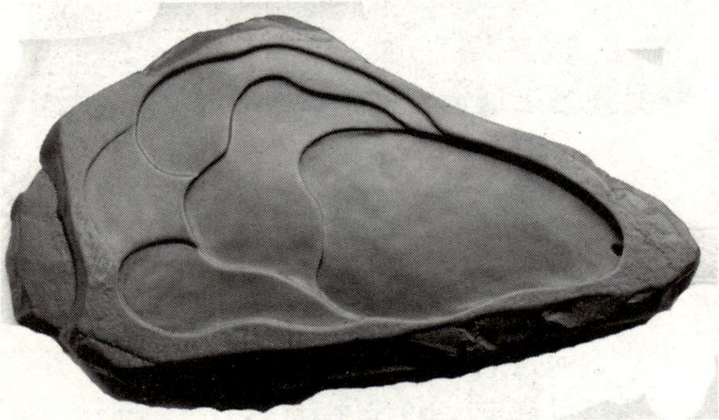

620＊380＊45mm

色青绿，作五葫芦连枝共叶，名曰“五福茶盘”。

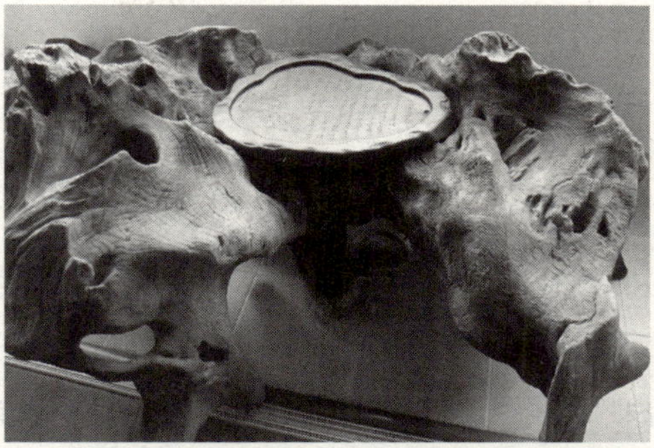

530 * 360 * 70mm

柏牛青石茶几记

辛卯秋，余于阜埠河外湘江边火土灰中得一大木，凿之剔之，磨之涤之，乃千年古柏之根也，状似耕牛。是年五月，湘水涨，此木漂流至此，搁于河滩几近半年，而为菜农煨土作肥。余太息再三，岂千岁之大材，随枯枝而漂泊，共腐草而成灰！越三年，余又得一大方谷山砚石，凿为茶盘，置之牛背，合为柏牛青石茶几。读书授课之余，骑牛品茶，相忘于熙攘。

后记

好友国良从海南大学打电话来说，他想编一本辑刊，文体不限，文章长短不限，文学作品也行，学术论文也行，只要有特色、有见识、有趣味就行，形式要活泼，不欢迎那种严格按照学术规范写成的“八股论文”。国良一身的诗人气质，喜欢自由的书写，出个辑刊也是诗人气质的。我喜欢有诗性的人，也喜欢做有诗意的事，答应给他写稿。写了两篇，放在计算机里，等待他出辑刊的好消息。

等了一年，没有消息，就出示给主编《大学教育科学》的朋友弼成看。弼成才浏览了几段就连连称好，要给我在他们的杂志上开个专栏。我说：“这不像论文吧。”弼成说：“没关系，加个编者按说明一下。”

编者按是这样写的：

> 浮华时代需要读经典和名著，因为经典和名著厚重。变革时代也需要读经典和名著，因为经典和名著中饱含了人类前行中的历史智慧。本刊有意推出专栏，刊发诠释外国高等教育名著的文章。专栏名为“名著镜诠”，有两个意思。一是借助他国的高等教育名著镜照中国高等教育中存在的问题。人总是通过认识他人认识自己的，国家也一样。二是通过诠释名著中的经典论述，获得解决当今中国高等教育问题的智慧。因此，名著摘抄的部分并不追求全面性，而是讲究适切性。采用两栏排版，左边是摘录的名著，右边是诠释的文字，两边的小节一一对应；就像一个人，对着镜子在观察自己，在思考问题。

一连发了20篇。尽管名著还有不少，但我自己很难提出什么新观点了，再写下去就会有重复，就搁笔了。

国良从海南回来，带给我一套他主编的《古典与现代》辑刊。我说：“没见你再联系，以为你没办这个辑刊呢。”国良说：“没见你再联系，以为你没给我写文章呢。”两人相见甚欢，在火宫殿点了两盘臭豆腐，喝了四瓶炸弹二锅头。

2015年1月27日于阳光100青砚斋

寿丹沉·玄香赋

李荣南

天乾地坤,醴泉菜芳。无极利臻,元亨未央。中正弥尚,寿道玄黄。丹当得舍,沉全洪荒。窖诰廿载,九制惟解云气;藏深彦露,酣醇第及伦常。嗟乎古铜色暖,琥珀脂炀。彝品御味,怀真臆昶。淡泊知性,兑济阴阳。独甄酿家,孤郁玄香。行高颐养,不预休光。是以神农戬卉,玉沁莲芝参桂;太清上象,泽被爵觯卮觞。婆娑琮琤,国珍凝重岁腊;杯觥紫雪,酒颂霓裳绕堂。和说睦宇,咸宜缘享。绡绮犀璩,为镇为方。朝野社稷,慵勤冰火纵意;庭衢扃牖,绮靡魂萦金汤。

农历乙未年仲春于海口

湖南油茶歌并序（外一章）

颜家安

余赴京公干，事毕欲归。旧友黄琦君做东送行。邀至三环西桥湘菜馆，言此店借湖南茶油烹饪，色香俱佳。食之果是故乡味道。席间国平君乃油茶种植专家，说油茶如数家珍，小燕、新科、金虎、志忠诸君亦尽说茶油事，并盟约缔结茶油协会云云。余有感于当下食用油之安全，外国油之泛滥，故作是歌以彰其事。舜植油茶树并无出处，聊且借题发挥云尔。公元 2014 年 7 月 11 日。

余访京华欲拟归，黄琦相邀醉樽罍。
长安街上车马急，择座合在三环西。
西桥店家夸湘菜，故乡风味足开眉。
满座但惊洞庭甲，尤喜园蔬动芳菲。
借问庖厨味何比，九嶷茶油胜香醅。
胜香醅，香醅何若它，吾乡嘉木信美姱。
听我歌一曲，不用铁琵琶。
舜帝南巡怜三苗，手植员木在山崖。
不与桃杏争颜色，寒露偏开满山花。
素颜独得霜雪润，清香引得雁行斜。
雁行斜，世称奇，花果同枝见高低。

日出花心一捧露，月照枝下果离离。
果离离，果实实，正是二妃别帝日。
秋风嫋嫋洞庭秋，黄叶漫飞暮山紫。
暮山紫，采茶籽，茶籽满筐泪不止。
思君不见容颜老，蓬头乱草任风栉。
任风栉，榨果子，泪浸果子凝膏脂。
点滴入锅香四起，味透君山漫过涘。
八仙欲过洞庭波，香冲云脚云壅滞。
试把膏油擦上头，绿云墨丝嗅沅芷。
嗅沅芷，神自适，娥皇女英从此不侘傺。
君知否，员木今日遍三湘，连根结缡应从君山始。

员木 《山海经》云：员木，南方油食也。员木即油茶树。

娥皇女英 《史记·五帝本纪》：舜陟方，死于苍梧，号曰重华。二妃死于江湘之间，俗谓之湘君。君子曰："二妃德纯而行笃。"诗云："不显惟德，百辟其刑之。"此之谓也。"汉刘向《列女传·有虞二妃》云："有虞二妃，帝尧之二女也，长娥皇，次女英。"晋张华《博物志·史补》云："舜崩，二妃啼，以涕挥竹，竹尽斑。"

飓风歌

台风，大风也，古称飓风，特大者又称铁飓。飓者，惧也，惧怖也。生成于大洋，作涡旋状，逆时针旋转而进，中空而外密，空者为风眼。风眼无风，外则猛烈强劲。其来海上，海水喷涌，鱼龙潜藏，日月无光，海天混沌一片。及至陆地，翻滚腾挪，崩山裂石，拔木毁屋，裹挟万物，呼啸鼓舞如入无物之境。此海南一大凶象也。昔东坡贬儋州，适遇之，作《飓风赋》。余居海南有年，年年台风，目寓而身历，见怪不怪，盖因未遇甲午威马逊铁飓也。今遇之，则记之以诗。岁次甲午年六月二十二日，公元2014年7月20日，台风已过两日矣！

大风欲来江海喷，断虹入水狂牛饮。瘴母晕残飓母长，乌云油凝雷隐隐。羲和降帜回车轮，风伯猖狂金鼓振。山河无端颜色改，妖蛾鬼蝶横空滚。

风怒号，江海不可近，千层凶涛起訇哮，百万鱼龙任蹂躏，怒鲸张齿噬赤蛇，鼋龟觳觫没巨浸。赑屃不堪负坤轴，犀牛折角坠混沌。

风怒号，高山不可陟。枯草败叶飞乱矢。矗矗古木齐腰断，磊磊巨石如飘纸。猨狖颠蹶失高枝，鹗隼痛折摩天翅。熊罴伏地如鼠死，狮虎噤声状亥豕。

风怒号，原隰不可守，霾雾浓云牛鬼走。针叶短梗舞利刀，粒尘颗沙大如斗。狠雨如坠高山石，骇风吹平松柏塿。

四方不可居，归来避高楼。高楼摇摇比危巢，一命悬空如蜉蝣。天河决堤兜头灌，无物不在水中沤。堵门厚云硬似铁，敲窗乱雨射铜豆。

耸肩缩首无处去，蜷缩墙角听风雨。风雨声何似，万窍齐噢咻。钜鹿兵戈战尤酣，铁骑群奔齐失驭。千姬跣足哭儿女，万夫争斗发淫酗。饿鬼抢食众嗷嗷，囚徒呼冤闹黑狱。吹万不同难细辨，细辨也难与人语。

枕风藉雨入梦乡，梦醒忽讶天地安。天安地静声寂寂，惊魂杳杳有无间。可闻秋蝉振薄翼，可闻春蚕吐丝缣，可闻蠹鱼蛀旧简，可闻劳蛛上经幡。可闻罅隙来游风，可闻吾息尚啴啴。展袖欲掸身上尘，声如裂帛破枯禅。

咤噫乎！乾坤有块磊，噫气直欲吐。欻欻为飓风，海岳尽鬵沸。清浊分上下，天理不乖忤。浊降填沟壑，清扬成芬馥。不得大喘息，郁结何能疏。斯人有痞气，逆嗝格六腑。长吁得清泰，通塞起沉痼。三才同一理，胡为太惊怖。

君知否？昨夜铁飓撼琼岛，今晨天涯更清穆。断木继续凌霄志，江湖平分天恩露。检点残枝归置好，年年又是春归处。

飓母 唐刘恂《岭表录异》云："南海秋夏间，或云物惨然，则见其晕如虹，长六七尺比候则飓风必发，故呼为飓母。"。清吴震方《岭南杂记》记载，海中之飓四时皆发，而秋夏为多，所现之气如虹如雾，有风无雨，名为飓母。《太平御览》云："飓必夹雨，俗曰有雷不成飓。然有雷而飓者，其飓大且久，谓之'铁飓'"。

訇哮 唐韩愈《赴江陵途中寄赠王二十补阙李十一拾遗李二十六员外翰林三学士》诗："飓起最可畏，訇哮簸陵丘。"宋文天祥《雷州重建谯楼记》："方风之来也，其晕如虹，有蜃气如楼台，及其歘霍凌轹，訇哮撞搪，其声不可名状。"

觳觫 《孟子·梁惠王上》："王曰：'舍之。吾不忍其（指牛）觳觫，若无罪而就死地。'"赵岐注："觳觫，牛当到死地处恐貌。"《梁书·王僧孺传》："解网祝禽，下车泣罪，愍兹臾诟，怜其觳觫。"

赑屃 《文选·西京赋》："缀以二华，巨灵赑屃，高掌远跖，以流河曲，厥迹犹存。"三国吴薛综《注》："赑屃，作力之貌也。"明杨基《眉庵集》八《天妃宫题赠道士沈雪溪》诗："月明贝阙金银气，日暖龙旗赑屃纹。"杨慎《升庵集·八十一卷》之《龙生九子》："俗传龙生九个……一曰赑屃，形似龟，好负重，今石碑下龟趺是也。"

原隰 《书·禹贡》："原隰厎绩，至于猪野 。"《国语·周语上》："犹其原隰之有衍沃也。"韦昭注："广平曰原，下湿曰隰。"广平与低湿之地。泛指原野。梁约约《齐故安陆昭王碑文》："于是驱马原隰，卷甲遄征。"宋王安石《得曾子固书因寄》诗："重登城头望，喜气满原隰。"清魏源《次韵〈前出塞〉》之一："星燧燎原隰，蚁壤溃江河。"

塿 即培塿。小土丘。《左传·襄公二十四年》："部娄无松柏。"杜预注："部娄，小阜。"汉应劭《风俗通·山泽·培》引《左传》作"培塿"。《晋书

·刘元海载记》:“当为崇冈峻阜,何能为培塿乎。”清刘献廷《广阳杂记》卷三:“眺望三峰,壁立与天接,众山皆成培娄。”《永州八记·始得西山宴游记》:“不与培娄为类。

噢咻 唐柳宗元《谢李中丞安抚崔简戚属启》:“匡困资无,阖境知噢咻之德。”《新唐书·列传第九十》:“纵未能出禁财,赡鳏寡,犹当稍息劳弊,以噢休之。”明张居正《门生为师相中元高公六十寿序》:“问民所疾苦,抚摩而噢咻之。”

吹万不同 《庄子.齐物论》:“夫吹万不同,而使其自己也。”成玄英疏:“风唯一体,窍则万殊。”吹,指风而言;万,万窍。谓风吹万窍,发出各种音响。

巨鹿 楚国项羽与秦国章邯战于巨鹿,史称巨鹿之战,见《史记·项羽本纪》

噫气 《庄子·齐物论》:“夫大块噫气,其名为风。”成玄英疏:“大块之中,噫而出气,仍名此气而为风也。”陈鼓应今注:“噫气,吐气出声。”宋余靖《过大孤山》诗:“噫气专吸呼,横流以溟涨。”清金农《冬雪》诗:“噫气失煖威,顽寒出阴娇。”指风。清唐孙华《泊舟大孤山下》诗:“两日都行廿里程,朝来噫气尚难平。”清赵翼《飓风歌》:“谁将噫气闭土囊,一喷咽喉不可搤。”

觱沸 泉水涌出貌。觱,通“滭”。《诗·小雅·采菽》:“觱沸槛泉,言采其芹。”《毛传》:“觱沸,泉出貌。”唐刘禹锡《复荆门县记》:“昔饮於洿,夏涸冬枯,自公感通,觱沸生兮。”明宋濂《大慈山虎跑泉铭》:“久之,泉觱沸而出,若联珠然。”徐珂《清稗类钞·动物·张海鬼论海底动物》:“自海中映日光视之,觱沸腾涌,与众水别。”

三才 《周易·系辞下》下云:“有天道焉,有人道焉,有地道焉,兼三才而两之,故六。”说卦云:“立天之道曰阴与阳,立地之道曰柔与刚,立人之道曰仁与义,兼三才而两之,故易六画而成卦。”

死去的是美黛莲

张志扬

主题词：

屠杀—暴力　疯—错乱　性—堕落：（痴氓）

国王　医生　神父

美丽的侍女美黛莲

本事重叙（略）

1794 年，巴黎，法国大革命。

贵族丽娜小姐，因性行为放纵被押上断头台。行刑。萨德侯爵在窗内观看。

拿破仑帝制。

萨德侯爵因性变态被关进了疯人院。

查宁登精神病院。

洗衣女工美黛莲在监狱般的号子外收取精神病人的床单。收到萨德侯爵的床单时，内藏一本书稿。美黛莲迅速将书稿偷偷带到后院的栅栏边，外面有一个骑着黑马的黑衣人拿走书稿。于是，市面上出现了一本“淫书”——《贞德蒙尘——无名氏著》。

片名推出：《性书狂人》（原名 *Quills*，即《鹅毛笔》。）

重叙者解读

一

在萨德之后，在弗洛伊德之后，在劳伦斯之后，在福柯之后，总之，在今天看了《鹅毛笔》之后，仍然有一个问题横在面前：

性，是否使人堕落了？

或，是否使人获救了？

我知道这问题没意义，因为每一个肯定或否定的反例都很容易成立。

尽管如此，这个问题又决非毫无意义，似乎它的无所问总有所问。一般总把"性"放在"男女关系"中理解(汉语日常语言中的"男女关系"十分准确地直指"性关系")，而"男女关系"是人的自然关系，人的自然关系是人的社会关系的自然尺度，自然关系的"自然"是怎样的或"不自然即变态"是怎样的，便成为人类学、社会学、病理学的首要问题。于是"性问题"随着"性关系"一下落入实证科学领域，成为人类社会行为的统计对象、规范对象或教化、治疗对象：除了数字化，就是肯定、否定、矫正、治疗等等。

可是，我们的主角——"性书狂人"**萨德**，显然不属于实证领域，即不能在人群中寻找正例或反例以资证明便可了事。换句话说，把这个问题放到人群中凭经验问答，等于无。

那么，它应属于思想的事情了。这有点怪，没有比"性"更肉身化的事情，竟然属于思想的范畴并需寻求思想的规定。

性，在"自然"的范围内，当然是肉身化的，它不仅作为过程表现为穿透肉体的交融，作为结果，更是一个新肉体的创生。也就是说，性的肉身化使"性"成为一个"类存在"，既在横向的空间平面上(性别)，也在纵向的时间立面上(生殖)。舍此肉身化，"性"不成其为"性"。因而，对"性"的思想规定必须从性的"肉身"中建立起来。

在“不自然即变态”的范围内，性不仅要回到性自身（非生殖），还会矫枉过正，出现情欲在躯体上的独立、狂热与梦幻，以反抗历史与理性对肉体的制度性教化。简单地说，躯体要求躯体纯粹欲望的权利，以致不惜以毁坏躯体、毁灭类存在为代价（同性恋）——“躯体不自由，宁可下地狱”。

这样的“肉体权利”需要拯救吗？它是天然的合法，还是天然的不合法？

影片把“肉体”置于“政治”与“神学”的双重治疗之间，完全撇开了萨德侯爵之为萨德侯爵意义上的“性变态”之“教官”身份（福柯语），或“浑身散发毒气的萨德写作的目的是败坏未来的时代”（米拉波的指控）——我指的是单纯视觉上，而不是说教的言辞上（影片显然只限于后者。至于前者，福柯说，不干扰、不介入的性变态镜头还没有出现）。所以，我们也只好放下历史上的萨德侯爵，回到影片的符号化“萨德侯爵”面前。虽然不免遗憾，也省去了迷狂失控的焦虑。

然而另一种不确定更叫人不安，那就是“肉身得救”问题，亦即突然插入的“肉身”之“灵性”的可能性问题，它由基督引起，既然耶稣是上帝的“道成肉身”，“道”——“成”到肉身的“性”中来了吗？

这个问题似有两层意思：一层意思是耶稣基督或上帝的“性行为”；一层意思是“道”——“成”到肉身中的“性”是否意味着“灵”。我们的重点显然在后者，如何解“灵”？耶稣如果断了肉身的性行为，人类都不存在了，何来拯救之有？有性行为，就不能阻止非生殖的性行为，即把性行为变成性行为本身，如何判定它只是“爱欲”，尤其是“道成肉身”的爱欲？换句话说，耶稣基督复活而救世的“道成肉身”必须成到肉身的性行为中显“灵性”，世界才最后得救，是吗？

启示已在，看你怎么解？

这是否表明上帝为了补赎第一次造人即造亚当夏娃时的非灵性行为？是上帝的疏忽，还是上帝故意的考验（非灵性的动物性性行为看来是人摆脱不掉的沉重肉身）——如此的选择句都隐含着某种上帝之外的“定数律”，仍带着希腊“宇宙神”的痕迹——此选择句作废。

要人不能自己创造人（无性）——蛇（性的诱惑）是必然的（蛇是否为上帝隐秘的意志?）；换句话说，人是必须通过人的性行为造人的。

要人自己创造人，但要既不同于上帝的创造人（非性行为），又不同于动物的自己再生产（动物性行为），于是，"人的性行为"自身必须具有惩罚的否定形式或担当（原罪或惩罚，如生殖的两面性、非生殖的两面性等）。"性"成为"动物性"与"神性"之间的界面——"人性"其实根本地就维系在人之"性"的这个悖论式偶在上。但是，人之"性"的非兽非神的那个人性之"度"在哪里？一个老生常谈的问题。

问题是，还能怎么谈?

可见，犹太教《旧约·创世记》预设了问题，基督教《新约》的"道成肉身"更预设或启示了前述问题的回答意向。

我试图在这样老生常谈的预设中解读《鹅毛笔》。我当然意识到这非常冒险，因为无法把握是否"渎神"或"渎自然"的界限——"度"。

（请容许随时修正。此外，当然只在影片设定的情景内。）

二

首先应该正视几组主要关系：

第一组：国王（或医生）——萨德——神甫（权力/性；疯/道德）

第二组：医生——萨德——美黛莲（权力/性/爱）

第三组：神甫——美黛莲——萨德（道德化的神/爱/性）

第四组：布尚——萨德——茜芬（性欲或恶/性/性爱）

第五组：国王、医生、神甫——疯人式的群氓（整治/救治；压抑/挑逗）

第五组问题是渗透性的，在在皆在。本文不予专论。

第四组是对个人的教化，即非常表面化的图解了性的两种善恶分明的后果。

第一组按正统的眼光看，它可以说是社会结构的“负面”象征。权力看来是人类社会无法摆脱的宿命。它从根本来说不是要不要的问题，而是好不好的问题。更确切地说，它根本地不是好不好的问题，而是好不好二重性的“侧显”问题：“显中有隐，隐中有显。”如何判断权力运用的好坏，似乎有一个最通常的可以成为“通货”（除“性”，还有“货币”“语言”）的现象学指标，那就是权力造成了过度压抑，将在两个消极的方向上表现出变态：“疯”与“性”。“疯”本身是变态暂不作这里的关注点。“性”，如何是常态，如何是变态，摆动的“度”在哪里？（例如，为什么茜芬同医生上床是变态，同建筑师上床就是常态？茜芬接受医生的婚姻虽有被迫的性质，但已构成双方达成的婚约法权关系，这权力在社会上是法定的，于是涉及性爱与法权的冲突，未必能一方简单地否定另一方。注意，我已经说过，这里的变态既不是萨德侯爵意义上的变态，也不是病理学意义上的变态，当然也谈不上电影视觉意义上的变态，因为它没有。）

权力造成了过度压抑，在无法判断其是非又不能立即消除时，道德便担负起消极安抚或治疗的作用，只能算是社会的一种结构性弥补。简单判断它好坏是无济于事的。反过来，“性放纵”并不是对性压抑的救治，事实上，性放纵也是另一种形式的非升华性压抑，它对人的毁坏是用权力自身的毁坏表现出来的。社会的性放纵则是以社会自身的毁坏表现出来的，从古代“群婚制”到今天“性自由”，历来如此。所以别以一面为戒。顺便说一句，与“性放纵”相比，“性变态”是“身体性”的，“性放纵”是“观念性”的，前者比后者值得尊重或重视。这一组也不算我们的主要关注点。

那么，筛选后的三组二组自然成为要认真观察的对象。它们其实是一个问题，即根本无法理解“性”与“爱”的世俗权力与道德，究竟能够或应该怎样对待“性”与“爱”？

三

先从三组谈起，它较能接近性本身，因为在这里性似乎有安全感。

但必须对“萨德侯爵”有一个完整的印象。从影片开始，侯爵堂而皇之地用鹅毛笔在白纸上写出《贞德蒙尘》，有美黛莲给他暗中传递稿件。事发后被院长收去纸笔，侯爵用鸡骨沾着葡萄酒在床单上继续写。第二次收去所有可用来写作的家具杂物，侯爵就用自己的血写在自己的外衣上。第三次剥光了侯爵的衣服和假发，他赤身裸体在空荡荡的房间中，但他用声音在空气中传递，让疯子们转述给美黛莲记录下来，导致了美黛莲的死亡，自己也被割去了舌头。第四次也是最后一次，在地窖内，口被布条勒住、手被铁链锁住的侯爵，用谁也剥夺不去的大便书写到地窖的墙上。应了尼采在《敌基督者》最后一节(DA.62)宣称的“对基督教的永恒指控”——

> 只要有墙，我就要写在所有的墙上，——我要让写下的字母，即使瞎子也能看得见……我称基督教为一个最大的诅咒、一个最根本的败坏、一种最大的复仇本能，与它相比，没有什么手段更毒辣、更隐秘、更卑微、更猥琐了——我称它是人类的一个不朽的污点。

萨德侯爵是贵族、是疯子，也是“敌基督者”，他至死不忏悔，他咬断了十字架吞进喉中窒息而死。他鄙弃平民那些肮脏的肉体，他诅咒革命的断头台与宗教的灵魂绞肉机，他鄙弃女人，歌颂性欲与权力是生命快乐的源泉。因而在气质与形式上，萨德与尼采同类。只是诉诸的武器不同，尼采是哲学，萨德是性学。或许还有一点不同，那就是，萨德最后对女人“知而不淫的性洁”怀有莫名的敬畏，不洁的尼采大概不会。

我再说一遍，真正的萨德侯爵是否如此，已不重要了。我只以影片中规定的“萨德侯爵”为解读对象。

四

在地窖中，侯爵为什么一听到美黛莲仍是处女，就真情流露地软下来了、伤心地哭着，并毫不掩饰地表现出对美黛莲的爱、尊重与礼赞？

侯爵不是把女人只看作或描述为性欲的对象、器官和工具吗？甚至对女性不施之以暴虐不足以表现性的强力。在“男人的力量是权力，女人的力量在两腿之间”的“性条”上，似乎存在着一种内在的战争：要么是权力对女性的掠夺（女人没有种族或国籍，罗马人把掠夺女人同掠夺土地看作一回事，耕耘女人同耕耘土地一样，收获是确定地属己的），要么是女性对权力的报复或征服，除此，没有第三条路可走，爱情的浪漫不过是性的迷幻药。侯爵就是一直这么写的，性成为他抽象的或观念的“以暴抗暴的性暴力”并以此维护或支撑自己被颠覆被凌辱的尊严。

现在突然暴露出侯爵从未示人的性与爱、性与美的认同感，可见他多么深地珍藏着，仿佛那才是他贴己的本性。但这纯然是属己的，不足与外人道。所以，院长一点破，他决不能示弱，必须强力掩盖起来。侯爵必须维持自己战斗的形象——性暴力。何况，在侯爵看来，院长已经成为“医生牵着骝的马”，已经“加入到这场游戏中来了”。

当然，我完全可以怀疑，这是影片自己安上去的“人性”教化的狗尾巴，它破坏了萨德侯爵“性暴力”的不妥协形象；或许萨德侯爵当真后悔了何不施暴于美黛莲，让一个干净的肉体逃脱了性的诅咒——难道有性例外的纯粹肉体吗？该死！

神甫呢，恰恰走着相反的路。他知道自己爱着美黛莲，只因神职使他不能不守色戒。如果，当美黛莲深夜送上门来，对他表达了“心在这里”的心迹，消除了猜疑（对美黛莲）与妒忌（对萨德侯爵），他要是按人之常情顺势同美黛莲做爱，这个事实，不管他们两人之间多么清楚爱的动机，都无法澄清隐藏的暧昧：美黛莲想留下来可能有做性交换的功利目的，美黛莲读淫书可能不辨性欲和性爱区分的性冲动，神甫自己也逃脱不了这两者的粘连，或许真有嫌弃美黛莲沾淫不洁的怨恨而肆虐，特别是它还会证明而引起黑暗中第三只眼睛（侯爵）胜利的冷笑，等等。当然这一切不可能成为当时辨别选择的过程，而只表现为神学的反射——“你是天父的女儿”——守了色戒。但后来为什么又在灵堂上完成了对美黛莲肉身的性行为？（注意，这肉身不是死的，不能理解成幻象，事实上肉身是活的、复活的，它显示出性问题上神学的限度。往后再回到这里来。）

也就是说，什么东西使神甫破了色戒？非常奇怪的是，有一点对神甫与侯爵都至关看重：美黛莲的处女之身，或者说，性洁。神甫多一戒：死。美黛莲死了，解除了一切活着的疑虑和顾虑，特别是解除了现实的神职承诺，包括神甫看穿了世俗与神职的迷梦——“我不想再睡了”——承认自己对美黛莲的美、爱、总之性的认同与需求。除了这一点，神甫什么都没有了。

神甫的性行为，除了上述的解除，还必须在完成了一件事情之后，那就是，割去侯爵的舌头。不是在惩罚的意义上，而是在另一层神甫必须与之同谋的意义上：美黛莲的处女之身，使萨德侯爵“性书”的动机与目的终结了，侯爵再照原样专写性的肮脏与挑逗至少丧失了绝对的意义，因而有可能变成纯粹刺激性欲的脏书，所以侯爵式的写作行为应该休矣（正如一只白乌鸦使“天下乌鸦一般黑”的普遍命题失效）；另一种写法，即“要寻找真理就必须认识罪恶”，只能由神甫来接着完成；但是，神甫与侯爵的此一共识——因爱的性洁，必须藏匿起来，换句话说，他们必须以同谋的方式对此保持沉默。

我不明白，第三层意思为什么？不是我一定非要这样写出来明知故问，我真不清楚，只是注意到《鹅毛笔》的结局，即院长为何要疯？仅仅因为侯爵拒绝神甫的祈祷、拒绝进入天堂吗？如果神甫不能在侯爵临死前完成对侯爵灵魂的拯救，神甫就不能最后确定自己神甫的身份并以此拯救自己的灵魂。就是说，神甫事实上已经与侯爵同罪了，侯爵拒绝进上帝之门，自己也进不了上帝之门。神甫不是因爱而性吗？他为什么因性爱而毁美黛莲的洁身要遭自我的惩罚？

五

美黛莲是“性”的化身。她美貌、性感，连白痴看她都想入非非，更何况她不是那种压抑性的端庄淑女型，而是在意念上表现出性欲因而实际上具有性挑逗能力的性感女人。所以很奇怪，既然如此，在这样一部通篇暴露性刺激甚至宣扬性暴力的性书中，为什么要保持美黛莲肉身的性洁，即意淫而身不淫，或更确切地说，知淫而出淫不染，为何？

这不是一个是否真实的问题。美黛莲既不同于狄德罗的修女——“她们可能是处女，但决不贞洁”，也不同于陀思妥耶夫斯基式的在淫乱中保持心灵上爱的贞洁的风尘型女人——“她们绝不是处女，但可能贞洁”。我们必须假定或接受美黛莲的真实，再及其他。

你看，美黛莲被她的瞎子妈妈逼着读侯爵用葡萄酒写在床单上的新性书，这书写的是一个喜欢盗墓淫尸的性变态者。当读到淫尸时，七十老妪的骨架都动散了，美黛莲学着变态者的口吻说：“真过瘾。”——你听美黛莲的笑声！是被刺激起淫欲的淫荡笑声吗？还是抽身在外的好奇地笑甚至傻笑？有经验的人都知道，这几乎是中国任何一个农村的妇女在听“荤故事”时都会有的开怀大笑。即便在礼教森严的时候，民间还流行着一副对联：“万恶淫为首，论迹不论心，论心古今无完人；百善孝当先，论心不论迹，论迹床前无孝子。”古今中外概莫能外。

在“性”已经知识化了的今天，它是一句大实话，有什么罪不罪洁不洁的吗？但在当时，我们不得不用它来检验一个女人的贞洁度。在这个意义上，美黛莲的心是不洁的。但美黛莲严守着身的性洁。用她的话说，“有些事只能写不能做的”，“若不能在书中做坏女人，哪能在现实中做乖乖女”。这是否证实了神甫说的“要寻求真理，必须认识罪恶”？

浅白地说，人难道不应该知道“性为何物”吗？谁能说自己知道了“性”——“不就是那么回事”？—— 一个中国式的“浅尝辄止”。

这些都是表面的事实，甚至还有点说教的意味。问题恰恰深藏在浅表之中：半洁的美黛莲为什么能使侯爵得救了，无须神甫的祈祷，反过来，能使神甫堕落了，耶稣眼里流着血？

六

至少侯爵看到了一个例外，美黛莲，人是可以在肉身外“感—性”“知—

性”而无须“体一性”。有了它,就有了性的观照。退一步,即便“体一性”也无须“淫一性”。换句话说,侯爵写的那种“淫荡”只是“性”的一种形式或质态,并非“性”的唯一者。不是每一个人都能经历性淫或必须经历性淫。大多数人只在一般“性交往”的区间值内感受“性合”。**少数有“性爱”者。像美黛莲那样感知性者,是“性的精魂”,能把性爱推上人品极致。“性精魂”既构成了性的想象,又引申着性的惊讶,它滋养着性的极品。消极地说,有它性才不会板结为常态,蜕变为性无能。**不排除以“意淫”为能事者,但它在“性淫”的意念上。至于另类异端,所谓性行为上的性变态者,或许总会是人类性存在的边界状态,扩展着人的性想象与性惊讶,你可以不选择它以示意志的自由,但不能否定它的存在,它可是性存在被性驱迫的能限,既显示性的想象,又突出爱的持守。

总之,由于美黛莲知性而不淫的边缘状态,她映照出基督教世界的性等级(或品级):

“性淫”/	“意淫”—“性合”—“性爱”—	“性精魂”/	“性灵”
乱(滥)	常	人极	神

但有一个原因与性最为正常关切而可上升者,又不以淫荡等性视之,它就是“爱”。(“爱”自身的区分不在本文的旨趣内。)

在常识的意义上,美黛莲,肯定是因为爱院长才守身洁,它可以为院长献身,却决不与侯爵同淫合污,尽管它能感受侯爵性书中的淫。如果她同侯爵上床了,美黛莲就不是美黛莲,而是侯爵笔下的“女人”——不过一个“性器官”“性工具”而已。所以,侯爵最后请求院长“洁葬”美黛莲。他认为这是美黛莲应归去的地方。侯爵知不知道美黛莲“心之所属”?当然知道,他不应该不知道美黛莲的“拒绝”与“依恋”。所以他骂院长是“无胆鬼”,开始可能是挑逗、激将,后来就是鄙弃与怨恨。两者都没有嫉妒。在侯爵的性书中,性是可玩而无须忌妒的，片中曾出现过两男一女的性镜头(唯一的一次)。但侯爵最后认可的是高于“性淫”的“爱性而洁身”。

“性淫”“性爱”“爱性而洁身”这主要世俗三阶段，成为《鹅毛笔》性书书写的获救之道。完全不知性的所谓“纯洁”呢？根本不存在，或者是一个虚假不实的存在或未成形的存在，如修道院中的茜芬。她必须向“性淫”或“性爱”过渡以成其为性存在。茜芬与建筑师的性行为暂定格为“性爱”的表现。基督教世俗化中的性最高存在者是“性爱而洁身”者，即美黛莲。

侯爵写了那么多淫书，但他一旦认识了美黛莲，他就获救了。像耶稣说的：“有罪的人有福了。”无罪者如院长则未必有福，相反，最高的祭祀则完全可能是有罪的，如神甫。他是因守色戒而洁身，破戒即降解为“性爱”或“性淫”。

为什么当神甫破戒与美黛莲性爱时，耶稣眼里要流血？恐怕一是因为基督徒守不住色戒，更重要的它象征着或隐射着基督徒对“爱性而洁身者”的玷污。这是一个双向指涉的性行为。从严格的基督徒方面看，须知“爱性而洁身者”原本是圣母的形象。圣母得上帝之性灵洁身而受孕，于是有基督。可见，“爱性”即是“爱人”，“爱性而洁身”即是最高的“灵”。“神性”之“性”为“灵”，如果不做纯然世俗的“属性”“性状”理解的话。没有前者，不能体谅人性并宽恕人性；没有后者，不能度量人性于灵性中，此为性之两极。“道成肉身”是由“爱性而洁身”完成的。在这个意义上，只要基督徒玷污了“爱性而洁身者”，必然褪掉基督徒身份而人性化。

从人性方面看，它完成的是人性应有的“性爱”，但神甫是一种特殊的很高的“性爱”。它可能直接是“爱性而洁身者”给予人性“性爱”应有的“性灵”——爱即死，或死在爱中复活，或爱在死中永生。人世中，恐怕只有极少部分人敏锐地感受到它、经历到它。他们是性悲剧者。

神甫与侯爵两厢因美黛莲而成为提携于“性”的极品。

七

洛高医生在这里扮演着“政治权力”与“话语权力”的治疗职能。真正医术上的生理治疗只作为能指手段,事实上,片中毫无此意,以至“洛高医生”仅是一个纯粹的“医生”观念。正因为如此,它可能潜在地就是要把它的观众指引到“医生”之外的视阈中去,但又要在“医生”的关联域中寻求相关性的理解。所以,不是我愿为之,而是我不得不为之——走下面的路。

首先,洛高医生有一个基本的治疗理论:“治病人如治畜生。”它有两层意思:一层意思,凡病人皆下等人,所谓“愚人即病人”;另层意思,凡病人皆为越轨的知识人,所谓“智人即病人”。后者比前者可怕,因为后者在标榜真相,即揭示前者无病的自然与真实,从而使医生及其治疗成为错误或多余。这样的“智人”患的是“启蒙病或颠覆病”。在这个意义上,医生与病人的关系其实就是统治者与被统治者的关系。那么,医治即统治,医治术即统治术。在统治者眼里,被统治者都是病人,都需治疗即需统治。其统治或治疗的理由,就是按统治需要所规定的统治理由,但它必须表现为被统治者的病理病因。这样才能使统治者主观行使权力的愿望转化成被统治者因缺乏理智(病因)而不得不要求统治者的统治即治疗(病理)的必要,合法性因此而成立。于是,“治疗”成为“显说”,“统治”成为“隐语”。

但洛高医生败坏了“医疗的艺术”。在政治哲学的正面意义上,统治者或哲学家其实也承担着“治疗的职能”,因为,“统治”与“教育”事实上就是“治疗”。柏拉图的《理想国》就是这么说的。天性下愚的民众像病人样需要有人指导其过正常的生活。这是自然差异赋予的自然正当的权力,即正义。

可见,问题不在于统治被统治,也不在于上智下愚的自然差异,而在于什么是好的统治与坏的统治,即:统治者与哲学家的好坏标准是什么?

洛高医生不好吗?院长就好吗?智者侯爵也在争统治权,他真的成了统治者就好吗?这是《鹅毛笔》的隐微之问,就在“权力”对“性启蒙”(侯爵)、对“道德”(院长)、对“爱”(美黛莲)的治疗与反治疗的关系上。

医生需要纯洁的妻子或健康的子民(服从)。别的因素不提了,仅在自然差异上,医生很难如愿。他比茜芬年岁长得太多,仅此一点,要茜芬同医生建立单纯服从的性关系,靠自然正义怕是不够的,必须来点强制与禁锢,于是,性关系变成性监狱(包括性行为中的不和谐,更谈不上极致或性想象上的极至)。当然,强制与监狱之间不是非此即彼的,会有许多中间环节,然而即使再多,不协调的病态总是存在着了。麻烦是,作为统治者的医生,看不见自己的病态,相反,他习惯性地或自欺性地还要把自己的病态投射到对象的病态上以致造成双重的错觉。例如,医生不可能认为茜芬同建筑师的性关系,在婚姻法的自然法基础上是自然正当的自然性爱,而予以调整。他只能把他们判成罪恶的通奸行为,必绳之以法而后快。除了个人的私怨,更重要的理由是整肃社会风尚,建立社会法制。是呀,都这样去寻找自己的性伴侣,社会不乱套了吗?可是,作为权力代表者的医生,是否首先想过,他用权力购买性行为的合法性是自然正当的吗?

所以,这里自然会有一个问题提出来:理想国中的政治哲学家在治疗下等人的病情时,是否意识到自己的病情呢?恐怕没有。因为,柏拉图按照哲学家的“理念”是根本排除了哲学家生病的可能性,或者说,能生病的哲学家不是哲学家,不配做哲学家。哲学家是最聪明的人即最健康的人。柏拉图把苏格拉底改造了。苏格拉底的智慧是自知无知。柏拉图的苏格拉底则是自知最聪明的人。换句话说,柏拉图的政治哲学阻断了苏格拉底对柏拉图的苏格拉底的“无知之问”。柏拉图的苏格拉底陷入了“苏格拉底悖论”,像后来罗素的“理发师悖论”一样。

医生还有一个可以转嫁罪名的对象,茜芬的通奸是果,因是侯爵的性书。在医生看来,侯爵与茜芬的关系就像启蒙知识分子与民众的关系。所谓启蒙即是越轨、造反、颠覆,根本地危及医生的统治和社会正常的秩序。

侯爵或启蒙知识分子有没有病呢?也有,就在启蒙所启的性知识中。既然社会权力造成了普遍的性压抑,启蒙所启的性知识就被性压抑所规定,即否定性规定为性放纵。既然性压抑是假,性放纵就是真——二值逻辑生效。性放纵在两个方向上建立自己的真实合理性。一个是颠覆性道德,凡统治权力规定的性道德都是假,反过来,必须用佛头着粪的方式宣扬性放纵的性行为才是真。由此另一个是颠覆性表现,侯爵的性书使用了最肮脏的语言和形象描写性行为，几乎不肮脏不露骨就不足以表现性真实，完全混淆了（其实根本想不到）性行为的多重界限（多重区分）。不把性压抑瓶中的性放纵释放出来，怎知道放纵的性行为是什么样子？

美黛莲的存在对医生意味着什么？至少美黛莲是医生眼中的盲点，尽管医生要求性的健康与纯洁，可这纯洁像纯粹的阳光一样什么也看不见——它造成了双重的遮蔽：阳光不仅遮蔽了黑暗，尤其阳光本事就是黑暗——“光盲”。被禁锢的性纯洁，既在浅表中遮蔽了性真实，更在浅表中隐匿了性纯洁自身的性精魂或性灵。中国古代有“防口如防川”之说，医生却“防性如防洪”——大概启蒙总要泛滥的缘故吧。两者必须同时倒下。美黛莲是性的持度者与引渡者。

有一个问题极富启发。一开始，美黛莲，是侯爵、神甫、医生（即启蒙、道德、统治）三方共有的盲点，后来，为什么侯爵和神甫能够反省到自己的盲点，而医生即治疗的统治权力却反省不到？它永远地滞后是何缘故？

美黛莲并不以知识的方式，而是以道成肉身的方式在那里运行，像灵在水上运行一样。美黛莲除了引导神甫与侯爵，本来还应该指导医生的导师，即统治者的哲学家。她用无知的方式探询即引导他们三个人，然而偏偏被医生鞭打、被启蒙者诱惑、被神甫驱逐，最后被愚氓杀害。或许，这正好是他们各方需要她的方式吧：

医生只能在权力的虐待中感受性快感；

启蒙者只能在启蒙与诱惑中感受性精魂；

神甫只能在逃避中感受性灵扭身而去、死而复活的迷恋；

愚氓则只能承受没有灵魂的肉体。

所以结局是，只剩下医生和病人——统治与被统治的正常秩序，呆板的性感觉（在性书的第几页上可以查到），两者都吃着牺牲者的肉与血，唯灵在外漂泊漫游。

医生不是公然预定着、购买着告密者的性行为吗？告密者曾愤怒地咒骂美黛莲“把魔鬼放出来了，都是她不好”，如今她却安稳地出卖着萨德侯爵的性书，安稳地提供给洛高医生以做性补充。这样权力下的性交易总是合理合法的。

我说过,真实的萨德侯爵和真实的历史事件暂时停留在视野之外。例如在这里,对疯病人监狱式的禁闭,直到18世纪还是基于政治的考虑,即为了见证或辩护国家绝对专制权力的必要与合理,由抽出流通过程的慈善基金作非生产性的消费支付,后来转变为纯粹的经济行为,如洛高医生所说,让疯子参加生产,不但自食其力,还能养肥一部分像洛高医生这样的政府职能部门的管理者,根本不是政治或道德的因素推动,而是哲学家、经济学家后来是政治家终于认清了"财产、劳动、贫困(穷人)"是一个国家繁荣的不可分割的统一体。我认可这种历史事实只把它们当作沉默的舞台,为的是让台上的演出说出它自己还应有的声音。

八

性,欲望的最底者与最高者,人类最普遍的"货币",在"技术—欲望—大众化—相对主义"的时代充当着真正的主人——"持度者与引渡者"。

然而,性技术化了、大众化了,一切都公开在感官前,就像医生与告密者的性关系、就像医生与病人的性买卖。

萨德侯爵没死,因为他丧失了启蒙的颠覆功能,没有人再怕他,医生也不怕他,他反而成为医生性买卖的合伙人。

疯着的仍然是神甫,死去而不复活的还是美黛莲。《鹅毛笔》今天读起来,总有点像他们的"悼词与葬礼":

黑色

——表现出公众的灵魂

——殡仪馆雇来的长长一列送葬人

——我们人人都在举行葬礼

(波德莱尔)

2001年12月17日

溢斋笔记之孟子篇(四则)

李　溢

中国人的精神望柱

在中国思想史的戏剧里,孟子一直站在孔子高大身影背后,扮演着孔子传人的配角,除了“为往圣继绝学”,孟子是否还有“为天地立心、为生民立命”的独特精神价值?是否有异于或高于孔子的思想理念?

在信奉“天无二日,土无二王,国无二君,家无二尊”的儒家道统里,为保持“孔孟之道”的“和谐统一”,这样的设问本身就被集体无意识地看成不宜不敬。

若将孔子比泰山,孟子则像华山。泰山以“圣”名,华山以“险”著。孔子作为儒家思想的创建者和中国人的精神之父,被尊为“至圣先师”,理在当然,但为突出孔子至尊,遮蔽孟子的精神光辉,阉割了孟子的独特思想(删孟者不只是朱元璋,中国每一位读书人都参与其中),则令人含憾隐痛,由此给中国思想文化、国民性格和历史进程所造成的损失无以计算。

孔子思想博大、深邃、圆融、通达、中庸、保守,其性格气质“温、良、恭、俭、让”,非常符合华夏众民对圣人的集体想象,而孟子个性张扬、色彩绚丽、锋芒毕露,与其称他为“亚圣”,不如称他为思想英雄。

孟子在中国文化中最独特的价值在哪里?

我以为不是学界所言“性善论”“仁政说”“义利辨”，而是他的性格气韵，人格光辉，我称之为“孟子精神”，或“大丈夫精神”。

何谓“大丈夫”？孟子有一段精彩阐释：“居天下之广居，立天下之正位，行天下之大道；得志与民由之，不得志独行其道；富贵不能淫，贫贱不能移，威武不能屈：此之谓大丈夫。”

“广居”喻“仁”，“正位”喻“义”。“居仁、立义、行道”，是“大丈夫”的内在坚守，“不淫、不移、不屈”，是外在显现，姑称之“三守”“三不”。

孟子的“大丈夫精神”首先表现为坚守人间道义的正气和捍卫人的独立尊严、轻蔑王侯、不为权势所折的骨气。

权力至上，权力至尊，权力就是真理，是中国文化的第一特性。一般人见到权贵，多是胁肩谄媚、点头弯腰、恐惧紧张，尤其是见到皇上，膝盖和尊严一同下跪，作贱自己是“奴才”“奴婢”“小的”“贱人”“该死的”。心仪尊严之士人，除了逃逸山林，醉卧云霄，往往以太白“高力士脱靴”“杨贵妃研磨”“天子呼来不上船”的美丽传说，“安能摧眉折腰事权贵，使我不得开心颜”的诗篇自抚。

与一般士人不同，孟子的独立人格不是挂在嘴上，写在纸上，而是镌刻在骨头里、溶化在血液中，出现在君王的殿前。

他说：“说大人，则藐之，勿视其巍巍然。堂高数仞，榱题数尺，我得志弗为也。食前方丈，侍妾数百人，我得志弗为也。般乐饮酒，驱骋田猎，后车千乘，我得志弗为也。在彼者皆我所不为也，在我者皆古之制也。吾何畏彼哉？”

梁惠王是当时大国君王，霸气凌人。第一次见孟子劈头就问：“叟，不远千里而来，亦将有以利吾国乎？”孟子高傲如鹰，镇定自若，不假思索反问道：“王何必曰利？亦有仁义而已矣。王曰：何以利吾国？大夫曰：何以利吾家？士庶人曰：何以利吾身？上下交征利，而国危矣！”只几句话，便弱了惠王的威风。

一天，梁惠王在郊外王室公园的水池边欣赏鸿雁麋鹿，得意地问孟子：

“贤者亦乐此乎?”同一切内在匮乏的权贵一样,他试图通过炫耀拥有的财富和特权来证明自己的优越,没想到孟子的回答让他一时语塞:“贤者而后乐此,不贤者虽有此,不乐也。”

想跟孟子谈乐!简直是自找侮辱。梁惠王哪能知道,在生理之乐、心理之乐外,还有哲学之乐、道义之乐、政治之乐。孟子告诫他:“古之人与民偕乐,故能乐也。”汤誓曰:“时日曷丧,予及女偕亡!”民欲与之偕亡,虽有台池鸟兽,岂能独乐哉!若只知个人享乐,不关心民众疾苦,或将引起革命。

梁惠王是个对自己的执政能力非常自恋的人,他问孟子:“寡人之于国也,尽心焉耳矣!河内凶,则移其民于河东,移其粟于河内;河东凶亦然。察邻国之政,无如寡人之用心者;邻国之民不加少,寡人之民不加多:何也?”这段话一语双关,既夸耀自己仁义,又嘲笑孟子的仁政学说“迂远而阔于事情”。

孟子回答妙不可言:“王好战,请以战喻。填然鼓之,兵刃既接,弃甲曳兵而走,或百步而后止,或五十步而后止;以五十步笑百步,则何如?”

从此“五十步笑百步”成了中国人的经典讽刺语。

可见,下属与上司谈话,不仅是权力地位的对比,更是智慧、知识、人格的比照,正如约瑟夫·奈所言,是一种“软权力”较量。因拥有了这种“软权力”,孟子才能在君王前昂首阔步、腰直气定、指点江山。甚至用“杀人以梃与刃”的比喻斥梁惠王“为民父母行政,不免于率兽而食人”。

孟子“大丈夫精神”的第二个特征是为追求真理,不记个人得失安危,敢言人之所未言。

孟子离开梁国来到齐国,齐宣王待他如上宾。对真正高贵的人来说,情谊与礼遇可以温暖心房,却不能代替道义和真理。在齐国孟子不仅批评朝政,批评齐宣王好色好货好小勇不施仁政,搞得齐宣王经常“王顾左右而言他”。甚至还当着齐王面说出一些最忌讳的言论,这些话在秦之后的任何朝代,都是要掉脑袋、株连九族的。

某日,齐宣王向孟子请益如何对待卿大夫,孟子不但没像马基雅维利和李斯那样提出“督责术”之类的御臣谋略,反而提出要撤换罢免不称职君王:

“君有大过则谏;反覆之而不听,则易位。”只可惜如此伟大的“易位论”,此后两千多年再没有一人敢阐释发挥,更不用说制度化了。只此一句话,孟子就独立于千古,让所有想做“大丈夫”之人羞愧一生。

孟子不仅提出“易位论”,而且在宣王殿前直接倡导“反抗论”“革命论”:

“君之视臣如手足,则臣视君如腹心;君之视臣如犬马,则臣视君如国人;君之视臣如土芥,则臣视君如寇雠。”鼓励“臣视君如寇雠”,岂不是威胁最高领袖?不就是鼓励反叛革命?

当然我们必须向齐宣王致敬(可惜历史学和思想史研究不够)。没有他的胸怀,中华民族的某些光辉思想和杰出人格就只能被带进坟墓。

齐宣王又问孟子:商汤放逐夏桀,周武王讨伐商纣王,算不算犯了弑君罪?

孟子说:“贼仁者谓之贼,贼义者谓之残;残贼之人,谓之一夫。闻诛一夫纣矣。未闻弑君也。”像这类伟大的“哥白尼式革命”的伟大思想,只能属于“思想英雄”,“圣人”是不可能说出这样的话的。

除了“易位论”“非弑君论”,孟子还提出了“格君论”“畜君论”。“格君”者,改造君王错误思想和不良人格,将之塑造成理想君王。“畜君”者,圈养调教限制君主也,与今天从西方引进的把权力关进笼子的思想极其接近。

难怪朱元璋读了《孟子》后恼羞成怒,下令将孟子逐出孔庙配享,并要求删除这些“反动言论”。删除《孟子》的工作由翰林学士湖南茶陵人刘三吾负责,删除共85条。

孟子“大丈夫精神”的第三个特征是清高。

清高是许多士人向往的人格境界,真正能做到的极少。孟子能清高,除了有坚如磐石的信念,强大的心理气场,把自己当作精神上的君王,更重要的是他能做到不以私累,不以利烦,不坠俗欲。所谓无欲则刚。

有天早晨,齐宣王派使者来告诉孟子:“寡人如就见者也,有寒疾,不可以风;朝将视朝,不识可使寡人得见乎?”不管宣王是不是真的感冒,能如此礼贤下士,已经很不易了。孟子自认人杰,怀疑宣王尊贤的心思不够诚,感冒可能是外交辞令，于是决定放弃赴朝，对来使说："对不起，我也生病了，不能上朝。"第二天，孟子准备到东郭氏去吊祭，公孙丑对老师说："昔者辞以病，今日吊:或者不可乎?"孟子回答："昔者疾，今日愈:如之何不吊?"第二天宣王派御医来给孟子瞧病，没想到他不在。大家一时不知如何是好，孟子的堂兄弟孟仲子只好谎称孟子上朝见大王去了。于是，赶紧派人在路上拦住孟子，要他去见宣王。孟子根本不把它当会事，竟跑到齐国大夫景丑家聊天去了。

孟子的清高使他失去了许多同各国国君交往的机会，自然也失去了推行仁政实现自我的机会。他的学生陈代批评老师不见诸侯是心胸狭小，若能见面，说不定打动国君，从大里说可行王道，小里说可图霸业。陈代这样说的理论依据是古书中所说的"枉尺而直寻"。所谓"枉尺而直寻"，就是受一尺委屈，可得到伸直八尺的回报。孟子反对这种功利主义的工具理性。他认为道义、人格、尊严、礼仪本身就是神圣的价值，比结果更重要，何况委屈自己的人没有一个能让别人正直的："枉己者未有能直人者也。"

时下难有清高者，信奉的都是"枉己而直寻"的陈代理论。以成事为理由，不顾伤害道义、法律和个人尊严。或许这正是道德溃败、人性危机的内因之一。

由于齐宣王不愿实行仁政改革，孟子不得不决定辞职。宣王挽留无效后，决定在城市中心为他建一幢房，并每年赏赐他万钟粮食，让他招收弟子。孟子坚持不受，他对前来劝说的使者说:假如我想发财，怎么会辞掉卿大夫十万钟俸禄而接受万钟?

离开齐国时，齐王又送他百金，孟子依旧谢绝。其实孟子内心很矛盾，他在离齐国都城不远的昼地住了三晚，等待齐王醒悟再请他回去。他动情地对高子说："千里而见王，是予所欲也;不遇故去，岂予所欲哉?予不得已也。予三宿而出昼，于予心犹以为速。王庶几改之;王如改诸则必反予。夫出昼而王不予追也，予然后浩然有归志。予虽然，岂舍王哉!王由足用为善;王如用予，则岂徒齐民安，天下之民举安。王庶几改之，予日望之。"

孟子"大丈夫精神"的第四个特征是关心底层疾苦。

大丈夫者，英雄也。英雄和强者不同，英雄的本质是仗义除霸护弱。而强者也可能是欺压百姓的土匪强盗恶霸。

孟子的最高理想是“仁政”。所谓“仁政”就是“以不忍人之心，行不忍人之政”。“不忍人之心”就是以菩萨之心关心受苦受难的大众，关注弱势群体。

在西方，直到启蒙运动才提出平等博爱的政治理念。难以相信，两千多年前的孟子，竟然提出了“民为贵，君为轻，社稷次之”的伟大理念。

自有人类以来，历史总是以国家的名义牺牲百姓的利益和福祉，一些人甚至草菅人命，踏着人民的尸骨建立自己的丰功伟业——“一将功成万骨枯”。相比而知，孟子的见解是多么高卓，多么人道，多么慈悲，简直是观世音下凡。

为让底层民众有基本的生存条件，孟子提出“制民之产”口号。他意识到只有给百姓稳定的收入，固定资产，才能使他们“仰足以事父母，俯足以畜妻子；乐岁终身饱，凶年免于死亡”。只有当百姓有了稳定的生活，稳定的财产，才会有维护现存秩序的意愿。由此他发现了一条伟大的政治规律：“民之为道也：有恒产者有恒心，无恒产者无恒心。”时至今日，我们还在要不要及如何遵循这条规律纠结犯难。

孟子反复告诫统治者“民事不可缓”，希望他们能“视民如伤”，使天下“内无怨女，外无旷夫”，“颁白者不负戴于道路，老者衣帛食肉，黎民不饥不寒”。

他不仅关注百姓的生存，还关心他们的政治权利。他相信百姓的判断力和参与政治的能力。当齐宣王向他请益如何识别取舍人才时，他说：“左右皆曰贤，未可也？诸大夫皆曰贤，未可也；国人皆曰贤然后察之；见贤焉，然后用之。左右皆曰不可，勿听；诸大夫皆曰不可，勿听；国人皆曰不可，然后察之；见不可焉，然后去之。左右皆曰可杀，勿听；诸大夫皆曰可杀，勿听；国人皆曰可杀，然后察之；见可杀焉，然后杀之。故曰：‘国人杀之也。’如此，然后可以为民父母。”

孟子的这种思想实际上就是今天的“民意论”，比卢梭的“公意论”和孟德斯鸠的“众意论”早提出两千多年。然而儒家后学竟然没有一人发现孟子这一思想的价值。岂不悲乎!

孟子精神让我想起了天安门前孤傲矗立的望柱。

望柱又叫华表,或桓表,桓者立木,表者记事。据说最初是华夏部落图腾的标志和精神象征。望柱底部为正方形,主干部分为圆柱,柱上雕刻一只蟠龙,上端插一块云板,饰有流云,石柱顶部有一承露盘,圆形,对应天圆地方,象征顺承天意。承露盘上蹲着一只神兽,名叫朝天吼。朝天吼的职责是负责看管并唤醒君王。

望柱是世界上最孤独的建筑。在结构上没有伙伴,没有相互依傍支撑,独立在广场、墓地或桥头,经历寂寞风雨,正是孟子精神的象征。

苏格拉底把自己比喻为“牛虻”,不断地叮咬雅典这头昏睡的牛。卫国一位镇守边关的将军把孔子比喻为唤醒无道世界的“木铎”。我觉得孟子像极了望柱承露盘上蹲着的那只神兽——朝天吼。他不断地批评君王所犯的错误,唤醒公明廉洁,关注百姓疾苦,同情弱势群体。他又像承露盘,呼唤世界承接天道、人道,继承儒家依道治国的道统。他更像那根圆柱,独立不阿,顶天立地,孤独地屹立在风雨中。

有人戏说,中国的男人太多,大丈夫太少。诚哉斯言!

中国历史上涌现过众多杰出人物,选择什么样的人作为民族精神的楷模,就是选择什么样的精神向度。当诸葛亮深入人心,人人钦佩模仿,社会必行谋略之风;当曹操、刘备、孙权成为政治家心中偶像,朝廷必走奸诈之道。若选择孟子为中国人的精神望柱,必将改变中国社会的精神生态和国民性格,使真实、真诚、勇敢、骨气、责任心、使命感、批判精神、独立人格、雄性、阳刚、理想、信念成为我们国民性格的DNA。

当这一天真正来临的时候,中华民族不仅“站直来”了,“崛起”了,屹立于世界民族之林,而且将变得“优秀”“卓越”,令地球上的人类欣赏赞叹敬重。让人们感慨地说:这块土地又复活了它的“上古精神”,恢复了“地灵人杰”的古貌。

开端决定向度?

孟子首创性善论。性善论的理论基石为著名的“四端说”:

“恻隐之心,仁之端也;羞恶之心,义之端也;辞让之心,礼之端也;是非之心,智之端也。人之有是四端也,犹其有四体也。”

“端”者初始也,孟子认为人的生命在未社会化之前,就先天地具有“仁、义、礼、智”四种心理动因、感受力和判断力。这种为解释人的本性所构建的理论模式同康德后来所做的工作颇有几分近似,康德的主要贡献在于发现了人在纯粹理性领域的先天认识形式和先天认识范畴,在实践理性领域,提出了以“绝对律令”为核心的动机伦理学。孟子则对纯粹理性不感兴趣,而在实践理性领域大胆构建了“四大律令”。

为什么是“四端”? 而不是“五端”“六端”?

为什么是此“四端”,非彼“四端”?

这是一个诱惑思考,但又见不到底部的思想深潭。

具有历史趣味的是,在孟子建构“四端”之前约半个世纪,柏拉图在《理想国》里为希腊人建构了“四主德”:“智慧、正义、勇敢、节制。”

如果我们相信雅斯贝尔斯的“文明轴心说”,人类文明的格局和向路是由这个时期的一批天才大思想家们设计的,那么,比较“四端”与“四主德”的构建对释读人类文明的向度便有极其重要的意义。

为什么古希腊人把智慧放在第一位,并由此开辟了追求知识的道路? 而孟子却把“智”放在“四端”的末位? 且将其圈定在伦理政治领域,只用来判断人间的“是非”,而没有发展出认识自然、社会真相和规律的价值指向? 是不是从这里的排列组合和意义阐释开始,就决定了两千年后,现代科学、哲学、政治、经济将在西方兴起?

孔子的价值谱系中出现过“仁、义、礼、智、信、孝、弟、忠、恕、勇、德、直、敏、慎、敬、诚”,并且提出过“三达德”——“仁者不忧,知者不惑,勇者不惧”。

为什么孟子要丢掉“勇敢”？

为什么自孟子到朱熹再到王阳明，在人性建构中再也没复兴孔子的“勇”？开出西方的“知”？

这是中国思想史的万古之谜。

儒家思想尊崇权威的绝对性，不可怀疑性，缺乏内部创新动力，是否与孟子及后人丢失人性中的“勇”有关？儒家在审美理想上崇尚儒雅文弱，重文轻武，尤其是宋以后，汉族不断被人口数量和综合国力小于自己几十倍甚至百倍的游牧民族打败，受尽欺辱，是否与文化建构中少了这个决定性的“勇”有关？中国人迷恋“谋略”，崇尚“识时务”，大赞“好汉不吃眼前亏”，“忍得一时之气，免得百日之忧”，导致国民性格圆滑退让比例超重，忍耐超越是非正义底线，是否与儒家不敢把“勇敢”作为人性的支柱有关？

希腊人在尚智之外，还把男人的身体健硕、勇敢视为“美德”，除了赞美反抗宙斯的普罗米修斯、英勇战死疆场的阿喀琉斯，在思想文化领域崇拜为真理和知识而死的苏格拉底、布鲁诺，是不是也是导向西方学术思想敢于创新的人格潜能？

与中国相比，日本主要吸收原始儒学和中国的上古精神。如日本的国宝——镜、剑、玉，被称为“三神器”，分别代表“知、勇、仁”，显然它继承了孔子的“三达德”。比较中日文化差异，是否与这个“勇”字的去留有关？

公孙丑：伟大的学生精神

有关公孙丑的史料非常少，现有的资讯只知道他是齐国人，孟子的得意门生，一生未做官。多数史家判断他和孟子的另一名学生万章辑录了《孟子》。为纪念他传播弘扬亚圣思想的功德，宋徽宗政和五年，公孙丑被追封为“寿光伯”。这是中国古代的一种特殊道统，政府重视谁，就给谁加官封爵。但在中国学统中，公孙丑本人是否有独特的思想贡献，两千多年从未有人问津。

受西方教育思想影响，很多人认为孔孟二师的教学方式类似基督教牧师布道，是握道者向寻道者单向度"传道、授业、解惑"，如水自高流下。由于老师不像苏格拉底那样与学生平等展开辩论，学生不像亚里士多德那样有"吾爱吾师，吾更爱真理"之科学精神，在"师道尊严"的礼束下，学生，尤其是大师门下的学生，对老师所讲往往只能恭敬默从，如颜回"不违如愚"，很难在课堂上提出与先生相左的意见，自然更不敢大胆挑战老师。这种传统，不仅使中国学术批判性思维难张，也使儒家失去了弃旧图新依时替变的内力和机缘。

当我重读《孟子》，意外发现公孙丑对孟子的问难似乎猛然颠覆了上述共同判断。公孙丑不仅敢于当面质疑老师的错误，甚至还嘲笑老师过度自信、思想简单，更可贵的是公孙丑在质疑老师的过程中还提出了直捣儒家死穴的伟大命题。甚至可以夸张地说，即使在《柏拉图对话集》中，也未见过这样杰出的学生。

公孙丑与孟子对话共出现13次，分别出现在《公孙丑》《滕文公》《离娄》《告子》《尽心》中。一部分对话依然保持《论语》式"教诲风格"，另一部分则出现了较为平等的对话形式，甚至出现了《柏拉图对话集》中的戏剧性。在这些具有新形式、新风格的对话里，公孙丑以有分寸的礼义道统，向老师数次发起挑战。

如在《公孙丑上》第一章，他问老师：假如让您在齐国执政，能否重现当年管仲和晏子的功业？孟子答道："管仲，曾西之所不为也，而子为我愿之乎？"孟子对管仲晏子的功业不屑，让公孙丑非常意外。于是反问道："管仲以其君霸，晏子以其君显。管仲晏子犹不足为？"孟子没有再纠缠管仲晏子，而是直接回答："以齐王，由反手也。"此处"由"同"犹"。在孟子眼里，他要干的事业比管晏干的事业伟大得多，而干如此伟大的事，对他来说易于反掌。从这两句对话，可见孟子是何等骄傲何等自信之人。难怪他在学生充虞面前放言："如欲平治天下，当今之世，舍我其谁也？"

一般人读到这两则话都是为孟子的自信和气魄叫好。可公孙丑不这么看，他觉得老师自信过头了，完全不切实际。他直言不讳地说："若是，则弟子之惑滋甚！且以文王之德，百年而后崩，犹未洽于天下。武王、周公继之，然后大行。今言王若易然，则文王不足法与？"

像文王那样英明伟大的圣人，而且还活到了一百岁，都没有让天下实现王政，您今天却说在齐国实现王政轻而易举，难道你比文王还厉害？

这哪里是提问，简直是反驳！哪里是讨论，完全是讨伐！

接下来孟子用较长的篇幅继续为自己辩护，基本上答非所问。出于对老师的尊重，没有记录往下的讨论。

优秀的学生不只是有了知识和思想的困惑才向老师提问，有时还会故意考试老师，以考察老师的学问、知识、品格。记得以色列总理佩雷斯在谈到他小时候读书时，母亲总是问他，今天向老师提问了没？你提的问题难倒老师了没？公孙丑就是难倒老师的学生。

有一次，公孙丑问老师有什么优点。孟子的回答语出惊人："我知言，我善养吾浩然之气。"自此，"知言""养气"成了中国思想史上重要的美学、文艺学、教育学理论。被后人不断阐释研学，赞其义理精微。但从没有人注意，公孙丑怎么看待老师的解释。

公孙丑问："何谓知言？"

孟子答："诐辞知其所蔽，淫辞知其所陷，邪辞知其所离，遁辞知其所穷。生于其心，害于其政；发于其政，害于其事。圣人复起，必从吾言矣。"

孟子不仅解释何谓"知言"，而且还补上了一句非常自恋的话："圣人复起，必从吾言矣。"如果后世出现圣人，必定赞同我的话。

然而，公孙丑并不认同老师的自我理解和自我评价，但又不好直接否定老师，只好举孔子的案例来表达他不同的看法："宰我、子贡善为说辞，冉牛、闵子、颜渊善言德行；孔子兼之，曰：'我于辞命，则不能也。'然则夫子既圣矣乎？"

孔子都说自己不善言辞，您却说自己"知言"，难道老师您比孔子还强，您难道已经成为圣人了？这样的反诘，真有点咄咄逼人，不给老师留一丁点儿面子。

面对学生的逼问,孟子也只好搬出子贡。“恶,是何言也!昔者子贡问于孔子曰:‘夫子圣矣乎?’孔子曰:‘圣则吾不能。我学不厌而教不倦也。’子贡曰:‘学不厌,智也,教不倦,仁也。仁且智,夫子既圣矣。’夫圣,孔子不居;是何言也!”

孟子认为孔子本来就是圣人,只是自谦罢了。而子贡则坚持认为孔子是圣人。这句话一箭双雕,一方面隐含着自比孔子;另一层意思,以子贡比公孙丑,子贡尊老师为圣人,而公孙丑则认为老师还没有达到圣人的境界,两相对比,公孙丑应当感到不好意思。

可公孙丑只为追求真相,全不在意拿自己与子贡相比。在公孙丑看来,与孔子比,孟子还是差一大截。最多也只能与孔子的学生子夏、子游、子张、冉牛、闵子、颜渊相论。但他同样不好直说,于是巧妙地问老师:“昔者窃闻之:子夏、子游、子张,皆有圣人之一体;冉牛、闵子、颜渊,则具体而微。敢问所安?”

“敢问所安?”子夏、子游、子张、冉牛、闵子、颜渊都在某一方面具有圣人品质,请问您的圣人品质表现在哪些地方?

这一问,实在问得老师不好意思,只好要求公孙丑“姑舍是”——暂时放下这个话题的讨论吧!若说这是孟子向学生求饶,颇有不敬,至少,学生的话难住了老师,这是事实。当然,这也是《孟子》对话里的戏剧性。

《告子下》记载了这样一个故事:孟子听说自己的学生乐正子要到鲁国做官,高兴得一夜未合眼。公孙丑问:乐正子强大吗?孟子答:否。又问:有智慧吗?孟子答:否。再问:见多识广吗?孟子亦答:否。公孙丑反问:那您凭什么还高兴得睡不着觉?孟子回答:“其为人也好善。”公孙丑反问:“好善足乎?”显然公孙丑不赞同老师的唯道德论,他认为德只是一个官员的必要条件,非充分条件。如果缺少知识、见识、经验、智慧,如果不够强大,即使有德也不可能成为合格的官员。这一认识显然比老师高。

如果说从以上对话可窥公孙丑的性格、才学和价值理念,下一则对话则见出他思想的深邃卓越。

一天，他开门见山地对老师说："道则高矣美矣，宜若登天然。似不可及也。何也，何不使彼为可几及而日孳孳也?"这段话可看作公孙丑师从孟子一生，对儒家学说的总看法。他认为从理论上来说孔孟之道的确高美，但它的最大弱点是不切实际，就像凭空登天，根本不可能实现。为此他真诚地建议老师对自己的学说做出修改，以便可操作践行。

孟子的回答展现出他一贯的高蹈自信风格："大匠不为拙工改废绳墨，羿不为拙射变其彀率。君子引而不发，跃如也。中道而立，能者从之。"杰出的大师不会为拙劣的工匠修改图纸，伟大的后羿不可能为笨拙的射手调整拉弓的幅度。结论自然是"能者从之"。言下之意，不能就拉倒，决不降低标准。

孟子没能理解学生提问的价值所在，更不知它击中了儒家学说的七寸，回答自然跑偏。

其实在《论语·雍也》里也有一个相似的故事。一天冉求在老师前感叹："非不说子之道，力不足也。""说"者，悦也。不是不喜欢老师倡导的仁学，只是没有能力做到。这句看似谦虚平实的自责，却隐藏着对老师思想的深刻批评：仁学令人向往，但缺乏有效的践行路径。

孔子是这样回答的："力不足者，中道而废。今汝画。""画"，意为圈定，限制，画地为牢。孔子认为，能力不足的表现形式是半途而废，而在行动之前先说自己不行，是为撂挑子找借口。其隐含的理论逻辑为：行仁践义的路径在心不在力，在内不在外。

从思想史发生学的角度看，冉求是第一个从儒家内部对孔子的学说提出质疑的人，但他的质疑因以自我反省的委婉方式出现，难以触及儒家学说的病根，其问题意识还尚不明晰。在儒家内部，对儒学反思最深刻、提问最明确的第一人当数公孙丑。

按照科学哲学的理念，发现问题是解决问题的一半，公孙丑提出的问题实际上是一个伟大的发现。这个被遮蔽了两千多年的伟大发现，引起我的许多思考：

一、即使如孔孟这样伟大的思想家、教育家，因个人的局限，轻忽学生质疑，把学生的真知灼见看成平庸之论，在未真正理解学生所提问题的深刻内涵的前提下轻易作答，可能犯下历史性的错误，种下无法挽回的后果。

二、如果学生和老师能够平等对话，让学生充分言说，老师悉心倾听，双方多层辩论，也许老师能明白学生质疑所指，问难所在。即使一时不能唤醒老师反思，或虽反思依旧无法找到解决之道，至少可留下了"公案"供后人破解。

三、如果后人不受为尊者讳的礼束和意识形态强制，具有自由思想的空间，公孙丑和冉求的问难一定早就引起了关注，用不着等到两千多年后的今天由我来评说。果如此，儒家学术发展一定会有另一番景象。

四、公孙丑、冉求所提出的问题究竟是一个什么样的问题？梁惠王在批评孟子时曾使用过非常有见地的一语——"迂远而阔于事情"，桑弘羊在《盐铁论》中舌战群儒时更是明确地斥责："儒者之安国尊君，未始有效也。"我则把它命名为"儒家理论的效用困境"。

与后儒相比，孔子虽首创"仁学"，并提出了"为仁由己"的心学方法，但还是较为审慎，至少他知道实现仁非常之难。在他眼里，连颜回都只能"三月不违仁"，余者只能几天或一月不违仁。所以他无不悲观地慨叹："已矣乎！吾未见好德如好色者也。""已矣乎"译成现代汉语为："算了吧！罢了吧！"或干脆译为："完了！完了！"自此可窥孔子对实现仁德理想的无奈。

孔子的困惑无奈，公孙丑、冉求的质疑，为何没有引起后学的重视？为何没有人去寻找一条走向实践的大道？相反，从孟子到朱熹，从陆九渊到王守仁，却走上一条更加脱离现实且归向心灵的歧路？

孔子死后，据说儒分为八，但都已不可考了。后来有两个流派却极为著名，一是右派荀子，他走的是理性主义礼学路线，在向右转的过程中培养出两位杰出的异教徒——韩非子、李斯。另一个是左派孟子，走的是浪漫主义心学路线，自韩愈后，中国思想史整体向孟子的浪漫主义单向漂移。这也是唐宋之后，孟子地位提升，被尊为"亚圣"的原因。

孟子是儒学史上最高蹈的理想主义者，一生到处碰壁，最终败北，但他始终坚守自己的信念。他对齐宣王说,世界上有两种事,一种是“不能”,如“挟太山以超北海”,一种是“不为”,如“为长者折枝”,行仁政,就像为老人摘树枝,伸手可得。君王们不行仁政王道,根源是缺乏主观动力:“不为,而非不能。”与孔子“为仁由己”“求仁得仁”“我欲仁,斯仁至矣”的思想方法相似。

“不为”是没有心理动机,“不能”是没力量。儒家主流几乎一致认为,只要解决了主体的认识和动机,就完全可在普天下实现仁政王道。其深层逻辑被《大学》概述为“八纲目”,通常简化为“四纲目”——“修身、齐家、治国、平天下”。我常纳闷:历史上那么多智者、伟人,为何没有人反问:如果有人只是口头上正心、诚意、修身,实际却是男盗女娼怎么办?就像《爱的奉献》所唱:“只要人人都献出一点爱,整个世界将变成美好的人间。”如果有人反问:若口头上唱着献出一点爱,背地里却干着掠夺之事,整个世界又将如何?

儒家哲学的最大特点是陶醉于价值和信念,而不问价值信念何以成为现实。从这个角度看,第一个把儒家看成准宗教的西方人的确深刻。

我曾作过一个有趣的假想,若世界上设立一个道德评委会,道德创作奖和道德信心奖前几名可能会被中国人包揽。孔子当之无愧地获得创作奖,而信心奖则当属孟子。

回顾一下我们的精神史,自西周以来,我们创作过太多太多美好的道德理想:“以德配天”“克己复礼”“爱人如己”“己所不欲,勿施于人”“忠恕之道”“为仁由己”“求仁得仁”“正身率下”“絜矩之道”“与民偕乐”“保民而王”“民贵君轻”“尊贤使能”“反身而诚”“杀身成仁、舍生取义”“居仁由义”“存天理、灭人欲”“致良知”“先天下之忧而忧,后天下之乐而乐”。

历史明证:中国不缺乏理想和价值,缺乏的是实现理想和价值的有效方法。而方法和程序,直到现代科学诞生才成为可能。

科学为何能找到有效方法?因为他与古典思维不同,它不作主义之争,唯求探索解决问题之功效。它不比谁的信念更伟大、更圆满、更坚定,也不比谁的主观动机如何善良高尚,它比的是何种解决问题的方法更有效。他的思路与中国古典哲学的“八纲目”完全不同。它的逻辑路径为:要解决问题,首先必须发现问题、承认问题，而要发现问题，必须大胆怀疑，勇敢批判，包括对无懈可击的神圣信念的怀疑批判；要解决问题，必须做出各式各样假设，再经过反复实验和反驳，用事实来验证理论假设的真伪和有效性的大小强弱。借用中国人习用的表述法可概括为“二回合八纲目”：第一回合找出问题，其步骤为：怀疑、假设、证明、问题。第二回合为解决问题，其步骤为：假设、反驳、证明（实验）、结论。

但科学不能解决价值问题。人作为价值存在，必须超越科学，正如罗素所言：“科学能够告诉人实现某种目标的最佳方式，却不能告诉人应该追求什么样的目标。”可见，儒家提出的价值理想，仍可作为世界的方向。

公孙丑提出的问题伟大，但他自己也找不到解决之道，就像清朝思想家颜元，看到了儒家学说的根本问题是纸上谈兵，落不到实处，非常着急。他甚至骂程朱理学“千余年来，率天下入故纸堆中，耗尽身心力气，作弱人、病人、无用人”。认为中国历史上只是“纸上有《四书》《五经》，口上有《四书》《五经》，吾人身家、朝廷政事、海域边疆上全不见《四书》《五经》”。为此他提出“儒之处也惟习行”，“儒之出也惟经济”，他把自己的号改为“习斋”。但如何“习行”？如何“经济”？由于缺乏科学思维，最终陷入“六德”“六行”“六艺”的“洞穴”。所谓“六德”即“智、仁、圣、义、忠、和”，“六行”即“孝、友、睦、姻、任、恤”，“六艺”即“礼、乐、射、御、书、数”。由是可知，儒学要复兴，儒学理想要变成现实，必须同现代科学思维结合。一些新儒家，仍然偏执价值，以信念代替事实，以激情代替理性，依旧无法走出公孙丑提出的“儒家效用困境”。

五、究竟什么样的人是最好的学生？

孔门弟子三千，贤才七十二。最著名的为“孔门十哲”。但孔子最喜欢的学生是颜渊。理由是他品德好、性格好。用今天的标准来看，颜渊的确是个好人，但不一定是最好的学生。什么样的人才是好学生？有两个评价系统。一是终身评价标准，按一个学生毕业后取得的成功来评价。一是只看在校表现，在校表现除品德外，有两条最重要：能独立思考，提出有价值的问题；能激发老师的热情和思想，使老师作出精彩解释。第一个为广义标准，第二个为狭义标准。

无论根据狭义标准，还是广义标准，孔门弟子中子贡都是最优秀的。细读《论语》会发现，孔子一些深刻重要的思想，与子贡谈话中出现的比例最多，对孔子思想的总结和对孔子的认识评价子贡做得最好。至于毕业后存鲁、乱齐、破吴、强晋、霸越的外交成就，商业智慧，为孔子守墓六年的精神丰碑，为维护孔子形象自甘居下的崇高德行，自不待言。

按照现代教育学的理念，从狭义的标准来看，我认为公孙丑比子贡更优秀，更值得肯定提倡。因为他不仅激发孟子留下了许多闪光的思想，他还发现了老师乃至儒家学说最根本的问题，历经两千余年，他的见解在今天仍然是最有深度的洞见，是儒学复兴、中国复兴不可不面对的一个问题。我把“中国历史上最伟大学生”的桂冠送给公孙丑，意在为中国未来的学生树立一个敢于挑战权威、独立思考、提出问题的榜样。

六、如何培养公孙丑这样的学生？

公孙丑有如此的胆略和见识，与孟子尊重学生个性、鼓励学生发表不同见解的平等精神有着决定性的关系。正如奴才在主子面前摇头摆尾，一旦自己成了主子，会变本加厉地欺压下属。往往敢于在上司面前不卑不亢、争取人格尊严的人，在下属和学生面前也会力求平等。如果没有孟子的高境界、大胸怀，远见识，不可能出现公孙丑，而没有公孙丑这样卓越的爱挑战老师权威的学生，孟子的光辉也可能要比现在暗淡。这大概就是“教学相长”。对于整个社会来说，平等开放，给思想智慧以尊严和自由，或许，正是一个国家创造力的奥秘？

《孟子》为何没有“中庸”一词?

孟子是最忠实传承孔子思想的人，“中庸”是孔子一项基本思想，仅排在“仁”“礼”之后，孟子为何躲闪回避？

历来儒家道统路线图被划分为孔子传曾参，曾参传子思，子思传孟子。

朱熹认为《中庸》“乃孔门传授心法，子思恐其久而差也，故笔之于书，以授孟子”。

子思卒于周威烈王二十四年，即公元前402年，孟子生于公元前372年，说子思“笔之于书，以授孟子”，显然是朱熹为圆儒家道统图而虚构的故事，儒家后继大多通过思想上的承继关系来证明二人间的道统关系。即便如此，子思以《中庸》名，为何孟子偏偏弃“中庸”？《孟子》中多次论及子思，称颂他的清高，为何只字不提他的核心思想“中庸”？

一桩如此重大的“思想史事件”，为何两千多年集体沉默地守住这个公开的秘密？其难言之隐何在？

经典是一个民族共创的品牌，注疏阐释践用的过程，就是选择、弘扬、生长、遮蔽、淘汰、消失的过程。关注什么，肯定什么，遮蔽什么，仿佛所有人签订了“沉默的契约”。

“中庸”的基本意思是不偏不倚，恰到好处。在孔子那里，是一种思想原则和处事方法，更是一种理想人格：“君子中庸，小人反中庸。”到《中庸》，这种方法被进一步神秘化、哲学化，被提高到无所不能的道德境界、智慧境界和天地境界——“极高明而道中庸”。甚至被拔高到宇宙的本体、自然的奥妙、存在的本相：“喜怒哀乐之未发谓之中，发而皆中节谓之和。中也者，天下之大本也，和也者天下之达道。致中和，天地位焉，万物物焉。”

孔子和子思万万没有想到，正是这种“最真”的本相、“最佳”的方法和“最高”的境界，隐藏着一种“最可怕”的危险：以“中庸”之名行“乡愿”之实，以“君子”理想干“小人”勾当，尤当“中庸”与拼情商、去道德的“谋略社会”结合在一起时，几乎变成“文化砒霜”，使有独立人格的英雄主义和批判精神慢慢坏死，代之而生的是遍地“犬儒”“伪君子”，甚至是“奴才”和“骗子”，士人们在“君子居易以俟命，小人行险以徼幸”的理论大旗下，谨小慎为，“不怨天、不尤人”，“素位而行”，“安之若命”，把思想冒险，批判精神，敢为天下先，视为粗鄙野蛮偏激，甚至是恶。

说孟子早就看到了这一点，那是事后追谥。但孟子的骨子里不喜欢“中庸”，觉得束缚他的性格和理想，这种说法比较符合思想真实。一个傲视权贵、拥有浩然之气的人，一个精神上的君王、大丈夫、人杰，一个要颠覆自有人类以来政治常识的人，你要他喜欢“中庸之道”，就如同要求天才变成常人，他宁可在孤独中死去也不可能平庸地活着；如同给英雄戴上镣铐，宁愿战死疆场也不可能接受。

“中庸”理念本身并没有错，它像亚里士多德的“中道”，黑格尔的“度”一样，是一种高妙的实践智慧，但“橘逾淮而枳”，真理前进一步是谬误，当胆怯者用来嘲笑英雄、平庸者用来嘲笑天才，奴才用来嘲笑偏激时，“中庸”就与“平庸”成了兄妹。

畅谈英国文学(节译)

(法)泰纳 著　李旷远 译注

寻求民族的心理

历史正试着,或即将试着运用这种研究方法。如今所提出的问题也是这种类型。要考察文学、哲学、社会、艺术、艺术之门类,那么就需提出这样的问题:其创作的精神条件是什么?最适于产生这种精神条件的种族、环境、时代①的诸多条件是什么?每一门类及其分支都有明晰的精神条件,或解说总体艺术,或解说特定艺术,如建筑、绘画、雕塑、音乐、诗歌。人类心理的广阔园地,每一门类都各自萌芽,各有自身的规律,凭此规律,我们见到某类艺术孤立成长,别类艺术意外夭折,一如荷兰、佛兰德斯17世纪的绘画,英国16世纪的诗歌,德国18世纪的音乐。在这些国家,某类艺术,而非别类艺术,符合了当时的条件,即能一枝独秀于荒芜的田园。如今,历史必须探寻人类成长的此类规则,必须关注每类规则形成的特殊心理,必须着力描绘这特殊情形下至善至美的图景。没有什么任务比这更微妙更艰难。孟德斯鸠尝试过,但不为其时代所认可。当时人们甚至都没有兴趣怀疑这路数是否必须,即便如

① 这三要素确是有效的视角,可凭此考察何以黄河流域的《诗经》含蓄内敛温柔敦厚,而长江流域的《楚辞》却感情热烈怨诽深切;何以汉代的班固讥讽战国的屈原"露才扬己";何以鲁迅小说的家乡故土,沈从文的湘西,萧红的呼兰河,会呈现不同的风貌。

今我们也无法一窥堂奥①。就其要素而言,天文是机械问题,生理是化学问题,而历史则是心理问题。内在的印象和运作都有特定的体系,令艺术家成为信徒、乐师、画家、方内方外之人。体系之形成与衍化,体系之能量,体系内情思的联系,都判然分疆,各有其精神历史、特定结构、主导倾向和主流特征。每一方面要解释清楚,都得写一章心理分析,但很少有人大致描绘出这样的方法。

然有一人,名司汤达②,以其一己之力,以其特异的思想、不凡的教育,肩负起这一职责。时至今日,众人却仍觉得他的书悖谬难懂:他的思想、天分超越时代;他的预言令人惊叹,却无人理解;他的论说深奥玄妙,逻辑体系精密至极,却被人们弃若敝履。众人也未能觉察:他虽显得高谈阔论、老于世故,却阐释了隐秘复杂的机制,寻获到其主要动因,为精神的历史引入科学的程序,引入注解、解构、推导的艺术,首次显明了民族、气候、性情的根本原因,总之,他如其所是地对待情感,以自然主义者、自然主义哲学家的态度去条分缕析、权衡轻重。因而,人们认为他枯索而又古怪。他孑然一身,通过写小说、做笔记获得了一些读者。但如今,我们发现他的文章最适宜展开我所致力描绘的路途。没人比他更能教会我们睁眼去看,看身边的人、当下的生活、远古的真实记录,去领悟白纸黑字的字里行间,在古老的印象、涂鸦的文本下面识别精致的情感、思想的运行和心智的状态。

司汤达、圣伯夫③和德国批评家的作品是宝藏,让读者见识了文学的不朽价值:一部作品内容丰富,人们又知道如何去阐释,我们就会从中发现人的心

---

① 孟德斯鸠(1689—1755),泰纳(1828—1893),于此可见这历史研究的路数一百多年来未有长足进步。

② 司汤达(1783—1842)。19世纪法国杰出的批判现实主义作家。他给人类留下了巨大的精神遗产,包括数部长篇,数十个短篇故事,数百万字的文论、随笔和散文、游记。他以准确的人物心理分析和凝练的笔法而闻名,被誉为最重要和最早的现实主义的实践者之一。代表著作为《阿尔芒司》《红与黑》《巴马修道院》。

③ 圣伯夫(1804—1869),法国文学评论家。他是将传记方式引入文学批评的第一人。他认为了解一位作者的性格以及成长环境对理解其作品有重要意义。他将这一理论应用于其最重要的作品中,包括:《文学肖像》《当代肖像》《周一的讨论》和《新的周一》。

理,通常也就是时代的心理,有时也是种族的心理。因而,相比一批历史学家及其著作,伟大的诗歌、优美的小说和高人逸士的忏悔录更令人受益。我宁弃五十卷宪章,一百卷政治公文,而取契利尼①的回忆录、圣保罗②的使徒书、马丁·路德③的席上谈或阿里斯托芬④的喜剧。这儿含有文学的要义,美而有益,妙而有用,文如丰碑,流衍千古。一部书,越是描绘重要的情感,越能卓然立于文学之林。作家描绘了整个民族、整个时代的存在方式,也就引发了整个民族、整个时代的共鸣。因此,写作倘能够呈前代情感于当下和文学,特别是伟大的文学,就会无与伦比。这好比检测感觉的先进仪器,医生能凭此解析、衡量身体上隐秘微妙的变化。宪法、宗教不可同日而语,法律、教义也只是粗涉精神。倘有作品表现政治教条也能栩栩如生,那应是在讲座、讲道坛、回忆录与忏悔录的滔滔话语中。这些都是文学,独辟蹊径而又广取博收。因而通过文学,人们可以构建精神历史,阐释心理规律,解说事件源起。

我写文学史,是要从中寻求民族的心理。我特选的民族,不能无所依据,需具有庄严而又完整的文学。但能始终认真思考、写作的民族并不多。在古代,拉丁文学起步时一无是处,接下来又东借西挪,毫无特色⑤。在现代,德国文学的存在不过两百多年,意大利、西班牙文学也于17世纪中叶销声匿迹。

---

① 契利尼(1500—1571),意大利雕铜艺术家,著有《自传》。

② 圣保罗(?—约67)耶稣门徒之一,广传基督教于当时诸国,被害于罗马,《新约》中之书信部分大多出于彼手。其使徒书乃早期基督信仰之洞见。

③ 马丁·路德(1483—1546),是16世纪欧洲宗教改革倡导者,基督教新教路德宗创始人。路德曾在餐桌上以一种轻松的谈话姿态,阐述了他对神学和世俗生活各个方面的见解,坦率臧否同时代的人物,还谈及他幸福的婚姻生活,与“魔鬼”斗争的宗教体验,展现一个更为真实和生动的路德形象;谈话还记录了路德时代大量的趣闻趣事,从中可以了解16世纪德国的精神风貌,是不可多得的思想史研究资料。

④ 阿里斯托芬(约前446年—前385年),古希腊早期喜剧代表作家,有“喜剧之父”之称。同哲学家苏格拉底、柏拉图有交往。相传写有四十四部喜剧,现存《阿卡奈人》《骑士》《和平》《鸟》《蛙》等十一部。

⑤ 此处乃泰纳一家之言,其本意当是对英国文学倾注热烈的情感,却相应地矮化了其他民族的文学。拉丁文学起步时确是摹仿了希腊文学,但并非全是其仿造品,如19世纪英国史学家麦考利所编著的《古罗马民谣》,节奏、韵律都很美,丘吉尔出口成诵。后来的拉丁文学也并非毫无特色,如维吉尔、贺拉斯、奥维德、但丁等人的作品,毕竟也是气魄大、意境深,别具崇高美。

唯有古希腊、现代法国和现代英格兰呈现出完备而又伟大的不朽作品。我选英格兰，是因为英格兰仍旧生机盎然，易于直观考察，这远胜于研究那仅遗废墟的毁弃文明。还因为在我这法国人眼中，英格兰的特质更显著。此外，英国文明别具一格：既契合了自身的自然发展，又不得不有所偏离。她承受过持续、有效征服的痛苦，在其遗迹中能精确考察文明起源的三要素——种族、气候和诺曼侵略。因而，从其历史中我们能考察人类变易的两大动因：自然倾向及外部压力，并能笃定而又直观地考察一系列真实而又全面的历史记载。

呈现伟大的政治、宗教和文学作品，发掘撒克逊野蛮人得以进化成当今英国人的隐秘机制，我由此致力于界说主要根源，显明渐进效果，阐发终结方式。

人人都曾为客体所触动

是什么为书本注入生机呢？纵迂腐不堪诘屈聱牙、押韵的编年史、描述性的百科全书中，至少偶见绚丽之图像、爱之真切呼唤，这何以可能呢？这一代人疲惫之时，英格兰真正的诗歌，一如意大利、佛兰德斯的绘画，何以销声匿迹呢？这是因为思想的时代，即直觉的、创造的、观念的时代，来临又逝去。这一代人拥有清新的感受，而无理论萦怀，因而，散步时，其情绪和我们的迥然有别。日出于普通人是什么呢？天边的白色斑点，隐身于凸起的云层间，片片的土地和条条的道路中。普通人会视而不见，因为上百次地看见。但他们[①]认为万物有灵，并于心中隐约感受升腾、分裂的轮廓，感受色泽的力度与对照，感受悲伤、隽永的情感，浑融为一，轻柔呼吸，如和声，如哭泣。太阳从感伤海沟上的雾霭里升起，多么悲痛啊！老树于夜雨里簌簌作声，多么无奈的情调啊！波之乱发卷曲于深海的平面，多么狂热的喧嚣啊！但天堂的巨大

① 即16世纪的诗人。——译者注

火炬，这光明之神，腾涌而出，绚丽照人。柔韧的长草，碧绿的牧场，高高橡树的阔大树冠——英格兰的全景，永为涌动的湿气所更生、所照亮，弥散着不息的清新。这牧场，红白相间的花儿点缀其中，永是蓊郁而又湿漉漉的，于金色雾霭淡去时，乍然显现，娇羞如美丽的少女。这儿是杜鹃花，燕子未来时悄悄萌芽；那儿是蓝铃花，澄碧如女人的面纱；而金盏花，日落时啜泣着闭合，日出时复又开放。

生活中，人人都曾为客体所触动。这成堆的思想、破碎的回忆，残缺的形象，曾隐在头脑中的角角落落，现在却启动、组合起来，突然间如花儿般生长。他欣喜若狂，不禁观望着、仰慕着这乍现的迷人物什，想一再看到，看到同样的物什，不再多想别的。民众的生活也经历如此时刻。他们欣然思索美丽的事物，但愿尽可能是最美的事物。他们不同于我们，不为理论困扰，不乐于表达伦理的、哲学的思想，而是如意大利的贵族，游目骋怀，心仪形色，悬画作于房间、教堂，甚至胸膛、马鞍之上。富丽碧绿、阳光灿烂的乡村，年轻、欢快、健康、多情的盛装女子，半裸的男女神祇，优雅遒劲的杰作与模型——这些都是人能构想的最可爱的客体，最能怡情悦性，引发笑意与欢乐，诉诸诗人神奇的诗海文山，歌谣、田园诗、商籁体诗、即兴而发的片言只语，活泼、微妙、舒展，自此以降，难与并能。但失去神坛的维纳斯与丘比特，何如？当代意大利画家设想、描绘了赤裸的美少年，驾着金色的马车驶过明澈的空气；或散发青春芳香的女子，立于浪尖，浪尖亲吻她雪白秀足。本·琼森欣悦于这图景，其雄健的诗歌变得精微优雅，如拉斐尔①的孩子轻盈地前行。他看见他的女子端坐于爱之马车，由天鹅与鸽子驾着的马车，款款驶来。爱引领者车子，她微笑着恬静地驶过，所有的心儿都为她圣洁的样子迷住，都甘愿永远看着她、服侍她，别无所求。

---

① 拉斐尔(Raphael,1483—1520)，是意大利杰出的画家，和达·芬奇、米开朗基罗并称文艺复兴时期艺坛三杰。他的作品博采众家之长，形成了自己独特的风格，代表了当时人们最崇尚的审美趣味，成为后世古典主义者不可企及的典范。其代表作有油画《西斯廷圣母》、壁画《雅典学院》等。

“我如此如此去做”

试想，清教徒之谨小慎微、一板一眼，为人厌憎，并嘲讽于舞台之上；试比较，彼时[1]率性而为、无拘无束的英格兰，与此时[2]正确、严谨、拘束、死板的英格兰。不论宗教的，抑或世俗的，都毫无规矩的痕迹。信仰失落，理性尚未主宰一切，舆论、传统自当空洞。刚刚谢幕的愚蠢时代，随其谵言妄语无道文人迂腐教科书，而被嗤之以鼻，置诸脑后；源于古代，取法意大利、法国、西班牙的自由理念，人人均可随心采撷，而不必俯就于清规，承领于威权，效颦于典范。人人不嗜模仿，而嗜创造，以其奇装异服特立独行誓要孤标独步[3]，不循规蹈矩，而从心所欲，不说“如此如此做去”，而说“我如此如此去做”。除却适于骑士时代的夸张行语，社交界几无礼仪。冲动即来，则随意言说，随缘放旷，挣脱礼仪牢笼，放浪形骸之外，一如草原上纵情奔驰的精壮之马，其天性未被规训、羁勒、消减。

---

① 指16世纪。

② 指19世纪。

③ 此处道出英伦个体主义（individualism，即坚持个体独特性的主义）的精神土壤。与古代中国特定领域之独孤情怀大异其趣：《后汉书》有“独行传”，标举独行者之独；王国维评纳兰容若“自然真切”，因其“初入中原，未染汉人风气……北宋以来，一人而已”。

《马克·吐温自传》梗概①

王春妮　陈书婷 译

Born on November 30, 1835, in Florida, Missouri, Samuel Langhorne Clemens, later Mark Twain, was the third son and the fifth child of Virginia-born John Marshall Clemens and Jane Lampton, whose family had been pioneers with Daniel Boone. When Twain was four, the family moved to Hannibal, Missouri, a flourish but dull river port, whose monotony was broken by occasional circuses and traveling shows. Together with Twain' s uncle' s farm in Florida, Missouri, however, Hannibal provided a source for much of the writer' s later fiction. After his father' s death in 1847, Twain left school to become a printer' s apprentice, then two years later joined his brother' s small Hannibal newspaper.

萨缪尔·兰亨·克莱门,后取笔名马克·吐温,生于1835年11月30日密苏里州佛罗里达,是弗吉尼亚出生的约翰·克莱门和简·兰普顿的第三个儿子,也是他们的第五个孩子。他们的家人曾和丹尼尔·布恩一起拓荒。吐温四岁时,举家搬迁到密苏里州汉尼拔,汉尼拔是一个繁荣却沉闷的河港城市。偶尔,马戏和巡回表演会打破这种单调无趣的生活。但是,吐温的叔父

① 原文取自英文版《汤姆·索亚历险记》,两位试译者为海南大学外国语学院13级英专2班学生,稚嫩的试译实乃《高级英语》课改成果之一。

在密苏里州佛罗里达的农场；正是这个沉闷无趣的地方，为吐温日后的大量小说创作提供了资源。吐温的父亲于 1847 年逝世，在那之后，他辍学成为印刷厂的学徒，并在两年后给他哥哥的汉尼拔小报写稿。

In 1853, he ran away to St. Louis to begin life as a tramp printer which carried him through a good part of the Midwest and to the east coast. Through a chance meeting with Horace Bixby, a Mississippi river boat pilot, Twain found a new career, fulfilling a childhood dream and acquiring experiences later used in *Life on the Mississippi*. The outbreak of the Civil War terminated his experiences as a riverboat pilot and after a brief turn with a privately formed group of Confederate rangers, he headed west to Nevada to prospect unsuccessfully for silver.

1853 年，马克 · 吐温离开汉尼拔来到圣 · 路易斯，开始了当印刷工人打零工的生活，也因此游历了中西部的大部分地区，直至东海岸。偶然一个机会，吐温见到了贺拉斯 · 比克斯，他是密西西比河的船只引航员，吐温因此找到了新工作，实现了童年梦想，收获了经历奇遇，而这些也被他写入《密西西比河上的生活》一书中。内战的爆发让他不得不结束引航员的生活，之后，他在南部联盟私下组织的游击小分队待了短暂一段时间，又向西出发，到内华达州勘探银矿，但最终还是一无所获。

For most of 1862-63, Twain worked as a reporter on the Virginia City-*Enterprise*, where he met Artemuse Ward, the famous humorist and journalist, and chose the pen name of Mark Twain to sign his articles with. As a reporter in San Francisco during the next two years, he made friends with and enjoyed the guidance of Bret Harte. In 1865, Twain published *The Jumping Frog of Calaveras County* in the *New York Saturday Press*, but his reputation rested on his popularity as a lecturer and public showman.

1862—1863 年大多数时间里，吐温在弗吉尼亚城的《企业家报》当记者，邂逅了阿蒂默斯·沃德，一位著名的幽默家和新闻工作者。他以马克·吐温为自己的文章署名。接下来的两年里，吐温又在圣弗朗西斯科做记者，结交布勒特·哈特并得其指点。在 1865 年，吐温在《纽约周六报刊》发表了《卡城名蛙》，但他的名声却主要在讲演和公众人物之中。

Twain arrived in New York in 1887, the year in which his *Jumping Frog* collection of tales appeared but shortly thereafter he left on an excursion to the Holy Land. The trip not only brought him some renown for the travel letters he sent back to New York and California newspapers, but introduced him to Charles Langdon, his future brother-in-law.

1867 年吐温来到纽约，《卡城名蛙》故事集出版。不久，他远赴圣地，并给纽约和加利福尼亚报刊寄回作品，名声大噪，这次旅行也让他结识了查尔斯·兰登，即他后来的小舅子。

In 1869, *Innocence Abroad*, a generally anti-European book about American tourists, made Mark Twain enormously popular and provided money for investment in the Buffalo *Express*. Now a respectable editor, he married the wealthy Olivia Langdon of Elmira, New York, in 1870, and during the same year became editor of the 'Memoranda' department—a monthly column—of the *Galaxy*. In 1871 he published *Roughing It*, a book recalling his Nevada experiences which gave a vivid impression of frontier life. After moving to Hartford, Connecticut In 1872, Twain made the friendship of William Dean Howells, editor of *The Atlantic Monthly*, who, from that time onward, had a tremendous influence on his career. Following one of his many journeys abroad, Twain published *The Gilded Age* (1873), a satire on contemporary political life, co-authored by Charles Dudley Warner, editor of the

Hartford *Courant*. Though he was lecturing and publishing at home and abroad, Twain, extravagant as always, remained constantly in debt. The birth of two daughters, Susan in 1872 and Clara, in 1874, added pressure to his journalistic ventures, but without impairing the quality of his work. In 1875, he wrote *Old Times on the Mississippi* for the *Atlantic*, a forerunner of *Life on the Mississippi* and his best work to date. He had simultaneously begun writing *Tom Sawyer*, which appeared in 1876.

1869年,《傻子旅行》让吐温受到了更多人的喜爱,这本书描写了美国游客抨击欧洲的现象,也为《快报》提供了投资基金。那时,吐温成为了一个备受尊敬的编辑。1870年,他在纽约与家境富裕的欧莉维亚·兰登结婚,同年成为《银河系》月刊"备忘录"栏目编辑。1871年,吐温发表《艰苦岁月》,回忆了他在内华达州的经历,生动描绘了他对前线生活的感触。1872年,吐温去了康涅狄格州的哈特福德,和《大西洋月刊》编辑威廉·豪威尔斯成为朋友,之后,威廉对吐温的事业产生巨大影响。吐温根据他的一次海外旅行,与《哈特福特报》编辑查尔斯·杜德利·华纳合著并出版了《镀金时代》(1873),讽刺当时的政治生活。虽然,吐温在海内外演讲和出书,但他平时挥霍无度,欠下大笔债务。他的两个女儿,苏珊和克莱拉分别于1872年和1874年出生,这给他的旅行冒险生活增加了压力,但并没有影响到他的作品质量。1875年,他为《大西洋月刊》写了《密西西比河往事》,这是《密西西比河上的生活》的最初版本,也是那段时期他最好的作品。同时,他着手创作《汤姆·索亚历险记》,该书在1876年出版。

While at work on the long slow creation of *Huckleberry Finn*, Twain enlarged his acquaintances with New England literary society, then shocked the "literary establishment" with an irrelevant speech at Whittier's seventieth birthday celebration in Boston in 1877 mocking Longfellow, Emerson and Holmes. Further travels for the next two years were recorded in *A Tramp Abroad* (1879). Jean, his third daughter, was born in 1880.

在创作《哈克贝利·费恩历险记》的缓慢过程中,吐温加深对新英格兰文学社会的了解。随后,1877 年,他在举办于波士顿的惠蒂埃 70 岁生日庆祝会上发表了题外的演讲,嘲笑朗弗罗、爱默生和霍姆斯,动摇了当时的"文学基石"。接下来两年里,他去更远的地方旅行,《浪迹海外》(1879)记录了这段旅行时光。简,他的第三个女儿,于 1880 年出生。

Twain's next fictional work was *The Prince and the Pauper* (1880), based on his old dream of having once been a prince. Set in the times of Henry VIII, the novel concerns a change of identity between the two characters and attacks social injustice. After a visit to Mississippi, Twain then finished *Life on the Mississippi* in 1883. The following year Twain made his famous lecture tour with George Washington Cable, the Southern novelist and with *Huckleberry Finn*, published in 1884, reached the middle of his literary career and the climax of his achievement.

吐温的下一个小说作品《王子与贫儿》基于他昔日的王子梦。以亨利八世为背景,小说是关于两个人物角色间的互换和抨击社会不公。在参观密西西比河后,1883 年吐温完成《密西西比河上的生活》。第二年,吐温手捧 1884 年出版的《哈克贝利·费恩历险记》和南方小说家乔治·华盛顿·卡柏一道做了他著名的巡回演讲,这是他在文学生涯中期就达到的成就的巅峰。

In 1889, Twain published *A Connecticut Yankee in King Arthur's Court*, a satire on life in the Middle Ages which attacked cruelty and superstition, oppression and social injustice. But now his personal life began to fall apart. Earlier, he had lost money in Backing James W. Paige's typesetting machine, and in

1893 he suffered heavy financial losses in his own publishing company. Moreover, in 1896, Twain was shaken by the tragic death of his daughter Susan and the discovery that his youngest child, Jean, was an epileptic.

1889年，吐温发表《康州美国佬重返亚瑟王朝》，讽刺中世纪的生活现象，抨击暴行迷信、强行镇压和社会不公。然而此时，他的个人生活开始变得一团糟。早年，他因支持詹姆斯·W.佩吉的打字机亏了本，1893年自己的出版公司又遭遇严重的金融亏损。更悲惨的是，1896年，女儿苏珊惨死，又发现最小的孩子简患有癫痫病，这些让他几近崩溃。

Depressed, feeling the waning of his creative powers, Twain threw himself into lecture tours and readings, turned out such mediocre books as the *American Claimant* in 1892; *Tom Sawyer Abroad*, 1894; and *Following the Equator* in 1897. His *Personal Recollections of Joan of Arc* (1896), his own favorite book, is a failure, betraying his weakness as a philosopher. Only *Pudd'nhead Wilson*, in 1894, like *Huckleberry Finn* concerned with the American Negro and with changed identities, was valuable and perhaps the best of his later work. Twain's despair and hopelessness found their expression in his short story, "the Man That Corrupted Hadleyburg" (1899), and in the novella, *The Mysterious Stranger*, so pessimistic that it remained unpublished until 1916, six years after his death.

吐温抑郁消沉，感受着创作力的日渐衰微，于是他全身心投入到演讲和旅行中，写出一些质量平平的书，如1892年的《美国债权》，1894年的《汤姆·索亚出国记》，1897年的《赤道旅行记》。《圣女贞德的个人回忆》(1896)是他自己最喜欢的书，却是一部败笔，暴露了他作为思想者的弱点。只有1894年的《傻瓜威尔逊》，如《哈克贝利·费恩历险记》一样，谈到美国黑人和身份互换，很有价值，而这或许是他晚期创作的最好作品。吐温在《败坏了哈德莱堡的人》这个简短的故事中，表达了自己的绝望，在《神秘的陌生人》这本小说中，他太过消极，以至于这本书在他逝世后六年的1916年才得以出版。

In 1904, his wife Olivia died, and Twain's despair increased. In New York, he began again the autobiography he was dictating to a stenographer. Honors, including an Oxford degree in 1907, were showered upon him, but on Christmas Eve of 1909, Jean died, completing the personal disasters in his life. A tired, embittered man, he died the following year on April 21, 1910.

1904年，妻子欧利亚逝世，吐温越发悲观厌世。在纽约，他再次向速记员口述自传。荣耀与名誉随着1907年颁发的牛津学位纷至沓来。然而在1909年的平安夜，简的离去为他个人生活的不幸划上了句号。这个疲惫不堪、满心伤痛的人，于1910年4月21日离开了这个世界。

送行(外一章)

刘超先(仙逝)

琴
你就要走了
我不能去为你送行
身在一个西南边陲小镇
心却紧随着你去了东海之滨

人不能在烈日炙烤的路上为你打伞遮阳
心却早已编织起一个华盖替你撑起一片凉荫
在雨丝飘飞的日子里也无法来到你身旁为你挡雨
就让心化作会呼吸的雨衣轻轻包围着你阻挡雨水的侵临

此后异地的生活,我并不担心你什么,因为你根本无须我担心
你是怎样的女孩呀,女孩的温婉,男孩的潇洒,还有美丽聪慧机灵
只是别再像以前那样熬夜了吧,别再重复那黑夜睡不着白天睡不醒的日子
夜里东边的海风不如三亚湾的海风那么温柔,子时的气息由阳转阴有损你康宁

你走了,
你带走了我的心,也带走了我快乐的时光,你拉起我长长的视线追随着你远去的背影

《古典与现代》赘言

刘超先（仙逝）

吾与挚友石川，同窗四度春秋，相交近三十载。遥想当年，奇文共赏，疑义互析。课余闲暇，携手同游，或信步湘江之滨，或投足麓山曲径，水波山色之间，星光月辉之下，谈论多涉艺文之事。亦慕“五四”之时，文星灿烂，百花竞妍，各创期刊，以为阵地，宣示主张，阐明宗旨，呈一时之盛。其功非徒见于当时，回响至今未绝。遂萌办刊之想，虽谙办刊之艰曲，而此念常块然于胸，挥之不去。及至去岁，因缘和合，石川得遂夙愿，创立书刊，谓之《古典与现代》。

刊名既立，铸造品格，尤为要务。石川心中，三字为要。一曰净，二曰真，三曰博。

净，乃纯净、干净也。石川深感当世学界作伪之陋习，艺界媚俗之颓风，四海之内，铜臭直压书香。决意正本清源，欲为世人辟一片净地，筑一处精神之家园。祈盼此刊成素心者直抒胸臆之园地，互通心灵消息之平台。渐立人脉，集聚英才，虽身处四隅而心气相通，日久必成气场。承民族之魂，接异域之气。冀其气也，纵贯古今，流通中外。此气乃正气、净气、元气也。元气既旺，则邪气必式微矣。

真，乃率真也。所刊文字必为率真之言，而非无病呻吟、矫揉造作者。凡流连于自然、潜心观察者，必得自然之精微，而可与宇宙对语，与草木通情；纵览时代之迁变，横观社会之万象，静察人心之情、思，必可把捉人文之脉搏。

久察深思而感于心，发之为文，纵不假雕饰，亦可动情启智者，真言也。发之于心，且不得不发者，方为真性灵。

博，乃广博也。一谓该刊广收博采，兼容并蓄。文、理、武、艺，题材不拘，体裁毋论，无分风格，不限长短，皆入法眼。二谓刊纳博识之文。博识者，胸藏识见，发而为文，恣意驰骋，无有界限，意尽而止。文明初盛之时，本无分野。老庄孔孟之书，为文者慕其文辞之华彩，思想者仰其哲思之辉光，从教者叹其育人之理念，为政者膺其治世之警策。太史公之《史记》，徒史家引以为宗乎？

经石川苦心孤诣，百事亲为，今已刊行二卷。捧读玩味，深觉粲然可观，几近创刊之愿。但期星星之火，得呈燎原之势，薪火相传，以至久远；愿涓涓细流，潜行山泽，滋养万物，终成汪洋！

送挚友超先君

受难却异常坚毅的灵，终于驾鹤西行

杨国良

2015 年 2 月 4 日，超先走了，我一口气写了以下文字。

遭遇劫难却异常坚忍的超先，终于解脱了！

遥想三十三年前，超先君给人第一印象除了腼腆，还是腼腆——不善言辞，静若处子，谁料想后来竟然当主任、院长，断断续续，一干就是十几年；超先人前寡言，大二时，我们就合作翻译《乌龟的背为何是平的》，四年里一千四百多个日日夜夜，我们走遍麓山大小路径，湘江边、云麓峰，无数次憧憬诗意的人生。他，路灯下读书，小歇时读书，出游了还是读书。他，抄《牡丹亭》，背《桃花扇》，品《三国》，赏《红楼》，通览二十几卷的《鲁迅全集》。他，发《文化的民族特色与翻译》《西方译者为何首先选择了儒典》《翻译事业的繁荣呼唤着翻译批评》《奉行"三书主义"的钱歌川先生》《温故而知今：鲁迅翻译思想的教益》《道安——我国翻译批评的先驱》《汉译英的先驱辜鸿铭》《为人重德，治学求真》《中国翻译理论的发展线索研究》，有点有面，路径清晰；出《爱的诗篇》《飘》《福尔摩斯全集》《女性与人类进化》《红字》《心灵控制术》《驱逐压力》《实用英汉商贸分类词典》《实用营销英语》，涉猎广博，大志昭然。在北大，他大肆"扫荡"佛典，个人所占资料不是第一也是第二，惜夫，半途而废；近些年，他潜心研习医学，体悟精进，超拔时贤，叹夫，未能自救。

多少次，带着弟子月夜爬山；多少次，饶有兴致谈翻译教学；多少次，兴奋

告知某某弟子考上名校；多少次，鼓动我回湘并肩而行；多少次，相互交流孩子的成长；多少次，开心计划列国周游。

忘不了，大雪之夜爬岳麓山顶；忘不了，春暖花开驱车游常德诗墙；忘不了，冬日暖阳光着脚丫在三亚湾徒步；忘不了，夏日炎炎月湖散步聊天；忘不了，繁花似锦带着孩子勘察我故乡的姑嫂树；忘不了，烟雨蒙蒙邀上堂哥凭吊他老家的大院豪宅，实地体察那厚积薄发、文字纯然的《山村记忆》。

生命的期限有长有短，生命的品质有高有低，走了的仅仅是可以朽坏的躯体，留下的却是连绵不绝的精神——给师友久远的记忆，给同事细密的关心，给弟子谆谆的教导，为了孩子无私到自残自虐！

但愿，但愿超先的灵，安息在花团锦簇的天国！

挽联：

少时受困 青年图强 壮岁亨通 腹满经纶遭劫难；

心仁爱山 慧智怜水 神气清爽 怀盈天下赴瑶池。

七律·悼超先(外一章)

申才华

2015年2月4日立春那天,老学生老朋友好兄弟刘超先走了,虚岁才五十一,殒于肺癌,有子六岁。去世前,我帮着照顾了几天;去世后,我又帮着打理了几天。对于他的早逝,我很悲痛,遂写此诗以寄情怀。

交春过坎败于天,
从此阴阳处异间。
学海滔滔抒霸气,
教坮赫赫树旗杆。
单形只影千番苦,
双破双博几刻甜?
今日飘然乘鹤去,
却留稚子靠无肩。

(注:双破,指二十七岁破格副教授,三十四岁破格教授。双博指北大英语和湖师哲学。)

青玉案·忆超先

上午在阳明殡仪馆参加完超先的追悼会,便与国良去湖师大红楼。下午爬岳麓山,沉重的心情稍得缓解。晚上躺在床上,本想聊点轻松的话题,但不知不觉又聊起了他。凌晨三点左右,我俩实在困了,想睡一睡,可嘴巴静了,脑子不能静,满脑子都是他。于是,躺在被子里用手机填了此词。

春阳灿烂冬寒去。
送君走,阳明聚。
无限追思难尽诉。
英才早逝,
湘江岳麓,
都谴苍天妒。

当年壮志勤学苦。
胸揣惊雷色不露。
一世至交掏肺腑。
资江三亚,
洪山湘
再要独缺汝。

《中国古代诗文名篇精选英文译注》序

Selected Famous Ancient Chinese Poems and Articles in English Translation

(加)简·杰克逊(Jane Jackson)

张敬群 译

Several years ago, I met Zhang Jingqun (Paul) at the China Association for Intercultural Communication (CAFIC) International conference that took place at Haikou on Hainan Island, in southern China. I soon discovered Paul's love of poetry and ancient Chinese literature, and his passion for translation. He kindly gave me a copy of a book that he had recently published, which included translations of beautiful poems that were first penned in Chinese long ago. It offered me a window into China of yesteryear.

几年前,中国跨文化交际国际学术研讨会在中国南部的海南岛海口市召开,会时我遇到了张敬群(保罗)。很快,我发现保罗喜爱诗歌和古典文学,他还热心于翻译工作。他亲切地送给我他刚出版的一本书,里边包括把很久以前优美的汉语诗歌翻译为英文。它给我打开了一个瞭望中国往昔的窗口。

Through email correspondence, I learned more about a major translation project that Paul had initiated. Over the past few years, he has been compiling and translating a much larger collection of ancient Chinese poems and articles. Paul has kept me informed about his project and in 2014, I reviewed a draft of the manuscript. He has refined the translations with the help of Gale Acuff and I am now delighted to see the finished product, which includes 120 poems and 40 articles.

通过电子邮件的交流,我更清楚地了解到保罗已经开始的一项重要的翻译计划。在过去的几年中,他一直在编译一本更大的中国古代诗文集。保罗已告知我他的计划,并于2014年给我看过他的一本手稿。在盖尔·艾科夫的帮助下,保罗已经完成了该译稿的修改,现在我很高兴地看到含有120首诗歌和40篇文章的一本诗文集。

The poems and articles have been selected with great care to offer insight into life in China during different dynasties. For example, the collection includes creative works that emerged during the Spring and Autumn Periods and classic poems that were written in the Qing Dynasty as well as earlier periods. As one might expect, the poems vary in style and content. While some focus on nature, others recount stories of relationships, including interactions between lovers, family members, or compatriots. The poems offer insight into the shifting views, attitudes, and aspirations of Chinese people over time and space.

为了使人们深刻地了解不同朝代的中国人的生活状况,该书对诗文的挑选都非常细心。例如,它包括了从春秋时期到清朝甚至更早的年代里的经典诗篇。或许就像人们所期待的一样,所选诗歌的风格和内容都有所不同:有些聚焦于大自然,其余的是一些故事,这些故事讲述了爱人之间、家庭成员之间或同胞之间的相互关系。这些诗歌使人们对中国人就时空问题的观点变化、态度与渴望都有了深层的了解。

Classic articles have been chosen to represent different dynasties in the long history of China. Like the poems, they offer us insight into social and political life, and vary in terms of style and content. While some articles are in the form of narratives, others depict dialogs. In terms of content, the coverage is broad. Some articles deal with education, the economy, politics, or military life, while others center on everyday social life. In this way, we are able to gain some understanding of the concerns, challenges, and triumphs of people in China during the various dynasties.

该书所选录的经典古文都是中国悠久历史长河中各个朝代的代表作。和诗歌一样,所选文章的风格多姿、内容多彩,能使人们深入了解社会与政治生活。其文章,有些是叙述文,其余的是描述性的对话,其内容覆盖面广。有些文章涉及教育、经济、政治或军人生活,其余的主要涉及日常的社会生活。这样一来,我们就能对在不同的各个朝代里中国人所关切的问题、挑战与胜利的状况有些了解。

As well as compiling a wonderful collection of poems and essays, Paul has prepared detailed notes to help readers better understand the material. In particular, his commentaries contextualize the writing, as they provide essential information about the period in which each of the writings was created. This historical background enriches the volume and makes it more accessible to readers who may not have a deep understanding of Chinese history. Without his interpretations, much of the work would be difficult for non-Chinese to comprehend. His detailed notes also help to make ancient writings accessible to young Chinese people who do not have a solid grasp of history.

与编译一本精美的诗文集一样,为了帮助读者更好地理解材料,保罗为该书做了详细的注解。尤其是他在作品中所做的评注为每一个朝代的每一篇作品提供了必要的信息。这一历史背景充实了这部书的内容,使那些可能不熟悉中国历史的读者更加容易接近。没有保罗的诠释,对于非中国读者来说,要想理解里面的大量作品是很难的。他的这些详细注解还能帮助没有扎实地掌握中国历史知识的中国年轻读者理解古代的作品。

For individuals who are not able to read Chinese script, Paul's collection offers access and insight into classic poems and essays that would otherwise be beyond their reach. He has carefully selected works that draw attention to core values, beliefs, and attitudes that are associated with a particular period of time in Chinese history. Through these classic works, we learn about the politics and societies of various periods in Chinese history.

对那些无法阅读中文书稿的人来说,保罗的这一选集给他们提供了理解经典诗文的途径,否则他们就无法理解。他精心地挑选了那些与中国特别历史时期的核心价值观、信仰、态度有关的作品。通过这些经典作品,我们获悉了中国历史上不同时期的政治和社会相关的知识。

This book makes a valuable contribution to several fields, e. g. , Chinese literary studies, history, cross-cultural communication, and translation studies. By selecting classic poems and essays from different phases in China's history, this collection offers the reader the opportunity to gain some understanding of the country's long and rich cultural and historical development. Knowledge of the past can help to understand modern-day China. The book will surely appeal to many audiences, including foreigners as well as Chinese readers. It is a major achievement and is timely as interest in China continues to rise around the world. I believe that readers from many parts of the world will enjoy this collection as much as I have.

该书在中国文学、历史、跨文化交际与翻译这几个研究领域中做出了重大贡献。通过选取中国不同历史时期的经典诗文作品，该书为欲了解悠久而丰富的中国历史文化和历史发展的读者提供了良好的机会。过往的知识有助于人们了解当今的中国。此书肯定将吸引许多中外读者。在人们对中国的兴趣感在全球范围内不断地上升之时，此书是一项及时而重大的成就。我相信世界上许多地区的读者都将会像我一样地喜爱欣赏这本选集。

Jane Jackson, Ph. D
Professor
Department of English
The Chinese University of Hong Kong
7th October 2015

香港中文大学英语系教授
简·杰克逊博士
于2015年10月7日

圣塔菲游记

林秋

知道圣塔菲，是因为我的学校在那儿有一个校区。大学四年，本有机会转来学习一年，却因名额不足错失了，好不遗憾。于是在计划毕业旅行时，圣塔菲便早早排上了日程。

圣塔菲位于美国新墨西哥州，是本州州府。虽是政治中心，整座城建制却不大，依着山势铺陈而开。建筑几乎全是低矮的平房，泥巴色的外墙，木头做梁，不着砖石，很是别致。后来去了印第安人的村庄才知道，这样式原是依着他们的房子改良而成，乍看以为是土房，实则水泥筑成，只在外刷了一层土色外墙。城内建筑固然令人惊叹，可见了村庄中的原型，竟觉得后来者未免少了些生趣。别的不说，单就印第安人善用草梗混入墙土就颇具匠心，这样使得外墙坚固耐风，凹凸有致，仿佛天然铸就，既朴素又有灵气。

初来圣塔菲，便听说这儿地处山区，气候多变。五月飞雪，原也不是什么稀罕事。从美国东海岸辗转科罗拉多来到西部，视野一下开阔起来。还在飞机上，父亲就连称“大气象、大景观”，赞叹不已。对比纽约的局促，这儿自是辽阔，兼之干旱地区植被低矮稀疏，逾显苍茫。我们大概晚九点到达，一路行车，四面山影重重，一丝残存的光还盘亘在天尽头，听九君说早上刚下过雪，明天应是大晴。

九君是这次认识的朋友，既是向导，又是好旅伴。我虽长她三岁，却看她干练霸气，便很“不要脸”地喊大姐，她也并不推辞，想来这于她也是常事了。

这次订的是一间家庭套房，两室两厅，因此刚安顿好，九君便提议带我们去买菜——“这好，本就是冲着几日悠闲来的。我们就在这儿过过小日子吧，做点好菜！喔对，别忘了买点酒回来。”父亲不失时机地给这一周的圣塔菲之行定了基调，我们都笑了。

第二天阳光很好，父亲一早就爬起拍照去了，回来告诉我们，住处后就有一座雪山，我们出门一望，惊喜极了。山体是藏青色的，顶上覆着一层白雪，依稀可见成片的林木，绵延几十里。母亲没见过雪，更是惊叹，假作埋怨道：“每次去北方总赶不上下雪。前年在北京冻了一个冬，也不见半片雪花，没想到这五月天竟见到了。”

正自欣赏，九君来了。见我们在看山，她来了一句：“前阵子我还和一个同学骑车去过，上面很漂亮，不然我们开车去看看吧。”当真？我估摸着，这得去一天吧。没想到这山看着遥远，其实很近，才没一小时车程，就到了积雪的地方。见了雪，最雀跃的自然是母亲，小姑娘似的唱啊跳的，我一向不爱雪的，也被她感染了。

除了雪，最可爱的便是一山颀秀的白杨。山脚温暖，一簇簇嫩叶映着阳光，正自闪烁；山上寒冷，树儿空留着枝丫，赤条条白戚戚，要不是头上顶着蓝天白云，这景致还真惹人悲伤呢。后来我们去了许多画廊，父亲说，看了这么多画白杨的，却没一个画出那林子的气势。就是那些摄影的，也没能抓住她的魂魄。我心想，是呢，最好的那片林子，怕是只能放在心中了。

既说到评画，不得不说圣塔菲是美国著名的艺术创作之都，不大的地方竟容纳了两百多间世界顶级的画廊。画廊品类繁多，不光售卖价值连城的名画，更多的是些价值万元以内的佳作。看来艺术在这儿可不单是摆在拍卖台上的奢侈品。一个普通的中产之家买幅好画装饰客厅，是再寻常不过的。唯有靠的不是显贵，艺术市场才得兴盛，日久经年，竟也一个多世纪了。

圣塔菲之所以成为艺术之都，不仅源于它的原始自然风貌，也得益于新墨西哥独特的印第安文化。鲜艳的用色、大胆的构图、超现实的视角与对宗教题材的大量运用，是当地艺术家作品的主要特征。在圣塔菲小住一番，我对美的感受也发生了变化。同样一幅欧基芙的画，放在以前，夸张的色彩和构图中大量几何形体的拼凑会令我感到压迫；而如今，见过了这儿云波诡谲的天和嶙峋突兀的山，再大胆的艺术处理也似乎自然妥帖了。

这让我想到上个世纪五六十年代美国艺术家大批涌入圣塔菲探索新绘画的浪潮。在这儿，面对历经亿万年风雨洗礼的山石草木，敏锐的眼睛捕捉影像，虔诚的心则为找到了归宿欣喜不已，因它苦苦追寻的美与纯粹，终于在这尘世间找到了印证。什么是美？哲学家们为美的定义争论不休，可对艺术家而言，美是不可言说的。遇见美像是与故人久别重逢，熟悉而陌生，欣慰却感伤——欣慰自是因了寻觅有果，心愿得偿；感伤原为美的事物从不停留，总在流逝、消亡。

《圣经》上说："不断请求，你就会得到；不断寻找，你就会发现；不断敲门，门就会为你打开。"美和真知，都是如此。父亲也是画画的，圣塔菲对他而言，是一个珍贵的素材库。通常是我们娘儿俩走前面，没几步便要停一停，等等这忙碌的摄影师。有时等得太久，不免有怨言；他倒是不急，只在拍完后喜滋滋地展示成果，好似在说："看，等那么两下是很值得的吧！"

还别说，透过父亲的取景框，总能看见被寻常眼睛忽略的美。那天在班德利尔国家公园，我们见到了许多印第安部落曾居住的洞穴，这些洞穴密密麻麻布满了整个山体，相互之间由狭窄的小道和木梯连接，看起来险峻异常。我和九君跑在前面，早不知探了几个洞，父亲却还在山脚下拍照，母亲跟着他，不时还能赚上张特写。下山会合后，父亲便跟我们讲解了整个山的结构，引我们一起观察那些残存的大木梁和土基。经他一勾勒，园内规模最大的印第安长屋竟依稀从废墟中浮现，我看到的不再是赤裸的山壁，而是一片长达百米依山而建的土屋，其间绰绰似有人影，人的想象可真奇了！后来在园外见到了长屋的复原图，更惊异于父亲"昨日重现"的能力，看来他必是处处留心了。

圣塔菲七日，最让人留恋的，倒不是什么奇景，而是一家人难得相聚于此的清闲与温情。每日一次远游，个把小时，余下的时间便与居家无异，还少了日常工作上的烦扰。七日短暂,却过出了百样滋味。连屋后那座不知名的大山,看得多了,竟也觉出不寻常处。便以李白的《独坐敬亭山》作结吧:“众鸟高飞尽,孤云独去闲。相看两不厌,只有敬亭山。”

渔村印记

黄容波

小时候跟在父亲身边上学，远离了生我养我的渔村。父亲和母亲因为工作的缘故，有几年分居两地。暑假的时候，父亲有时会把我送回渔村和大伯、伯母住一段时间，而这正是我翘首以盼的事情。

印记一：深夜赶海

经验丰富的渔民对洋流了若指掌，知道海上哪个地方是鱼群聚集之地，什么时间段可以去赶海打鱼。夏季里，有时夜里燠热难耐，伯母手中的大蒲扇怎么摇我都睡不着。这时，如果刚好遇上洋流，伯父在我可怜的央求下，偶尔心软就会带我一块出海。

村里并没有路灯，也没有修水泥路，伯父打着手电筒，伯母一手提着煤油灯，一手牵着我，一起走在黑夜里。四下里一片幽深，偶尔只有一两声被惊动的小鸟不满地咕嘀。海边一艘狭长的木船，伯父关掉手电筒一人坐船头，伯母一手揽着我在船尾坐定，伯父便开始摇橹。坐在船上，黑色的夜幕中，零星几颗星星嵌在上头，四周一片寂静，无边的暗色里只有一盏微弱的煤油灯光，听着轻缓的桨声，和着更为轻缓的水流声，耳边时而传来伯父伯母轻声的谈话，挨着伯母，我渐渐沉入梦乡。有时半梦半醒中，沉沉夜色里只听到轻缓、有节奏的桨声——咿呀、咿呀、咿呀，和着更为轻缓的水流声。海面依然是无边的黑暗，天穹处，几颗星星发着冷冷的微光，黑暗夸大了距离，总觉得这白天里所见的小海湾此时仿佛没有边际。在这寂寥的夜幕中，就着船头微弱的煤油灯，看到伯父划桨的剪影，模糊不清。我们的木船缓缓行驶，好似在这远离陆路的黑暗中迷失了方向，却也不着急，又好像黑暗里藏着一股神秘难解的力量，伴随着我们的船只，在这无边的寂静和空旷中，我心里一阵又一阵迷惘。

也不知睡了多久，突然从梦中醒来，整个人还是睡意蒙胧，睁开眼，便看到很好的月亮，清辉洒满整个海面，有微风轻吹，海面便生动了起来。在这夜色下，整个海面变成无数匹堆积的绸缎，顺着微风，一卷一卷地舒展到我面前来，月光赋予了它丝滑的质感，如此轻盈柔软，又是如此壮观，我们的木船就像在千万匹堆积出来的绸缎上缓慢前行。我慢慢伸出手，忍不住想触摸这月光下流淌的上等绸缎，可惜手一触及，这柔和温暖的绸缎却从手指缝间溜走，我怔忪着，疑心这是一个梦。梦境里，这流淌在月光下的绸缎还一漾一漾地慢慢向我舒展、翻涌过来。

有一回夜里醒来，漫天的繁星撞入眼中，夏夜的星子璀璨而繁多，明亮而闪烁。我仰望着缀满星星的夜空，凝神屏息，不知如何描述它的神秘、悠远和美好。低头却看到比夏夜星空更为富丽繁华的海面，仿佛满天的星子跌在海面上，木船的缓缓前行稍起涟漪，而这涟漪更催生一片星光跳动闪耀，整片海面一片闪烁。往远处看去，闪烁的光已分不清是海面的星光还是天幕上的星光。木船的周边无数闪烁的星光灵动，我这渔村长大的孩子也不禁看得目眩神迷。长久注视，这幅华丽而奇异的景象让我心生幻觉，觉得这大片大片跳跃的闪烁并非星光，而是无数小海妖在海面上眨眼睛。我心里倒不觉得惧怕，只是惊叹于它们的调皮和灵动。扶着船舷，我忍不住倾身向前，伯母轻声呵止我："小心掉海里。"我这才回过神，心里却惋惜极了，原来并不是趁着寂静的夜色出来欢聚的小海妖，只是满天繁星而已。

多年后，有时回想起来，总疑心是我年纪太小记错了，可记忆那么鲜活，活泼泼地展现在我脑海里，我终于还是没有找伯父求证那些是我梦幻的场景还是真实的存在。如今,伯父已经过世,更无人指证这些或许只是我虚构出来的梦幻。

印记二:清明·踏青

在我童年时期,我一直天真地以为,清明节是一个可以纵情吃喝、游玩山水的欢乐节日。那时候,清明节还不是国家法定节假日,周末只有一天半的时间,所以除非老家大家族选定清明上坟祭祖的这一天恰逢周日,否则我们一帮上学的孩子是不能参加的。由于难得,更显弥足珍贵。

记忆中的清明节始于周六。周六下午,大家陆续回到老家,家族里先派几个主力把祖坟边上繁茂葳蕤的野草大致清除修整。晚上人多屋子少,我们好几个小孩挤在一张老式的大床上睡,床不但大而且高,底下中空,里头装着大米、地瓜、芝麻等等农作物。一帮孩子总要笑闹到困乏才甘心睡下,睡前必定要把整块床板合力抬起来,找些吃的。第二天天还没亮,院子里就开始忙碌了起来,各种声音把我们从睡梦中唤醒,大家便挨着窗口看热闹。天慢慢透亮,院子里逐渐喧闹起来,阳光透过浓密的果树投射细碎的光芒,各种香味相继窜入鼻子,我们贪婪地呼吸着,仔细分辨空气中香味的来源,惊喜地叫着:"烤乳猪、鱼、虾、蟹、鸡……还有饭团……"直把我们馋得流口水,可惜这些美味只能闻着还不能吃。草草吃过早餐,一切事宜准备就绪,男人、女人们挑着祭祀用的牲品和香烛,肩上扛着锄头,拿着砍柴刀、菜刀、砧板、吊床等等物件,一行人浩浩荡荡往山上开去。一路上,孩子们穿插在大人的空隙里又跑又跳,嘴里又叫又唱,大人的呵斥声我们完全充耳不闻,在这山野外,我们犹如放飞的小鸟,叽叽喳喳地闹腾着。

祖宗的坟墓埋在半山腰,那实在是块风水宝地,面朝大海,背靠青山,蓝天白云,野花簇簇,边上还有祖父辈栽种的林子。一到墓前,不用安排,所有人都自动自觉干活:松土、培土、除草、上祭祀品、点香烛、挂鞭炮、给墓碑描红……最后鞭炮声在山野间回荡。此时已是正午,经过一个早上的忙碌,大家早已饥肠辘辘，用挑来的半桶水洗手，便急不可耐地一手抓饭团，一手抓虾蟹，大嚼起来，菜刀和砧板搁在一个大筛子里，白切鸡和烤乳猪放一边，谁想吃哪块肉，直接拎到砧板上，用刀砍一大块，就这么大吃大嚼起来。遇上村里放牛砍柴的伯爷叔父，总免不了热情相邀，一起参加这野外聚餐。这一顿直吃得大家油光满面，心满意足，饱嗝连连。小时候物资匮乏，缺吃少喝，清明节的这一顿吃的总是富足无比，以至于孩童时的我坚定地认为仅在吃这一方面，老家的清明节比春节更有吸引力。

吃饱喝足，大家并不急于踏上归途。林子里，吊床已经挂了起来，有人躺着眯一会，有人盘腿打扑克牌，更多人直接坐在地上闲聊，孩子们哪里耐得住，有大孩子带着跑山底下玩海水的，还有组成探险队跑山腰下的防空洞玩去的，更有一支小分队在山上摘野果。山坡上的野果可不少：野石榴、野山竹、黑墨、老鼠屎、山捻子、油甘子……可惜还没到成熟季节，大部分的野果都有点酸涩。我们最喜欢的是仙人掌，开着黄色的花，结着红色的果。用小刀把红果表面的刺削掉，就可以吃里面的果肉，吃完后，舌头和嘴唇都染成一片红色，黑墨刚好相反，吃完舌头和嘴唇染成黑色，而野山竹则是土黄色。我们累极了便跑回树林子里，或背靠树，或枕着大人腿，或趁人不备爬上为数不多的吊床小眯一会。

后来，读到杜牧的"清明时节雨纷纷，路上行人欲断魂"，我总是不理解，难道清明不是等同于野餐，等同于踏青吗？我内心里一直觉得祖宗会更喜欢我们这样的祭奠方式吧：面朝大海，春暖花开之际，儿孙满堂、欢乐开怀，和我们共享这人间四月天的春光无边，共享天伦之乐，难道不比我们在墓前默默不语、黯然垂泪、缅怀哀思更好？

印记三：老家的树

老家是一个名副其实的小渔村，家家户户都是老式的瓦房，半人高的围墙圈住院子，墙壁倒是由特有的大块大块年代久远的火山石砌成，一派沉寂的黧黑色。尽管房子沉寂，盛夏的院子却是热闹非凡。我们家正对院子大门的是祖辈种下的一颗杨桃树，枝繁叶茂，树不高，可树上挂满了杨桃，又大又甜，其间夹杂着无数细碎的粉白色小花，微风吹过，落英缤纷。挨着围墙种了两棵清瘦挺拔的椰子树，院子中间搭了葡萄架，架上爬满葡萄藤，一嘟噜一嘟噜的葡萄倒是挂了不少，可惜葡萄品种不佳，带着酸味，吃得人龇牙咧嘴，所幸伯父喜欢它的景致，使其免过砍掉的命运。院子后头还种着菠萝蜜、龙眼、芒果和番石榴，在炽热的阳光下，有的开花，有的挂果，吸引着蝶舞蜂飞，把暗沉的房子烘托得热热闹闹。院子里，果树上绑着两张渔村特有的网状吊床。每日晌午，我都会摘几个果子，一边啃着果子，一边躺吊床上晃啊晃。村里家家户户都养鸡，伯母养的老母鸡刚孵了一窝小鸡，只要我躺吊床上吃果子，它总要“咯咯咯”地唤那群宝贝来捡我掉下来的渣渣。有时看着那群毛茸茸的小鸡在我跟前滚过来滚过去地争食，不觉毒辣的日头已西斜。有时也会在这满院花香、果香中沉沉睡去。

每天早上我都会跑去村头玩。村头有一棵老榕树，村里老一辈都讲不清楚是什么时候栽下来的，六七个小孩手拉手围一圈都抱不过来，如今已是一树成林。大榕树底下照例是绑着很多张吊床，还有从海边搬来的火山石，吊床上或躺或坐的大多是掉了牙、驼着背的老太爷、老奶奶。地面上裸露的榕树树根上坐着一帮妇女婆，有的在撬清晨从海边带回来的生蚝，有的在补渔网，我们小孩最喜欢的一项活动就是揪着老榕树的胡子（榕树的气根）双脚离地荡秋千。在那榕树底下，我听得最多的就是东子奶奶讲的海妖海怪的鬼怪故事，尽管有时听得心惊胆战，还是忍不住要听，听多了晚上会做自己被海妖触角缠住的噩梦。

村尾长着一大片遮天蔽日的仙人掌，最神奇的是，仙人掌错落地分在土路的两旁，随着高空发展，路两旁的肉掌凌空相遇，形成了一道拱门。边上的仙人掌却仿佛一道天然的屏障，把我们村和另一个村隔开。记忆中的仙人掌应该有二三层楼高，每次经过那道丛仙人掌墙，小小的我总是要仰着脖子试图看清它们的顶端。夏日里，高耸的仙人掌开着鲜艳的黄色花朵，粗长的肉刺触目惊心，红色的浆果在阳光下闪烁着诱人的光芒。浆果吸引很多馋嘴的孩子前来，可惜仙人掌长得太高，我们可望而不可即。看一会，我总是没来由地忧心，没有坚实树干的仙人掌，如果遭遇台风它们会不会全部折损，而海边每年都不会错过台风。

台湾纪行(节选)

杨守恒

梦幻

在文大学习,每天最期盼的时刻便是下午五六点钟,此时,在天地这个大舞台上出演着压轴大戏的便是粉墨登场的夕阳。在学校的各个角落,都可以看见她的身影,无论是驻足于被落日渲染下显得妖娆美丽的情人坡,还是漫步在略带喧闹又掺杂着青春气息的校园。

夕阳降临的时候

有一天，独自一人在夕阳降临的时候爬上宿舍大庄馆的顶层，陶醉于这霎时的快感，仿佛一切的一切都静止了，还原于最梦幻的状态。随着天空的色淡，华灯四起，斑驳点缀的街灯继续照亮人们前进的方向，星空也逐渐亮堂了起来，好似白天和黑夜正在交接班，分别担任着指引的使命。

正值中秋时节，天气晴朗、花好月圆。街灯楼灯与圆月的光线相交汇，相得益彰。

这时，突然从山头飘了一阵云，好似妙境。没过多久，云就来和我们“say hi”了，终于我们又一次置身于仙境，一切又都变得模糊起来。

2015 年 9 月 27 日

赴约

卢伯伯是地道的客家人，多年前他的家族从广东迁移至台湾，目前住在台湾最大的市新北市。

一下地铁，便看到伯伯在地铁站门口等着我们，怕我们找不着路，他已在那里站了快半个小时。

他还是微笑着，一见面就向我们介绍地铁的各种小知识和宣传册。一路小聊，走了差不多六百步，便到了伯伯家。家里不大，但是特别精致，以中式风格为主调。一进门就看到一幅字和一张画，他说都是从古玩店里淘来的。入座，就开始给我们泡茶。我惊讶地发现，在座位和桌子下面堆满茶饼和茶砖……难道他家的茶多到柜子里都装不下了吗？果不其然，伯伯让我们打开旁边的大柜子，里面堆满了茶。想必卢伯伯是一位好茶之人。来之前，我们给他准备了一点礼物，一张吴宗宪的正版 CD，两份明信片，算是一点心意。

品茶之后，我们便上桌吃午餐，主食是饺子，有鸡肉，还有伯母特地准备的几道菜。台湾这边的饺子特别大，馅儿很足，是大陆的两三倍。知道我能吃辣，他们还特地打开了一瓶辣椒酱，产于花莲，形状像虎皮尖椒，但味道更细腻。

另外,卢伯伯还有一个小儿子正在上中学。吃饭的时候,伯父伯母才把他给叫了出来。在餐桌上聊天的时候了解到,这边也是有严格的选拔考试制度,因为学业压力大,伯伯的小儿子甚至放弃了他的很多爱好。看来台湾这边的升学压力一点也不比大陆小。

酒足饭饱之余,伯伯突然很神秘地说,要带我们去看他的秘密基地。在厨房的旁边,有个小阁楼,像是处于半层的地方被一席围布给挡着。地方不大,但里面都是各种古色古香的老柜子,他一一打开向我们介绍他的藏品,有茶叶、木雕、石雕、书画……其中藏品最多的就是紫砂茶壶。用他自己的话来说就是,当年简直是迷疯了,一听说什么地方有卖茶壶的,当天就马上开车过去。

对着每个都有故事的藏品看观赏了很久,听卢伯伯讲了很久,也聊了很久,不知不觉天色已近黄昏。临走之前小憩时,伯伯执意要让我们尝尝他岳父给他酿的台湾高粱酒。入口香甜浓郁,几番倒腾还能尝出回甘。

互相约好了下次一起爬山的时间,便道了别。

一出门,暖暖的夕阳打在身上,街道和老房子的剪影呈现着过去的时光。微微有醉意的我想起一首木心的诗:

记得早先少年时
大家诚诚恳恳
说一句 是一句

清早上火车站
长街黑暗无行人
卖豆浆的小店冒着热气

从前的日色变得慢

车，马，邮件都慢
一生只够爱一个人

从前的锁也好看
钥匙精美有样子
你锁了 人家就懂了

回学校的路还很长，地铁公交要几个小时。但回味着台北的人情味，感觉非常的舒服。

2015年10月8日

婚礼蛋糕

事先说明一下，我没有参加什么婚礼，也没有吃到蛋糕。这只是一场音乐会的主题命名，由尚·贾克指挥，钢琴亚历山大·康托洛夫，台北市立交响乐团协助演奏。

演出地点在台北中山堂光复厅，1945年10月25日，这里被选为“抗日战争中国战区台湾省受降典礼”的场所，一砖一瓦都见证着，从此被日本人统治51年的台湾地区，正式返回祖国怀抱。

迎着绵雨和秋风，我们搭地铁坐到西门站，然后走上300米便到了中山堂门口。一路上经过商圈、钱柜以及手办首发会等21世纪现代化城市的特有产物，仿佛历史的长河在倒退，当踩到斑驳的大理石堂基，才知道自己到达了终点——中山堂。

踏进大堂，一下子从市井喧嚣的大道切换了个频道，到了一个庄严沉静的殿堂，连空气都有了变化。冷不丁地，吸了一口非常细微的霉味和木头味。就算这个国宝级建筑的通风和冷气设施特别完善，但上了年纪的老房子总会有味道，比如霉味和瓷瓦受氧化的气味。而木头味则因为整个建筑的装潢几乎都是木质，其中包括新木和老木。整个大堂，维持着均衡的对称性，以简练的几何线条为主，具有现代主义精神，细节部分又保有古典图案装饰，具有兼收并蓄的风格，估计在早期的台湾建筑中，也是引领时尚的建筑精品。穿过公会堂，到达中正厅门口检票入场。进入内厅，视线变得明亮了许多，所有演绎需要的灯光在这里可以看见。天花板上是雕刻着充满东方韵味的美丽图案，由十余种不同颜色、尺寸之瓷砖木块，巧妙拼接而成；中国传统的方块造型通气窗，端庄地立于两侧，以红陶瓦为素材砌之而成。整个大厅大概可以容下上千人，并且每个角度有良好的观赏视角。通过网络订票，我们提前选了一个好位置，第四排八号，离舞台很近。坐毕，甜美的女声播完注意事项后，大厅主灯渐渐地变暗，与此同时舞台灯提了起来。

接下来我想用几个镜头细节重拾现场的片段：镜头一，俄国裔法国人尚贾克和钢琴师亚历山大·康托洛夫是父子关系，每一篇章演出完毕后他们都会握手轻吻表示祝贺；镜头二，在场有很多父母都带着小朋友亲临现场，从小耳濡目染，小朋友闪烁的大眼睛满是好奇和期待；镜头三，在场有许多已至古稀之年的老人，在孙子孙女的搀扶下，共同见证音乐的美妙，曲毕鼓掌时，他们用颤抖的手掌拍出最热烈的掌声；镜头四，中场休息之前，看到观众们的热情回应，钢琴师亚历山大提出要即兴弹奏一段 quite different thing，接下来这位来自法国的小伙把小提琴大师帕格尼尼的作品第二十四首用钢琴弹了出来，虽然和原版大相径庭，但配上他自己独特的演绎风格，整个篇幅体现了年轻的活力。而他的父亲肖指挥，则在后台一直注视着他儿子，全场十几分钟，从他的眼神里面流露出的满是自豪。

从专业的角度，我并不能听懂这些交响乐。但是每一个曲调和乐符都是创作者和演奏者对经典对人生的理解和诠释，每一场演出里面都掺杂着感情和生命。难道这些理由还不足以让人爱上她吗?

带着对演出的意犹未尽的回味，我们走出中山堂，坐公交车返回学校。一路还是老样子，钱柜和商圈等依然在运作，不断宣告着当今世界的娱乐态度。这时候一股大风把笼罩着城市的乌云吹散了一角，一缕霞光射了进来，周围的云瞬间变成了紫红色，照亮了城市，也照亮了前方的路。

2015 年 10 月 19 日

北投记

北投温泉乃台湾温泉之首，毗邻大屯火山系之西南，磺溪纵贯于中，沿溪温泉眼及地热气喷口频繁密市。与大和民族“汤四原”一道驰名全球，美之名曰“温泉乡”也。

藏于林间

初下地铁，人流攒动，五洲四海相汇，欣欣向荣之象。不禁，眉头一皱，稍有奇味入鼻，火硫磺味之，便知入泉。北投地处青山翠谷之间，环境清幽。古木参天、苍翠欲滴，地势层次，风水极佳。寺典庙宇星罗棋布，美光、法藏、普济、慈航、慈云等不胜枚举，信徒如流，香火旺盛。苍林幽泉中，古刹钟声阵阵，别有洞天。踱步于泉边栈道，市立之藏书阁及温泉博物馆映入眼帘。建于林间，且藏于林间，其形色僻静，黑瓦斑驳，显沉稳之大气，时有浩然之气运之于上，风格集古今之大同，令人啧啧称奇。

霎时，华灯四起、云霞渐变、风起云涌，天边宝石橘及玛瑙红之间相互交替，才知入夜。于磺泉玉雾之地，寻觅古早，一路梵刹钟声阵阵，仿入梦境，却不愿醒。

2015 年 10 月 25 日

游岳阳楼有感

野　叟(仙逝)

久慕巴陵郡，
深怀三醉仙。
登楼开眼窍，
把酒话桑田。
名胜千秋迹，
佳章万古传。
茫茫洞庭水，
疑是与天连。

1984 年

主编手记

一切深井所体验的是缓慢，要知道落到它井底的是什么，深井必须等待很久。（尼采《查拉图斯特拉如是说》）

缓慢，是的。体验深井必须等待。

世彪兄所有的译注都是经年累月的，常为一则史实费尽心思查考资料，为一个地名多次下乡实地调查，原文和译注，敬虔干净，珠联璧合，可以传世；生物学家文心兄深恋徐、林二三十年，与年轻才女刘秀秀协同体悟九曲十八弯式的缠绵，周密而精细，《爰祭》自身已丝丝入扣地彰显。

房方的《哪知道》酿了整整三十年；国钧兄的《磨砚记》说的就是切、磋、琢、磨；本家兄弟浩凌那吸天地之精气且无价的《寿丹沉》与李兄醇厚的文字一道在罗霄山酣睡；家安兄积压大半辈子的诗情，近些年一发而不可收；志扬师习练内功早过了半百；溢兄那裂石般的敲击无意惊动圣人；才华老师寒心彻骨的悼念，超先君该含笑九泉；敬群兄古诗文英译，十数年来痛苦并快乐地打磨着；旷远小弟四卷本泰纳《英国文学史》的译注还有很长的路要挪。

深井探底原本是急不得的。

这，相信浸淫古典学、触类旁通、游学四方的林秋，羞怯试笔的容波、春妮、书婷和守恒，均能打心底学着比慢而不是比快。

家父、挚友虽已驾鹤西行，可精神依然。

岁月悠悠，没必要急功近利，真可以从容一点。

若《古典与现代》走得慢，那纯然是井深的缘故。

……

海南大学领导和科研处、外国语学院的理解与实效的支持，各地师友就此刊频繁往复之电邮，家人的一如既往，漓江出版社晓妮、向荣等同仁的高迈志趣以及胡艳秋、潘彦铮等编辑的积极参与使第七卷如期面世。

在此，一并谢了！

2015 年 11 月 4 日凌晨

于植被繁茂、南北通透的海南大学社科群楼 C516